黄枬森文集

第八卷

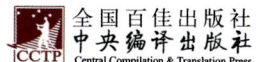

《黄枬森文集》编辑委员会

主　任：韦建桦

副主任：杨金海　和　龚

委　员：韩继海　薛晓源　邢艳琦　谭　洁　霍保德
　　　　黄　萱　黄　丹　王　东　陈新权　韩庆祥
　　　　范　文　徐　春　李凯林　徐碧辉　张阳升
　　　　康　健　袁吉富　陈金芳

出 版 说 明

黄枬森先生（1921.11.29—2013.1.24），四川省富顺县人。1942年进入云南昆明西南联合大学物理系学习，1943年转入西南联大哲学系学习，抗战胜利各校复校后，于1947年进入北京大学哲学系学习，1948年加入中国共产党，同年毕业进入哲学系作研究生。1950年起历任北京大学哲学系助教、讲师、副教授、教授、资深教授，1981—1987年任北京大学哲学系主任，1981年始任博士生导师。1981—1996年任一、二、三届国务院学位委员会学科评议组成员、召集人，1983—2000年任国家社科基金学科评议组成员、召集人。1990年起任《北京大学学报》（哲学社科版）主编、编委会主任、顾问，1991年起任北京大学人学研究中心主任，1998年起任北京大学邓小平理论研究中心研究员，2011年起任北京大学马克思主义哲学研究中心主任。先生还历任中国马克思主义哲学史学会会长、名誉会长，中国人学学会名誉会长，中国马克思恩格斯研究会会长、名誉会长，北京市社会科学联合会副主席、顾问，北京市哲学学会会长、名誉会长。

黄枬森先生从上世纪50年代初开始从事马克思主义哲学的教学和研究工作，著述颇丰，建树很多。特别是改革开放以来，其研究成果大量问世，为我国马克思主义哲学、马克思主义哲学史、马克思主义发展史、马克思主义人学等学科的建立作出了开创性贡献。进入90高龄，他仍然研精覃思，笔耕不辍，撰写了大量学术论文和论著，特别是为马克思主义哲学体系创新呕心沥血，进行了卓有成效的探索。直到去世之前，他还在思考哲学问题，留下了《我和哲学》一文的未完成稿。先生的学术思想、学术成果、学术风格和学术贡献，堪称典范，受到学界同仁的景仰。

2011年是黄枬森先生90华诞，也是先生从教逾60年。为比较全面系统地展示先生的研究成果，满足哲学研究工作者和广大读者的学习阅读之需，我们对先生卷帙浩繁的学术成果进行了全面梳理，并从中精选出比较重要的文献，编辑出版了这套《黄枬森文集》。令我们感到安慰的是，黄先生在世时已经看到了文集的前六卷，他对中央编译出版社和编委会的同志们表示感谢。同时，也令我们感到遗憾的是，黄先生没有能够看到文集11卷书的完整面貌。今年是黄先生诞辰95周年，我们终于完成了其余各卷的整理工作，愿以兹纪念敬爱的黄枬森先生！

《黄枬森文集》共四个部分，11卷书。所收文献按照编年和分类相结合的方式编排：第一部分为论著，由第一、二卷构成。主要收录作者自1983年以来撰写的著作和主编的著作中亲自撰写的部分，共20多部，内容涉及辩证唯物主义、马克思主义哲学史、马克思主义哲学体系创新、人学、社会文化理论等方面，近110万字。第二部分为论文，由第三到第六卷构成。其中，第三、四卷是哲学论文，主要收录作者自1957年以来有关哲学方面的论文90多篇，近100万字；第五卷是人学论文，主要收录作者自1983年以来有关人学方面的文章50多篇，近50万字；第六卷是社会文化理论方面的论文，主要收录作者自1984年以来有关社会和文化理论方面的论文40多篇，50多万字。第三部分为评论，即第七、八、九卷，主要收录作者自1956年以来有关哲学、人物、书刊等方面的评论文章以及自述、杂文、诗词近200篇，100多万字。第四部分为讲稿和索引，即第十、十一卷，主要收录作者自1954年以来在校内外讲课和办讲座的手稿，约60多万字，全部未曾发表。在第十一卷同时附有"专题检索"和"文章标题首字拼音检索"，以便读者阅读使用。为完整真实地再现黄枬森先生的学术历程，我们尽量保持所收著述写作时的原貌，只是在编排上按照统一的体例作了必要调整，并对原版中的个别排印错误进行了校勘和订正。

由于上世纪80年代铅字制字不便以及电脑排版字库里没收入异体字，因此很长一段时间先生发表的文章、著作中"黄枬森""黄楠森"两种写法同时存在。随着电脑字库容量增加以及中华人民共和国居民身份证管理日益规范，"黄楠森"的写法已经不再使用，本《文集》亦统一使用"黄枬森"。

《黄枬森文集》2011年底出版第一、二、五卷，2012年底出版第三、四、六卷，今年出版第七、八、九卷，第十、十一卷由于整理工作十分复杂，将稍后于2017年出版。编辑黄枬森先生近60年来数百万言的丰富著述，是一项浩大的工程。尽管我们在编纂工作中尽心竭力，但由于学术水平和编辑经验所限，难免会有不足之处，恳望学界同仁和读者批评指正。

《黄枬森文集》编辑委员会
2016年11月

目 录

评《论黑格尔的哲学》 …………………………………………… 1
可歌可泣的故事 …………………………………………………… 7
评 1964 年对冯定的《共产主义人生观》的批判 ……………… 10
简评《唯物辩证法对偶范畴论》 ………………………………… 23
关于高清海教授主编的《马克思主义哲学基础》(上册) …… 25
一个有意义的新探索
　　——《社会主义建设中的哲学问题探索》 ……………… 30
评《论自然界的普遍规律》 ……………………………………… 37
马克思和恩格斯的哲学史思想和某些哲学思想的完整再现
　　——读《马克思恩格斯论哲学史》 ……………………… 42
《辩证法科学体系的"列宁构想"》序一 ……………………… 55
评《当代中国认识论》 …………………………………………… 59
评洛温施泰因的《反对马克思主义的马克思》 ………………… 62
读列宁《哲学笔记》新译本 ……………………………………… 69
《马克思主义以前的马克思》一书评介 ………………………… 73
《马克思以后的马克思主义》一书评介 ………………………… 80
《哲学与科学——现代自然科学唯物主义引论》序 …………… 89

《中国社会主义辩证法》序 ·················· 91
评西方马克思主义的人本主义流派的代表作
　　——《马克思论人》中译本序言 ·················· 94
坚持和发展马克思主义哲学的有益探索
　　——评《马克思主义哲学新编》 ·················· 100
《精神生产概论》序 ·················· 103
《辩证法研究》序 ·················· 107
评《世界人权宣言》 ·················· 110
《马克思主义实践观新探》序 ·················· 118
《潜意识哲学》序一 ·················· 121
把建设有中国特色社会主义理论与哲学结合起来学习
　　——《当代中国的唯物辩证法》评介 ·················· 123
建构马克思主义哲学现代形态的可贵尝试
　　——评《现代科学的大历史观——唯物史观的现代形态》 ·········· 126
《马克思恩格斯哲学思想比较研究》序 ·················· 133
对主体性哲学的全面分析和批判 ·················· 138
人道主义和人权理论的重大突破
　　——《人权研究资料丛书》座谈会上的发言 ·················· 144
《马克思主义史》序 ·················· 147
《胡秋原学术思想研究》序 ·················· 150
《马克思劳动主体性思想研究》序 ·················· 153
意识形态性和科学性的高度结合
　　——读许全兴同志的《为毛泽东辩护》 ·················· 156
关于毛泽东的六本别具特色的书 ·················· 159
对美国人权报告的一个响亮的回答
　　——读《马克思主义人权观与中国少数民族》 ·················· 164
《辩证法内部对话》序 ·················· 167
《〈自然辩证法〉研究》序 ·················· 171
关于类哲学的几个问题
　　——读高清海先生《关于人的类生命、类本性与类哲学》 ·········· 174

《学与思的足迹》序二 …………………………………… 182
《个人权利与社会意识——"个人与社会"关系的新论》序 …… 185
《辩证唯物主义人生哲学》序 …………………………… 187
《市场经济与村镇文化研究》序 ………………………… 191
新时期哲学发展的一面镜子
　　——读《邢贲思文集》……………………………… 194
《历史认识的客观性问题研究》序一 …………………… 197
《是家乡，不是异乡——个人存在的真实性及其限度》序 …… 200
《认识的反思》序 ………………………………………… 203
从艾思奇的《大众哲学》再版谈起 ……………………… 207
《人民主人翁——邓小平理论的主题词》序 …………… 210
《邓小平哲学思想与深圳实践》序言 …………………… 213
继承艾思奇的事业
　　——《哲学大众化第一人——艾思奇哲学思想研究》序 …… 217
义利统一　义先于利
　　——读黄亮宜著《社会主义义利观》 ………………… 220
科学性与实践性的统一
　　——读《马克思主义是发展的理论》 ………………… 224
创立一门新学科的可贵尝试
　　——评单培勇著《中国国民素质史论纲》 …………… 228
《东方智慧之光》序 ……………………………………… 231
《马克思主义哲学的返本与开新》序 …………………… 233
立足"笔记"文本，发掘现实价值
　　——读《人类境遇与历史时空》 ……………………… 235
《科学方法中的十大关系》序二 ………………………… 239
《蜀光中学校史》序 ……………………………………… 242
《人的建设论》序 ………………………………………… 248
《当代中国马克思主义政治文明论》序 ………………… 252
《矛盾问题新探》序 ……………………………………… 256
马克思主义、人道主义与人学学科建设
　　——兼介绍《人学理论与历史》 ……………………… 259

思想逻辑与历史逻辑的统一
　　——读韩庆祥《思想是时代的声音：从哲学到人学》……… 269
《中国改革的哲学解读》序言 ……………………………………… 272
《马克思主义哲学应用释义》序 …………………………………… 274
《游戏软规则》序 …………………………………………………… 278
《人的发展论》序一 ………………………………………………… 281
《马克思学说中人的概念》序 ……………………………………… 283
《学哲学　用哲学》给我的启发 …………………………………… 287
在当代坚持和发展马克思主义哲学的一条可供选择的思路
　　——对叶险明著《"知识经济"批判》一书的几点想法 ……… 290
《"以人为本"的理论与实践问题研究》序言 …………………… 297
科学与哲学的有机结合
　　——读《钱学森书信》的几点体会 ………………………… 300
《制度与价值观》序 ………………………………………………… 306
开创中国马克思学的创新之作
　　——读《马克思学新奠基》 …………………………………… 309
从《义和团抵抗列强瓜分史》看牟安世的史学研究指导思想 …… 313
《东方基督教探索（乐峰文集）》序 ……………………………… 322
忧国忧民的精神凝结
　　——《大道之行》再版序 ……………………………………… 324
《张伯苓年谱长编》读后感言 ……………………………………… 327
自然辩证法的自我超越
　　——读刘猷桓的《走进恩格斯——〈自然辩证法〉探索》 … 330
视野宏大　体系完备　观点创新
　　——《全球化与当代中国文化发展研究丛书》评介 ………… 338
当今政治哲学研究领域的一部力作
　　——《公共领域论》 …………………………………………… 343
《回眸——从西南联大走来的60年》序 …………………………… 348
《马克思恩格斯哲学基本思想探讨与解析》序 …………………… 355

评《论黑格尔的哲学》*

张世英著的《论黑格尔的哲学》①一书，作为通俗读物来说，我认为是一本有内容的、对读者有益的良好读物。

本书对黑格尔的主要哲学思想作了系统的介绍、分析和批判。本书共分七节。在第一节里，作者简明扼要地阐明了产生黑格尔哲学的社会根源和自然科学方面的基本情况。在第二节里，作者揭露了黑格尔社会政治观点的反动性，借以说明黑格尔本人的政治立场。第三、四、五、六各节是本书的主要部分。在第三节里，作者用短短十页的篇幅，系统地介绍了黑格尔的整个哲学体系。当然，对于像黑格尔哲学这样一个庞大的体系，短短十页的介绍不可能不是极其概括的。可以看得出来，作者是用了一番力气的，因为这个介绍虽然极其简短而概括，还能使人了解黑格尔哲学体系的轮廓。先大致了解一下黑格尔哲学体系的轮廓，我认为对于了解黑格尔哲学的优点和缺点、长处和短处、正确的因素和错误的因素，是有好处的。第四节论黑格尔哲学的"合理内核"，在这一节里，关于黑格尔的辩证思想，作者提出了四

---

* 本文发表于《读书月报》1956 年第 8 期。
① 《论黑格尔的哲学》，张世英著，上海人民出版社 1956 年 4 月出版。

点,并一一作了简要的分析和说明。第五、六节是对黑格尔哲学的批判。在第五节里,作者从三个方面论述了黑格尔辩证法的唯心主义性质。在第六节里,作者从四个方面论述了黑格尔辩证法的局限性,从而论述了黑格尔哲学的内在矛盾,即黑格尔哲学的唯心主义体系和辩证法的"合理内核"的矛盾。第七节是一个简短的结束语。

这本书有两个显著的优点:第一,作者对他提出的问题作了独立的简述;第二,作者对他提出的论断都有比较透彻的分析和论证。第五、六节是本书中最好的部分,这些优点在这两节中也表现得比较明显,我们不妨从这两节来加以说明。

第五节论黑格尔辩证法的唯心主义性质。一般都认为黑格尔辩证法的唯心主义性质在于:辩证发展的主体不是客观物质世界而是"绝对精神"。在第五节中,作者没有满足于这个一般的论断,他作了比较深入细致的分析。除上述这一点而外,作者指出黑格尔辩证法的唯心主义性质还在于:"辩证发展的过程不是客观事物自身的辩证发展过程,而是概念的纯逻辑的推演过程";还在于:"黑格尔把只在认识中发生的过程,错误地看成为实际具体事物的发生过程"。最后一点值得特别指出。这一点并不是作者的独创,而是马克思在《政治经济学批判》的导言中作为黑格尔辩证法的唯心主义性质的一个表现提出来并按照马克思所举例子作了详细的说明,这就使人对黑格尔辩证法的唯心主义性质有了更深刻的了解,从而使人更具体了解马克思和恩格斯在哲学中所完成的革命的伟大意义。作者把这一点提出来,我认为是很精彩的。

第六节论黑格尔唯心主义辩证法对客观辩证过程的歪曲。作者的论述是比较全面的。作者首先指出黑格尔唯心主义辩证法对客观辩证过程的歪曲主要有三点:第一,黑格尔把辩证过程限制在精神、概念领域之内;第二,否认发展的永恒性;第三,调和矛盾。作者也没有满足于这个一般的叙述,他进一步探究了黑格尔的辩证法的这些缺陷在各个方面的表现:第一,在黑格尔对整个世界发展过程的见解中的表现;第二,在黑格尔对人类认识的见解中的表现;第三,在黑格尔的自然哲学中的表现；第四，在黑格尔的社会历史哲学中的表现。这样就使人对黑格尔辩证法的缺陷了解得更为具体了。

在这种论证的基础上，作者提出了黑格尔哲学的内在矛盾问题。恩格斯在《费尔巴哈与德国古典哲学的终结》一书中指出，黑格尔哲学的内在矛盾是体系和方法的矛盾。但是恩格斯并没有详尽的说明，于是人们在理解恩格斯的提法时便发生了分歧：黑格尔的唯心主义体系究竟是和他的现成形式的辩证法矛盾呢还是和他的辩证法的"合理内核"矛盾呢？作者对这个问题提出了自己的看法，由于作者的看法是在提出了黑格尔辩证法的缺陷的基础上提出来的，作者的看法是有说服力的。作者指出，黑格尔的辩证法乃是在其唯心主义体系重压下被歪曲了的东西，"就他本人所歪曲了的那种形式而言，是不革命的、不彻底的，它是被用来为他的反动的唯心主义体系作论证的"，"他哲学的进步的、革命的方面，乃是他辩证法中所包含的'合理的内核'"。因此，恩格斯所提出的黑格尔哲学的体系和方法的矛盾，并不是黑格尔的唯心主义体系和他的现成形式的辩证法之间的矛盾，而是他的唯心主义体系和他的辩证法"合理内核"之间的矛盾。作者进一步指出，如果把整个黑格尔的辩证法了解为科学的、革命的，就会产生一系列的错误，就会认为黑格尔唯心主义辩证法按其原来形式是可以完全适用的，而马克思和恩格斯的工作不过是把它原封不动地搬运过来而已，这同事实是完全不一致的。

有一位苏联作者在谈到通俗的社会政治读物的时候指出："绝不能要求通俗读物的作者要有科学的发现，但是也绝不能不要求他们对问题进行独立的阐述。"（见《学习译丛》1956年3月号中格·夏赫纳扎罗夫著"论通俗的社会政治读物"一文）这是很正确、很深刻的见解。通俗读物虽然不是科学研究著作，虽然没有提出独创性的科学发现的任务，但绝不是说它不必需要一定的研究工作，不必有其独特之处。如果一本通俗读物人云亦云，单纯重复人所熟知的东西，毫无个性，毫无特点，这种通俗读物老实说是没有什么必要出版的。《论黑格尔的哲学》一书，显然可见，是在一定研究基础上写出的，是付出了一定的辛勤劳动的，因而能够有它独特的地方，阅读之后不致令人感觉毫无所获。上述苏联作者所说，本书可以说是基本上做到了的。

有必要指出本书的一个比较重大的缺点。这个缺点就是对黑格尔辩证法的"合理内核"介绍得太少。

本书专门有一节介绍黑格尔辩证法的"合理内核"，但是这一节比起第五、六节来就显得太弱了。我认为本书作者对黑格尔的一般评价是正确的、公允的，没有夸大也没有缩小黑格尔哲学的合理部分。但一般的评价究竟是一般的评价，一般的评价如不以具体的内容充实起来，仍然会给人以片面的感觉。作者对黑格尔哲学的反动的反科学的一面进行了比较充分的分析和批判，这花费了作者的主要的力气；比较起来，对于黑格尔哲学的合理部分，分析和介绍就嫌不够。对黑格尔哲学的批判占了24页，而对他的哲学的合理部分的介绍只占了九页。作者虽然提到了恩格斯的话："谁只要不是白白地停留在这些外框和木架（指黑格尔哲学的唯心主义体系——引者）跟前，而是深入到大厦里面去，那他在那里就可以发现无数的宝藏，这些宝藏直到现在还保留着自己的十足的价值。"① 但是究竟有些什么宝藏呢？作者并没有作一个详尽的介绍。在第四节中，作者仅仅对这几点辩证思想作了一些介绍，这些就是：第一，关于不断运动、变化、发展和内在联系的思想；第二，关于矛盾是运动根源的思想；第三，关于从量变转化为根本的质变的思想；第四，关于认识之不断深化和具体化的思想。当然，作者并没有说这就是黑格尔辩证法的全部"合理内核"，这只是其主要部分，作者在介绍时也作了一些分析，但是，从经典作家对黑格尔的一些评价看来，很难说这已经包括其全部主要部分。譬如否定之否定的规律的发现，就是黑格尔辩证法的重大成就之一，而作者在这一节里就根本没有把它作为黑格尔哲学的合理成分之一提出来，只是在第五节中单纯把它作为批判的对象谈到。（即第五节中所谈的正、反、合的三段式）关于这一点我们不必深责作者，作者显然是受了近

---

① 《马克思恩格斯文选》第2卷，人民出版社1958年版，第362页。

20年来对于这一规律的不正确的流行观念的影响,但不能不说这是本书的一个较大的缺点。又如黑格尔的"自然哲学"常常是被认为是没有什么价值的,作者在本书中对它也表现了一种一概否定的态度,但是恩格斯就曾指出:"黑格尔之划分(最初的划分)为机械论、化学论、有机论,在当时是很完备的。"① 可见,即使在黑格尔的"自然哲学"中也不是没有合理的因素。此外,作者对于黑格尔哲学的"合理内核"的分析也是比较简略的。

本书的这一缺点的产生不是没有原因的,原因就在于作者对于黑格尔哲学的"合理内核"缺乏足够的研究。原来本书是一篇文章"关于黑格尔辩证法的几个问题"的扩大(见本书"后记")。这不是一篇全面论述黑格尔哲学的文章,对于它读者不能要求对黑格尔哲学的"合理内核"作详尽的介绍,但对于一本全面地系统地介绍和批判黑格尔哲学的书(不要忘记这本书叫《论黑格尔的哲学》),读者就有权利作这种要求。作者在扩大原来那篇文章时,显然没有以充分的研究工作来回答这种要求。这就给我们提供了一个真理:必须有一定的研究工作作为基础,才写得出真正有内容的好文章出来。

据我所知,作者正在对黑格尔哲学作深入的研究,我希望作者能在这方面作出重要的科学贡献,写出专门的科学著作,同时也希望作者能补足上述的缺点,使本书成为一本介绍和批判黑格尔哲学的真正全面的通俗读物。

在文字方面,本书是比较谨严的,也还通俗,但是仍有些晦涩,个别地方不好懂。对于有关哲学论著的通俗读物,很难要求写得生动活泼、兴趣横生,但是尽量写得好懂一些,还是可能的。

对于本书的评介,到这里就算完了,但是我还有一点题外的话:我认为学习哲学史对于深刻理解马克思列宁主义哲学有重大意义,特别是像黑格尔这种哲学家的学说,意义尤其重大。很可惜,介绍、分析、批判过去哲学学说的著作在出版界还是很少的,关于西方哲学的

---

① 恩格斯:《自然辩证法》,人民出版社1955年版,第210页。

著作尤其少。有这样一种有害的观点，似乎关于西方哲学只要依赖苏联学术的研究就行了，我们的工作只是把苏联的研究成果反映过来，我们即使研究也不能超出苏联。这种观点是大可商量的。毫无疑问，苏联在西方哲学方面的研究远远跑在我们的前面，我们应该向苏联学习，但是否除此之外我们就万事大吉、无事可做了呢？这本小小的通俗读物的出版说明，只要付出一定的辛勤的劳动，关于西方哲学，我们也可写出适合于中国读者的良好读物来的。因此，我认为上述有害观点应该收起，从事研究西方哲学的学者应该以更大的热情和积极性来写作关于西方哲学的科学著作和通俗读物。

可歌可泣的故事[*]

在《论人民民主专政》中，毛主席叙述了一个找寻真理的故事。他写道："自从1840年鸦片战争失败那时起，先进的中国人，经过千辛万苦，向西方国家寻找真理。洪秀全、康有为、严复和孙中山，代表了在中国共产党出世前向西方寻找真理的一派人物。"为了找到真理，他们历尽了千辛万苦，往往要献出宝贵的生命。但是，他们并没有找到真理。还是在俄国十月革命之后，中国人才找到了真理，即马克思列宁主义。"中国人找到了马克思列宁主义这个放之四海而皆准的普遍真理，中国的面目就起了变化了。"为了坚持这个真理，传播这个真理，特别是为了实现这个真理，中国民族的优秀儿女们不仅贡献了自己的全部精力和岁月，而且贡献了数以万计的生命。顾正红、林祥谦、李大钊、瞿秋白以及千千万万有名和无名的先烈，为了实现马克思列宁主义这个真理，前仆后继，牺牲自己。他们英勇无比，信心百倍，在反动派的屠刀威胁下，正如毛主席《论联合政府》一书中所说，他们"并没有被吓倒，被征服，被杀绝，他们从地上爬起来，揩干净

---

[*] 这可能是为一本关于真理的著作而写的序或评论，写于20世纪50年代。

身上的血迹，掩埋好同伴的尸首，他们又继续战斗了。"马克思列宁主义终于在我国取得了彻底的胜利。30多年来，中华民族用勤劳和鲜血写下了这个为真理而战的可歌可泣的故事。

中华民族为什么要为真理付出这些高昂的代价呢？真理究竟有什么力量能够这样吸引人呢？道理很简单，因为真理就是征服自然、改造社会的道理，就是救国救民的道理。找到了真理，我们就找到了征服自然和改造社会的强大支点；实现了真理，我们就取得了征服自然和改造社会的胜利，取得了解放自己的胜利。

原来真理就是认识的成果，就是人们对客观世界的正确反映，就是科学（不包括资产阶级的伪科学）。人们只有掌握了真理才能取得实践中的胜利。为了取得革命的胜利，被压迫被剥削的劳动人民及其先进分子，都要奋不顾身地找寻真理、捍卫真理、传播真理和实现真理，中外历史上都有许多为真理而战的可歌可泣的故事。在人们心中，真理成了一个亲爱的名字、伟大的名字，它具有强烈的号召力。

当然，对于真理，反动统治者也不会是漠不关心的。从上面的故事中，我们已经可以看出，真理总是为反动统治者所惧怕、所憎恨、所仇视的。他们疯狂地迫害、屠杀坚持真理的人们。他们总想掩盖真理，歪曲真理，使人民认不清真理，或把谬误当真理，以便麻痹人民群众的斗争意志。同时，反动统治者的御用哲学家们更按照主子的意志，关于真理的来源、性质、意义等问题，制造了一整套关于真理的"理论"。差不多每一个反动统治者阶级的哲学家的著作中，都讨论了真理问题，如胡适就讨论过真理问题，资产阶级左派对真理的"兴趣"也很大，这绝不是偶然的。真理论就是这样成为唯物主义和唯心主义斗争场所，辩证法和形而上学斗争的场所，阶级斗争的场所。有唯物主义的和辩证法的真理论，也有唯心主义的和形而上学的真理论，不同的真理论反映了不同阶级的利益。

我国人民，在马克思列宁主义指导下，在中国共产党的领导下，已经取得了革命的胜利，最后结束了反动阶级在中国的统治，真理的敌人已经从我国土地上被消灭了，或被扫除出去了，或被镇压住了。

但是，我们并未终结寻找真理、传播真理和实现真理的过程，虽然比起在反动统治下，这是一个远为顺利的过程，因为帝国主义还未消灭，我国社会主义建设还未完成。不仅如此，只要人类一天不停止活动，这个过程就一天不会最后结束，当然人类是不会停止活动的。

敢说敢想、敢作敢为的共产主义风格，正是大胆地寻求真理、坚持真理、实现真理的风格。对于古人、洋人、专家、权威的迷信破除了，思想解放了，真理就将步入它的黄金时代——真理大涌现、大发扬、大胜利的时期。共产党从它的创始人马克思和恩格斯开始历来就是真理的探寻者、保卫者、传播者、实现者，在中国共产党领导下的中国无疑将成为真理的乐土。这个时代是历史上从来没有过的。许多科学家、研究员、专家、著作家从工人和农民中涌现出来，就是最好的证明。

由于以上原因，真理论成了辩证唯物主义的重要组成部分。在全民学哲学的高潮中，不可避免地将学到真理论。本书的任务就是用辩证唯物主义的观点来阐明在学习真理论过程中经常遇到的一个问题，帮助读者学习。

评 1964 年对冯定的《共产主义人生观》的批判[*]

对我们的人民特别是亿万青少年进行共产主义人生观的教育，使大家都能自觉地把自己锻炼成为具有高尚的情操和共产主义道德品质的一代社会主义新人，这是我们为建设高度物质文明和精神文明的社会主义现代化强国所必须完成的任务。在党中央的正确领导下，现在各方面正在积极开展这项工作，并已初见成效。但是不能不看到，目前有关共产主义人生观的理论研究和宣传教育工作还远不能满足社会主义建设发展的需要。例如，为了大力开展共产主义人生观的教育，目前迫切需要有一批适合不同文化程度和需要的、比较系统地介绍有关共产主义理想、道德的科学知识的书籍，可是出版极少。而且，全国各大专院校和社会科学研究单位专门从事这方面教学和科研的机构和人员也很少，与我们这个十亿人口的社会主义国家很不相称。为什么情况会是这样？追根求源，当然与林彪、"四人帮"一伙的罪恶活动直接有关。

---

[*] 本文为作者与陈志尚合写，发表于《北京大学学报》（哲学社会科学版）1980 年第 4 期。

早在 16 年前，他们就打着反修的旗号，开始摧毁共产主义人生观的科学研究和理论宣传工作了，这就是 1964 年发动的对冯定同志的《共产主义人生观》等书的所谓"批判"。理论界的同志们都知道，从那时开始，不知从哪里刮来了一股风，说什么"人生观"是唯心主义的东西，只有剥削阶级才讲"人生观"，马克思主义只讲"世界观"不讲"人生观"。因此，凡是讲"人生观"的不是搞修正主义就是贩卖资产阶级的处世哲学，等等。对此，当时很多同志感到难以理解。"文化大革命"开始后，教育了整整一代中国共产党人的刘少奇同志的马克思主义名著《论共产党员的修养》，被打成了所谓"宣扬修正主义黑六论的叛徒哲学"，陶铸同志的《理想、情操和精神生活》也遭到了同样的厄运。人们这才开始懂得了当初批判冯定同志的所谓"修正主义"的真正含义。从此，共产主义人生观这个课题也就成了一个禁区，无人再敢问津了。粉碎"四人帮"之后，十年浩劫在这方面造成的严重后遗症迟迟无法消失，共产主义道德教育才逐渐引起人们的严重关切。

目前，禁区已被打破，人生观问题可以研究了，党中央正在采取各种措施加强共产主义道德教育，这无疑是完全必要的。为了更加迅速改变目前在共产主义理想和道德的科学研究和宣传教育方面的落后状况，调动各方面的积极性，回顾某些历史事件，把被颠倒了的是非重新颠倒过来，拨乱反正，也是完全必要的。因此，我们认为把 1964 年批判冯定同志的《共产主义人生观》一事摆出来，实事求是地说清楚，以便大家都了解事情的真相，并从中吸取应有的教训，是十分适当的。为此，我们认真阅读了《共产主义人生观》一书和一些主要的批判文章，向了解当年批判经过的一些同志作了调查，现在把我们的看法写出来，请大家指正。

冯定同志是一位长期战斗在我国理论战线上的老一代马克思主义哲学家，他的许多著作和文章对在我国宣传和普及马克思列宁主义、毛泽东思想起了很好的作用。1957 年 11 月，正当我国社会主义改造基本完成的时候，冯定同志及时地发表了他的《共产主义人生观》一书，这本书在较短的篇幅里，根据辩证唯物主义和历史唯物主义的观点，从自然界和社会发展的客观规律讲起，向青年们浅显而又透彻地介绍了必须自觉做人和应当怎样自觉地做人的道理。由于作者注意从当时多数青年的实际文化水平和思想状况出发，注意把科学的世界观、历史观和正确的人生观结合起来，把抽象的哲理同日常工作和生活的具体实践结合起来，深入浅出，生动朴实，事理并举，循循善诱，使人读起来感到亲切而有说服力，因而十分切合广大青年追求真理、自觉地树立共产主义世界观和人生观的需要。所以这本书发行不到两年就重印七次，总数达86万多册，深受广大读者特别是青年的欢迎。

可是，这样一本好书，在1964年9月，却一下子被打成了"大毒草"。当时的《红旗》杂志在17、18两期合刊上突然发表了题为《评冯定的〈共产主义人生观〉》的署名文章，激烈攻击冯定这本书是"同赫鲁晓夫唱一个调子"，是宣传修正主义思想，并严厉指责书中对董存瑞、黄继光的英雄行为的论述是对英雄的"诬蔑"、"诽谤"，等等。而文章的前面，还特地以《红旗》杂志编者的名义加了按语，公开表态支持这种严厉的政治攻击，说什么"提出了原则性的批评，这是一件很好的事情"。并且强调指出，除了《共产主义人生观》以外，冯定的其他著作如《平凡的真理》等，也需要批判。接着，《红旗》杂志又在21、22两期合刊上发表了题为《主观唯心主义的大杂烩》的署名文章，专门批判冯定的《平凡的真理》一书。由此发难，全国各重要报刊和理论杂志都相继转载《红旗》的文章，并组织发表了一系列文章，在全国范围内开展了一场对冯定的所谓"修正主义观点"的批判。现在真相已经大白，这件事根本不是正常的学术讨论，而是由康生和当时身为《红旗》杂志总编辑的陈伯达一手制造的一起政治诬陷事件。

"文化大革命"开始后，他们又以中央文革小组组长和顾问的身份窜到冯定同志任职的北京大学，在万人大会上给冯定扣上了"资产阶级反动权威"的帽子，煽动群众对他进行批斗。之后，林彪、"四人帮"及其在北大的代理人，又把冯定的问题同刘少奇同志的《论共产党员修养》以及所谓"刘少奇的反革命修正主义路线","刘、邓资产阶级司令部"联系起来,给冯定扣上"刘少奇的黑理论家"、"吹鼓手"、"反革命修正主义分子"等罪名,残酷斗争,横加迫害。他们还别有用心地制造所谓"无产阶级革命派批判冯定,刘邓黑司令部包庇冯定"的诳言以欺骗群众。企图借此一方面吹嘘康生、陈伯达是坚决支持"无产阶级革命派"、反对修正主义的无产阶级革命家,替他们自己脸上贴金;另一方面则给中央负责同志虚构罪名,诬陷迫害。可见,批判冯定绝不是偶然的个人冤案,而是林彪、"四人帮"一伙的一个政治阴谋。事实证明,他们为了实现打倒老一辈无产阶级革命家、篡党夺权的罪恶目的,所采取的一个重要步骤就是先把理论战线搞乱,煽动起极"左"思潮。为此,他们蓄意歪曲马克思列宁主义、毛泽东思想,破坏正常的马克思主义的理论宣传工作,首先打击迫害我国一批有影响的老一代马克思主义哲学家和社会科学家。批判冯定不过是实施这一阴谋的一环。

粉碎"四人帮"后,北京大学党组织经过认真调查,推倒了强加在冯定同志头上的"走资派"、"叛徒"、"反革命修正主义分子"等诬陷不实的罪名,为他彻底平了反,恢复了名誉和工作。冯定同志不愧为一位经历了半个世纪革命斗争的我党的老战士,他一获得解放就不顾自己年老体衰和长期残酷迫害所造成的多种严重疾病的折磨,立即参加到了拨乱反正和向"四个现代化"进军的行列,重新拿起笔杆又继续为捍卫和宣传马克思列宁主义和毛泽东思想战斗了。

但是,16年前发生的那次所谓的"批判",究竟有没有根据?究竟是正确的还是错误的?在这个问题上仍然是真相不明、是非不清。这不能不给有关共产主义人生观和共产主义道德的科学研究和宣传教育工作带来消极的影响。直到最近,中国青年出版社应读者要求,重新出版了冯定同志的《平凡的真理》一书,《红旗》杂志1980年第10期也刊登了正确评价该书的文章,并加了"编者按",明确指出,冯定同志所写的《平凡的真理》、《共产主义人生观》两本书是"宣传马克思主义哲学的好书",过去的所谓批判完全是"无限上纲,横加罪名",这才使问题得到公开澄清。因此,在这里我们不再涉及有关《平凡的真理》一书的问题,专就1964年《红旗》发表的《评冯定的〈共产主义人生观〉》一文以及其他一些文章中批判《共产主义人生观》一书所提出的主要论据,谈谈我们的看法。

一、当年对《共产主义人生观》一书,攻击最烈、传布最广的就是所谓"正义冲动论"。它指责冯定把个人利益和大众利益对立起来,把烈士董存瑞、黄继光为革命献身的英雄行为说成是"只凭感情和冲动办事","是对英雄的诬蔑"和"诽谤"。有的进而指责冯定是宣扬资产阶级利己主义和活命哲学。有的则干脆制造了一个"正义冲动论"的名词强加到冯定同志头上。然而,事实根本不是这样,只要查对一下原书,就可以发现这种攻击完全是歪曲原意、颠倒是非、强加于人的。

冯定是在该书的"群众观点"一节中谈论这个问题的,主题是讲如何正确认识和处理个人利益和人民大众利益的关系。在文章中,作者首先批判了自私自利的人生准则,指出那种首先承认一己的利益,而不承认大众的利益,或者将大众的利益放在次要的地位,为一己的利益而损害大众的利益,都绝不是共产主义道德而是剥削、统治阶级道德。接着就讲到共产主义并不否认一己的利益,也不否认个性,而是从"历史的真正主人是群众"这个历史唯物主义的基本原理出发,认为"大众的利益高于一切"。因此,有了共产主义人生观的人就能觉悟到"人生的大义和乐趣实在莫过于为群众谋利益"。"在人生的过程中,也就应该而且能够时时刻刻在考虑大众的利益,而不是一己的利益。""当一己的利益和大众的利益发生矛盾的时候,那么就得毫无条件来服从大众的利益。"所以,在革命时期,当革命利益需要个人作出牺牲时,一个具有共产主义觉悟的革命者就"自然很易舍弃一己的利益,必要时也就甚至舍弃自己的生命而毫不吝惜了"。正是说到这里,作者举出了烈士的英雄行为。为了说明问题,让我们还是把有关的段落完整地、原原本本地引出来吧!书上是这样写的:

"比如董存瑞和黄继光,正因为舍弃了一己的生命不仅可以挽救许多同志的生命,战役的胜利和革命的胜利不仅可以挽救更多的同胞的生命,而且还为新生、后代建立永久和平幸福的生活,于是就出现'视死如归'而使人可歌可泣的业绩来了。自然,董存瑞和黄继光,在一瞬间是不可能将一己的利益和大众的利益进行详细的比较、考虑和选择的,而可能只是一种正义的冲动;(按:请注意这个";"号)然而这种冲动,对先代的义士们、烈士们来说,正是平时深明大义或者说是认识国家民族的利益高于一切的人才能有的,对现代的我们来说,正是平时深明革命的意义和不断接受共产主义教育的人才能有的。董存瑞、黄继光是这样,其他许多有名的以至无名的革命先烈也全都是这样;这里只是举他们二人为例来说明一下罢了。"

可见,同批判者的攻击、指责恰恰相反,作者正是强调:董存瑞、黄继光以及无数革命先烈之所以能够为革命"视死如归",绝不是什么一时的感情冲动,而是"平时深明革命的意义和不断接受共产主义教育"的必然结果。这完全是对英雄行为的科学的历史唯物主义的解释。可是批判者却掐头去尾,孤立地摘引";"号之前的半句话,而故意不引后半句话,并拿前半句话作为证据,攻击作者诽谤和诬蔑英雄是"只凭感情和冲动办事",等等。结果是完全歪曲了原意,颠倒了事物的本来面目,既欺骗了读者,又打击、陷害了作者。这种做法无论在学术上还是在政治上都是不正派的,都是不能容许的。

二、《评冯定的〈共产主义人生观〉》等批判文章指责冯定在"群众是历史的真正创造者"一节中提出"不能夸大个人作用","不应将领袖神化",是所谓"把领袖和群众对立起来,把群众对领袖的爱戴,像赫鲁晓夫那样,说成都是个人崇拜",并断言:"看来他是拥护1956年苏共第二十次代表大会上赫鲁晓夫反对斯大林的报告的。"是"同赫鲁晓夫唱一个调子",是"宣扬赫鲁晓夫的思想"。"文化大革命"中,"四人帮"进一步给冯定扣上了"攻击我们伟大领袖毛主席"的罪名。

然而，这完全是莫须有的。因为冯定在《共产主义人生观》一书中只是阐述历史唯物主义关于人民群众和个人在历史上的作用的基本原理，根本没有涉及斯大林同志和苏共二十大，更没有提到毛泽东同志。

稍有哲学常识的人都知道，讲世界观和人生观，必须回答怎样看待人民群众和个人在社会发展中的作用问题。在这方面，马克思主义的基本观点就是强调人民群众在历史上的作用，主张人民群众是历史的创造者，是推动社会发展的决定力量；坚决反对各种贬低、否定群众，主张帝王将相、英雄豪杰创造历史，片面夸大个人作用，把个别人物神化的历史唯心主义观点。可以说，从马克思主义的经典著作到普通的马克思主义哲学教科书都是这样讲的。冯定作为一个马克思主义哲学家写作《共产主义人生观》这样的题目，宣传马克思主义的基本观点，是理所当然的，何罪之有？

那么，冯定在书中究竟有没有"把领袖和群众对立起来，把群众对领袖的爱戴说成都是个人崇拜"呢？只要认真读一下原书就可以明确回答说，根本没有。

冯定在《共产主义人生观》的"群众是历史的真正创造者"这一节中，是这样论述的：

他一开始是从两种历史观的根本对立出发，着重论证了"人民群众是历史的创造者"这个历史唯物主义的基本观点。一方面强调指出："历史绝不是一个人或者少数人创造的"，"个人只有依靠群众才能起些个人的作用"。一个共产主义者懂得这个道理就应自觉地"将群众的利益放在第一位，而将个人的利益放在第二位，必要时甚至不惜牺牲自己"。另一方面则揭露了剥削、统治阶级在历史观上贬低、诬蔑劳动人民，吹捧帝王将相、英雄豪杰的所谓"伟大作用"的罪恶目的；批判了那种宣扬"谁都为了个人的利益而发挥个人的作用"的极端个人主义的资产阶级人生观。

接着，作者正确阐明了领袖和群众的关系和领袖在历史发展中的作用。他指出："先有群众的革命要求和革命行动，这才出现这样或那样的领袖。""领袖是依靠群众寻找出来和拥戴起来的；领袖的智慧和力量,正是因为集中了群众的智慧和力量,而绝不仅是个人的智慧和力量"。所以,"群众的领袖是群众的代表罢了"。当然,这不是说可以忽视领袖的作用。"领袖的英明或者过错,往往会促进或者推迟历史的发展,影响了历史;然而领袖的作用不管多大,是只能影响历史发展的迟速,而绝不能改变历史发展的方向的"。

然后,作者详细地说明了为什么"不能夸大个人的作用",为什么"不应该将领袖神化"的道理。为了正确地反映作者的原意,我们还是把有关的几段重要的论述,也是一些批判文章经常从中摘取几句作为批判根据的几段话,原原本本抄录出来吧。他是这样写的:

"夸大个人作用的最大危害,就是在于广大的群众不知不觉忘记了自己的力量,阻止了群众的觉悟,抑制了群众的积极性创造性,因而也容易使领袖或少数的重要政治人物犯错误,引致严重的不良后果;至于养成风气,使青年们都缺乏独立思考的精神,而说话做事只会随风转舵的人反而得钻空子,好象还是小事。"

"无产阶级集体主义中间出来的领导人物,特别是其领袖,总是被人民群众所真诚爱戴,这是容易理解的,但是就是这样,也不应将领袖神化了。如果将领袖神化,认为领袖当做个人是无所不晓、无所不能的,认为倚靠领袖个人的智慧和力量就可知道一切和创造一切,那么对伟大艰巨的社会主义事业同样是有危害的。""因此,真正的无产阶级的领导人物以至领袖,绝不愿被人'神'化;而从人民群众来说,一面固然应该爱戴自己的领导人物特别是领袖;一面也不应该对领袖'神'化,而是应该经常将真实的情况反映给领导,而且积极地来贯彻正确的领导意志。"

"但是不夸大个人的作用,并不否认个人当做个人而起的作用,也并不否认领袖当做领袖而起的作用,因而只要不是将领袖当做了神,而是对领袖衷心的爱戴,也正是人和人间自然而出现的事情,甚至还是必不可少和绝对不能免的事情。"

以上就是冯定在《共产主义人生观》一书中有关个人、领袖、群众相互关系的基本论述。我们认为这些论述从理论上看，是符合马克思主义基本原理的，是全面的。它并没有像批判者所指责的那样"把领袖和群众对立起来"，而恰恰相反，是在强调领袖和群众本质上的一致性。它也没有"把群众对领袖的爱戴说成都是个人崇拜"，而是把群众对领袖的爱戴同对领袖的神化严格加以区别，明确指出前者是"应该的"、"自然而然出现的"、"必不可少和绝对不能免的"，后者则是"不应该的"、"是有危害的"。实践是检验真理的标准。经过十年浩劫之后，同林彪、"四人帮"搞的造神运动相比，冯定同志关于领袖和群众相互关系的这些科学论述，读起来使人倍觉亲切，谁能否认作者所阐明的这些历史唯物主义原理的客观真理性呢？

三、《评冯定的〈共产主义人生观〉》等批判文章攻击冯定同志在书中"背离了革命立场"，是在宣扬所谓修正主义的"和平过渡"论。提出的证据有两条。

一条是冯定同志在书中说："有些国家，如象在我国已经经历过了来的，只要工人阶级能够担负起领导革命的责任，那末革命就是仍以民族解放为主，革命就是仍带资产阶级民主主义的性质，而革命的胜利也就可以向社会主义的社会和平发展了。"批判者认为冯定这样讲"是对中国革命历史的歪曲"。理由一是它"根本不提革命的武装斗争，根本不提打碎旧的国家机器，根本不提建立无产阶级专政"；二是中国的社会主义改造"也是充满着复杂的、曲折的，有时甚至是很激烈的阶级斗争，不象冯定同志所说的那样是和平发展的"。

另一条是冯定同志在书中说："现在，从全世界范围来说，就是要解决旧的资本主义制度和新的社会主义制度的矛盾，而我们是力求用和平的办法来解决这个矛盾，而不用战争的办法解决这个矛盾的。"批判者认为这是冯定为资本主义国家无产阶级和劳动人民"规定"了一条走修正主义的"和平过渡"的道路的证明。

我们认为只要认真查对原文就可以发现，这样的攻击完全是无的放矢，因为它所提出的论据完全是望文生义，强加于人，根本不能成立。

　　先说第一条吧。冯定是在什么情况讲到"可以向社会主义社会和平发展"的呢？那是在《共产主义人生观》的第七节，文章主要是论述从资本主义发展到社会主义是人类历史发展的必然规律。作者根据历史唯物主义的基本原理深刻地揭露了资本主义社会基本矛盾的发展，指明资本主义的灭亡和社会主义、共产主义在全世界的实现同样是不可避免和不可抗拒的。今天，"从整个人类世界来说，已是再明显也没有的了"。正是为了说明这个历史发展的必然趋势，作者才指出，经过十月革命和第二次世界大战，世界局势发生了根本变化，以至民族解放运动尽管仍然是资产阶级民主革命性质，但是只要工人阶级掌握了领导权，那么革命胜利后社会就可以向社会主义和平发展。这里，第一，作者是在论述社会发展的总趋势，并不是专门论述社会革命的问题。因此和主题没有直接关系的一些问题当然可以不提。如：武装斗争、打碎旧的国家机器、建立无产阶级专政，等等（像这类问题还可以举出很多，如：党的建设、工农联盟、统一战线），不提并不等于忽视，更推论不出这就是反对。第二，作者那段话中所说的"和平发展"，也不是指取得政权的道路问题，而是讲取得政权后，用什么方式对社会实行社会主义改造问题。批判者把这指责为什么"宣扬修正主义的和平过渡"是张冠李戴，根本没有弄清楚作者论述的是什么问题。第三，批判者以社会主义改造是激烈的阶级斗争为理由，否认中国社会主义改造是和平发展，更是错误的。和平发展不是否认阶级斗争，只是指不用暴力手段强制剥夺资本家占有的生产资料，而是采取赎买的方式。对此马克思、恩格斯、列宁都设想过。我们党则在领导中国社会主义革命时实行了这个政策，把革命导师的设想变成了现实，取得了成功。这正是毛主席和党中央对马列主义和国际共运所作的伟大贡献。在党的八大政治报告中，刘少奇同志详细阐述了我们党对资本主义工商业采取"逐步赎买的政策"，"通过国家资本主义这种和平过渡的办法来达到社会主义的目的"的历史经验。在《关于正确处理人民内部矛盾的问题》中，毛泽东同志又把马列主义普遍真理和中国具体实践相结合，深刻分析了我国民族资产阶级的两面性，指出"在我国具体条件下，这两个阶级（按：指工人阶级和民族资产阶级）的对抗性的矛盾如果处理得当，可以转变为非对抗性矛盾，可以用和平的方法解决这个矛盾"，为对资本家阶级实行和平改造提供了科学的根据。因此，在这个问题上根本不是冯定歪曲了中国革命历史，而是批判者不了解中国革命的历史过程、历史事实，不是冯定在宣扬修正主义，而是批判者无视，至少是不了解马列主义、毛泽东思想科学体系的这个重要方面。

再说第二条。冯定是在什么情况下讲我们是力求用和平的办法解决资本主义制度和社会主义制度的矛盾的呢？那是在《共产主义人生观》的第九节，文章主要是讲在改造世界和改造社会的过程中，人们应该自觉地运用辩证法的基本规律——对立统一规律，"积极地、主动地去发现矛盾和解决矛盾"。作者举了一系列的实例来说明，必须"对于具体的事物作具体的分析"（列宁），用不同质的方法去解决不同质的矛盾。正是在这里，作者讲到了我们力求用和平的而不是战争的办法来解决世界上两种不同社会制度的矛盾。冯定的本意无非是说我们是爱好和平的，是主张不同社会制度国家和平共处的，既反对帝国主义侵略，也反对所谓"革命输出"。这本来是马列主义的一条原则，也是我们国家一贯奉行的对外政策。冯定在书中宣传这样的观点有什么不对？其次，冯定明明是讲的全世界范围的事，是讲的国际上如何处理国与国之间因社会制度不同而发生的矛盾问题，而不是一个国家内部的革命问题。其实，紧接着那段话，作者就写道："从国内范围来说，中国人民和帝国主义、封建主义、官僚资本主义的矛盾，是已经用暴力革命办法解决了的。"可是批判者竟不顾上下文，硬说冯定所讲的那段力求用和平方法处理国际上不同社会制度矛盾的话，是在为资本主义国家无产阶级和劳动人民"规定一条用和平的办法来革命的道路"，是在宣传修正主义。这实在是"欲加之罪"而任意"指鹿为马"了。

除上述以外，其他的一些批判也大同小异。为了说明问题，不妨再举一例。如：冯定在谈到"矛盾的性质是错综复杂而多种多样的，而其表现形式更是多样"时，举例说："我们对于帝国主义国家里人民的关系和对于帝国主义国家里统治阶级的关系，又是不同的；在对于帝国主义国家里统治阶级关系中，对于当权的和对于在野的，又是不同的；在对于帝国主义国家里当权的统治阶级关系中，对于比较稳健的和对于一味冒险的，又是不同的……都要依照不相同的具体情况来解决的。"对于这样一句话，居然在《评冯定的〈共产主义人生观〉》一文中也被批判为"滑到了修正主义的轨道上去"。理由据说是因为它把人民和统治阶级的矛盾同统治阶级内部的矛盾"平列起来，不加原则的区别"，而另一方面又对统治阶级内部的矛盾，加以区别。而在批判者看来，对于统治阶级来说，"当权的也好，在野的也好，统统都是狼"。对待狼"应当是一个原则，一种态度——坚决反对"。

能说这样的所谓批判是严肃的、郑重的、科学的吗？

首先，为了表达方便，写文章时采用平列的句法，这是很普通的。这怎么能成为攻击冯定犯了把政治上不同质的矛盾平列起来不加原则区别的修正主义错误的根据呢？何况作者写得一清二楚，恰恰是在强调要区别对待各种不同性质的矛盾呢！

其次，充分利用统治阶级内部的矛盾，这是毛主席领导中国革命的一个重要策略思想。同"一切斗争，否认联合"的"左"倾机会主义相反，毛主席一贯主张对统治阶级营垒中发生的各种矛盾分别不同情况，区别对待，他说，统治阶级内部的矛盾"不过是大狗小狗饱狗饿狗之间的一点特别有趣的争斗，一个不大不小的缺口，一种又痒又痛的矛盾。但是这点争斗、这个缺口、这种矛盾，对于革命的人民都是有用的。我们要把敌人营垒中的一切争斗、缺口、矛盾，统统收集起来，作为反对当前主要敌人之用"（《论反对日本帝国主义的策略》）。拿毛主席的这段话同批判者所说的"统统都是狼"，"应当是一个原则，一种态度"相对照，究竟是谁违背了马列主义、毛泽东思想不是很清楚的吗？

诸如此类，限于篇幅，就不一一说明了。

总而言之，我们认为当年由康生和陈伯达策动的对冯定同志《共产主义人生观》一书的所谓修正主义观点的批判，其主要论据没有一个能够成立，一切诬陷不实之词，统统应予推倒，一切被颠倒了的理论是非，都必须重新颠倒过来。

这样做，绝不是说冯定同志的《共产主义人生观》和其他著作没有缺点，不能批评，更不是要追究当时批判者的个人责任。当然，令人痛心的教训是应该认真吸取的。我们共同的立场应该是统一在党中央的正确路线上，彻底揭露和消除林彪、"四人帮"推行极"左"路线所造成的恶果，永远埋葬那种反科学、反民主的封建法西斯的"整人哲学"，恢复和发扬我党实事求是的光荣传统，促进我国文化建设的新高潮的到来。

简评《唯物辩证法对偶范畴论》*

吴建国同志的著作《唯物辩证法对偶范畴论》，摆事实，讲道理，条分缕析，引人入胜，以平易见长，以实事求是取胜，很有特色。

第一，一般教科书只讲原因与结果、必然性与偶然性、内容与形式、本质与现象、可能性与现实性五对范畴，作者增加了整体与部分、平衡与不平衡两对，这是一个特点。马克思主义哲学著作中经常谈到这两对范畴，但专门加以阐述的并不多。作者认为："这两对范畴，不论就其普遍性而言，还是就其重要性而言，都有足够的'资格'进入唯物辩证法的基本'范畴群'，而且当代科学的发展，越来越突出地显现着这两对范畴的地位和作用。"（本书第28页）应该指出，比较起来，平衡和不平衡范畴在很长的一段时间内更为人们所忽视，不仅忽视，而且讲平衡就难免有"平衡论"之嫌，但是，在实际生活中我们却在谈论各种各样的平衡，追求各种各样的平衡。在这个问题上，理论与实践严重脱节。为了把现实生活中存在的问题研究清楚，作者对平衡和不平衡关系的各种表现进行了哲学概括和深入分析，论证了这

---

* 《唯物辩证法对偶范畴论》，吴建国著，江苏人民出版社1986年5月出版。

对范畴理论的和实践的意义，这是难能可贵的。很难说作者的观点是完全正确的，但无论如何，本书对这对范畴的研究和运用会发挥积极的作用。

第二，本书对七对范畴的联系和顺序提出了自己的理解和独特的安排。一般教科书对五对范畴的安排主要有两种形式：一种是：原因和结果、必然性和偶然性、可能性和现实性、形式和内容、现象和本质，另一种是：现象和本质、形式和内容、原因和结果、必然性和偶然性、可能性和现实性。本书的安排是：原因和结果、必然性和偶然性、内容和形式、整体和部分、平衡和不平衡、本质和现象、可能性和现实性。为什么如此安排呢？作者回答说："所以对范畴作如此的排列，基于我们对人类认识客观外部世界的关系和联系的过程的基本看法。"（第29页）这个看法就是：科学体系应该和人类认识史一致，和人们的现实的认识活动一致。作者认为，认识开始于问"为什么"，即从结果探求原因，而在对因果关系的探索中，人们认识了必然性和偶然性、内容和形式、整体和部分、平衡和不平衡，本质和现象则是这些认识的落脚点，而排在最后的可能性和现实性体现了人们在本质认识的指导下改造世界的过程。作者谈到的这个看法实际上就是黑格尔、马克思、列宁经常谈到的从抽象到具体的人类认识规律。

当然，本书也不是没有它的不足之处，除它论述的七对范畴而外，还有不少对偶范畴人们经常使用，其重要性绝不次于这七对范畴，如一般与特殊（个别）、相对与绝对、有限与无限，等等。谈到范畴的体系，不把辩证法的基本规律包括进来一并加以考虑也是一个缺陷，因为作者明确认为，"在某种意义上来说，这些对偶范畴各自的关系和联系，都可以独立地构成规律"（第12页）。但是这些规律比起基本规律来属于第二层次。既然如此，基本规律也可以说是对偶范畴的一部分。考虑范畴体系显然应把它们包括进去。还有，当代西方哲学对马克思主义哲学提出了一系列挑战，本书未予充分回答，似乎也是一点欠缺。

关于高清海教授主编的《马克思主义哲学基础》*（上册）**

本书以崭新的面貌出现在广大的读者面前，这不仅是主编和作者们几年来辛勤劳动、深入研究的结果，也是我国哲学界自党的十一届三中全会以来，解放思想，反复讨论马克思主义哲学的对象和体系问题的结果。它的出版无疑对我国的哲学问题的研究会产生重要的影响。本书篇幅较大，我来不及仔细阅读，最近匆匆读了前面几部分，试谈一些粗浅的想法。

我感到本书有以下几个特点：第一，本书的体系是全新的。本书第一篇以意识与存在的关系——认识的基本矛盾为开端，第二篇讲客体，第三篇讲主体，第四篇讲客体和主体的统一。这种安排的根据是作者对哲学对象的理解。作者认为，"从相互关系中去研究客观世界与主观思维的运动规律，是哲学特有的研究方式，也是哲学专有的研究对象"。（第30页）第二，本书增加了许多新的内容，这些内容部分是现代科学发展新提出来的，例如系统和要素、结构、层次、功能、

---

* 《马克思主义哲学基础》（上册），高清海主编，人民出版社1985年出版。
** 本文发表于《哲学动态》1986年第8期。

控制和反馈、信息，等等，部分是哲学史上、一般教科书中虽曾提到，却没有集中论述过的，例如一和多、实体和属性、有限和无限，相对和绝对，等等。第三，本书把每一个哲学问题都摆到历史中来论述，借以说明马克思主义关于这一问题的观点在整个哲学史发展过程中的地位。例如关于哲学对象问题，本书专门介绍它的历史演变，借以说明马克思主义哲学在对象问题上所实现的革命变革。第四，本书的文风也颇具特色。在行文中，作者主要用自己的语言分析和论证自己对问题的理解，只在十分必要的地方才作些引证，这使人读起来不仅没有武断感和教条味，而且有清新之感。总之，这是近年来我国哲学界推出的一本关于马克思主义哲学原理的最有特色的书。

正是因为这是一本最有特色的书，本书也提出了不少需要加以进一步研究的问题，这里提出来向作者请教。

首先是哲学对象问题。关于哲学对象问题，我和主编高清海同志的观点是不一致的，我们也面对面地交换过意见。但那时的讨论，只是理论上的，现在有了一本体现他的观点的著作，它虽然只是一半，也是对他的观点的一种实际的检验，讨论就可以更为具体和深入了。关键问题还是在于马克思主义哲学是不是一种本体论，是不是以客观世界及其一般规律作为它的研究对象，我认为本书作者对这个问题的回答是不很明确的。作者认为："旧哲学提出的所谓'本体论'的问题，其中属于合理的那一部分内容已划归实证科学去研究，它包含的那一部分不合理的内容则被哲学自身的发展所否定，为探究思维与存在本原关系的理论所取代。"（第46—47页）就是说，马克思主义哲学与本体论毫无共同之处，它不是一种本体论。而作者并不否认马克思主义哲学要研究物质世界的一般规律，大家知道，一般规律正是旧哲学的本体论的研究对象之一。但作者把马克思主义的这一方面称作世界观，而不称作本体论，这就涉及对世界观的理解。

世界观是什么？它在马克思主义哲学中的地位怎样？我认为作者的回答也是不很明确的。作者不否认"哲学所讲的世界观，也是指关于世界的根本观点、根本看法"，"哲学就是系统化的世界观理论"。

"哲学只是从总体上对世界的存在和发展提出根本性的看法"。到此为止，作者的观点都是很明确的，但往下就不很明确了。作者进一步说，"所谓从总体上提出看法，就是要对客观世界和主观世界这二者如何存在和发展的问题，从对二者的相互关系的研究中提出一定的观点"。"所以，从马克思主义的观点看来，所谓关于世界的根本观点，也就是对于认识世界和改造世界的根本问题的观点，主观世界和客观世界的关系的问题就是世界的根本问题"。（以上引文均见第32—33页）这里发生了一次概念上的跳跃，即从主观世界和客观世界作为一个整体而存在和发展的问题跳到主观世界和客观世界的关系的问题。这两个问题差别很大，不能混为一谈。前者是世界观问题，其中无疑包括主观世界与客观世界的关系问题，但还有一些更根本的问题，即人类社会和自然界的关系问题、各种一般规律问题；后者，按作者的定义，只是个认识论问题。这样，作者就把一个外延极广的问题同一个外延十分狭窄的问题混为一谈了，因为客观世界与主客观的关系毕竟是极不相同的。对这一点作者是完全清楚的，说："按照这样的理解，作为哲学的世界观也就是认识（包括改造）世界的理论，同认识论是完全一致的。"（第33页）那么，为什么说作者对世界观的理解不很明确呢？问题在于，这个认识论究竟是广义的还是狭义的？作者承认认识论有广义与狭义之分，"广义的认识论也就是世界观"，换言之，狭义的认识论不是世界观，但"认识（包括改造）世界的理论"似乎是狭义的而不是广义的认识论，这样，世界观岂不就混同于狭义的认识论了吗？

正是由于这种理解，作者指出："一切专门科学都是仅仅从客观世界方面去研究它的运动规律，或者从主观意识活动方面去研究它的运动规律，没有任何一种科学是从客观世界与主观思维两个方面的相互关系中去研究它的运动规律的。这一运动仅仅属于哲学的领域。"（第29页）其实，没有哪一门科学摆脱得了从主客观的关系中去研究它的对象，因为认识终归是人的认识，认识中难免带有主观的因素，科学研究的任务就在于尽可能多地摆脱主观因素的干扰，最大限度客观地反映不以研究者的意识为转移的对象。这是任何一门科学的认识论前提，不管研究者承认不承认。当然，没有必要在每一门科学开始之前，都来论述一翻主观与客观的关系。

再来看一下本书的实际安排。本书第一篇讲"意识与存在的关系——认识的基本矛盾"，从题目上就可看出这是认识论——狭义的认识论。第二篇讲"客体——世界的统一性和多样性"，从题目上也可看出这是世界观。作者可能认为这样安排后，本书就是在主客观的关系中研究一般规律了，其实，即使一开始就讲客体也并没有在主客体关系之外讲客体，而本书的安排也仍然使人感到认识论与世界观界限分明，各自可以成为相对独立的部分。

总之，关于哲学对象问题，可能我囿于自己的成见，总感到本书虽然提出了自己的看法，但对自己的看法论述得不够严密，未能做到浑然一体，无懈可击。

其次是关于哲学的开端问题。作者说："一般地说，开端是以潜在形式表现出来的内容的整体，开端的终结点在本质上是一致的。"（第121页）这个原则无疑是正确的。全书的框架按照这个原则采取了从意识与存在的关系发展到主体与客体的统一的形式，这种安排显然是与作者对哲学对象的理解一致的。作者还认为，逻辑与历史是一致的，哲学的开端与其他科学的开端也是一致的，因此，"揭示外部世界和人自身活动的客观规律，是一切认识活动的根本目的，也是一切理论活动的起点和开端"。（第121页）这些原则也无疑是正确的。但作者在论述过程中提出的某些论断还可以做进一步推敲。

根据逻辑与历史一致的原则，哲学史也应该从意识与存在的关系开始，但大家知道，欧洲哲学史是以探求万物的本原开始的，对这一矛盾，作者解释说："这一时期，虽然人们还没有直接提出意识和物质、主观和客观的关系问题，但它却以潜在的形式包含在关于万物本原的各种不同观点里面。"（第123页）前面讲的是：开端是明白的，内容整体是潜在的，这里讲的是，主客观关系的探求是潜在的，万物本原的探求是明白的。按照这后一种讲法，万物本原的探求才是开端，主客观关系的论述不是开端，但潜在于这个开端之中。这样，逻辑与历史的矛盾依然存在。

根据哲学与其他科学在开端问题上一致的原则，一切科学也都应从主客观关系开始，但大家知道，很少科学是从主客观关系开始的，对这一矛盾作者以哲学与其他科学的区别来解释，认为："哲学开端和科学开端的区别，主要是由于认识的分工以及由这个分工所决定的哲学和科学在人类知识体系中的不同地位、肩负的不同任务所决定的。在科学的认识中，如果不能正确地处理和解决主观与客观的关系问题，就不能自觉地和正确地把握外部世界的本质和规律。而如何看待和处理主观与客观的关系问题是属于关联到各个知识领域和认识发展的全局性问题，单靠科学自身是不能得到解决的"。（第122页）这就是说，一切科学都应以关于主客观关系的原则为其认识论前提，而探讨这个认识论前提本身并不是其他科学的任务，因而其他科学均不以主客观关系作为自己的开端。这样，哲学与其他科学在开端问题上的矛盾依然存在。

第三是哲学内容的展开原则问题。一般认为，哲学以及其他科学的内容都应按从抽象到具体、从简单到复杂的原则展开。本书的某些部分显然是按照这一原则展开的，例如第三、四、五章（客体的规定性、客体的规律性、世界统一于运动着的物质）的顺序表现了这一原则，但在其他部分或每章内部这一原则并不明显。遗憾的是，作者没有专门讨论哲学内容展开原则问题，读者无法理解全书细部的逻辑结构。

本书在众多教科书中独树一帜，自成一家之言，是十来年哲学研究的可喜成果，为了使它更加完整、更加严密，我在还没有细读全书的条件下发表一些看法，很可能误解或歪曲了作者的原意，不对的地方，请作者和广大读者指正。

一个有意义的新探索

——《社会主义建设中的哲学问题探索》*序

王东、张翼星、孙承叔同志写成的这本新著,比较系统地探讨了社会主义建设中的哲学问题,对改革和现代化道路问题作出了哲学思考。这是一个新的探索,是有意义的工作,也是可喜的成果。我高兴地为本书作序,向大家推荐这本书。同时,我也愿借此机会,就如何面向当代社会主义建设实践、坚持和发展马克思主义哲学的问题,谈几点看法。

一、研究当代社会主义建设,特别是像中国这样原先经济文化落后的小农国家的社会主义建设道路问题,是发展马克思主义哲学的重要课题

马克思主义哲学的发展可以划分为两个大的阶段。19世纪马克思、恩格斯创立的马克思主义哲学,是上一世纪的社会历史状况和科

---

* 《社会主义建设中的哲学问题探索》,王东、张翼星、孙承叔著,北京大学出版社1986年12月出版。

学发展水平的产物。20世纪，马克思主义哲学应当在全面继承哲学史优秀成果和马克思、恩格斯思想遗产的基础上，充分反映本世纪的社会历史变动和科学发展水平，总结把马克思主义哲学应用于当代各国社会主义实践的经验，建立更加严密完整的哲学科学体系。这个马克思主义哲学发展的新阶段，是由列宁开辟的。

列宁把马克思主义哲学应用于20世纪社会主义革命和建设，取得了巨大的成效，又对实际斗争经验和科学发展进行了哲学概括，从而丰富了马克思主义哲学。这就为哲学的应用和对实际斗争进行哲学概括，开辟了空前广阔的前景。同时，列宁也留下了生前未能彻底解决的大量课题。列宁对哲学的应用紧密地围绕着一个主题，即在帝国主义时代和经济文化落后的俄国如何实现社会主义革命和建设。为了解决这个有着巨大意义的时代课题，列宁在其两部主要哲学著作（《唯物主义和经验批判主义》与《哲学笔记》）中创造性地发展了马克思主义辩证法——认识论，并提出了一系列有待解决的重要问题，在唯物史观领域中更提出了一系列创造性的理论，例如帝国主义论，社会主义革命可能首先在一国胜利的理论，关于从资本主义向社会主义过渡的理论，关于合作制的理论，关于文化建设的理论，等等。围绕上述中心课题而提出的一系列理论，构成了列宁哲学思想尤其是十月革命后唯物史观思想的一个显著特色。

列宁逝世后，特别是第二次世界大战后，出现了新的形势和新的问题。当代马克思主义发展，面临着两个最为重大、最为迫切的时代课题：一是通过改革打破高度集中的僵化模式，探寻适合本国特点的，尤其是那些原先经济文化落后国家的建设社会主义道路；二是出现了全球性的科学技术革命，给现代科学认识和社会发展带来了一系列前所未有的新特点。只有把马克思主义哲学应用于建设有中国特色的社会主义的伟大实践，对这方面的新鲜经验作出哲学概括，只有全面而深入地总结科学技术革命的重大成就，才能真正继承列宁的事业，发展列宁的思想，使马克思主义哲学适应当代——20世纪后半叶的迫切需要，成为时代精神的精华。毛泽东生前的许多哲学活动在这方面作出了重要贡献,十一届三中全会后党中央在领导现代化建设的过程中继续着这一工作。许多专业哲学工作者也为此做了大量工作。

当然,从哲学高度来研究这些现实问题有许多困难,在这方面存在着不少思想障碍。不少人认为,"现实问题离政治太近,有危险","搞史省事,搞论费事","搞思想史容易出成果,搞理论问题难以写出论著,写出来了也难以发表"。这些议论固然从一定角度上反映了某些现实状况,但这种状况必须改变,对此采取知难而退的消极态度是不足取的。如果搞哲学的人都不去探讨现实生活中的哲学问题,哲学科学就会失去生命力,就会变成经院哲学式的死东西,哲学研究就会走进死胡同。我曾不只一次呼吁,请有关领导部门、学术刊物、出版部门积极热情地扶植现实问题的哲学研究。我也希望广大的哲学工作者,尤其是专门研究马克思主义哲学的同志们,努力研究现实哲学问题,作出应有的贡献。

王东等三位同志都是中青年哲学工作者,他们知难而进,在这方面作了大胆尝试。本书研究了许多社会主义建设中新出现的哲学问题,特别是集中思索了体制改革和现代化建设的道路问题,建设有中国特色的社会主义的哲学基础问题。这是一个有迫切意义的重大研究课题。他们的努力是令人鼓舞的,值得赞许的。

二、"理论联系实际"有一个方法论问题,应当采取科学的方法,而不能采取简单化的方法

"理论联系实际"是一个多年以来一直在提的老口号。这个口号无疑是正确的,可是对这个口号的理解却长期存在着一种误解。按照这种理解,"理论联系实际"被简单归结为两个方面的证明工作:一方面用理论来证明实践活动是对的;另一方面又用实践活动来证明理论是对的。我们并不否认有必要对重大决策、政策作出科学论证和哲学论证,有必要用新的实践经验来检验并论证原有的理论,这些工作都是有意义的。但是,把理论联系实际仅仅限于上述工作,就没有抓住理论联系实际的根本点,没有真正指明理论联系实际的正确途径。按

照这种理解去搞"理论联系实际",无非是围着现成理论与实践兜圈子,既不能推动实践前进,也不能推动理论发展。

那么,在哲学领域里怎样才是"理论联系实际"的正确方法呢?这包括与上述方法根本不同的两个方面:一方面,用马克思主义理论为指导,从理论思维高度来研究现实生活中的哲学问题,为实践活动提供行动指南;另一方面,反过来用这种新的研究成果和哲学概括,来丰富和发展马克思主义哲学原理,使现代哲学科学能跟上时代步伐,和时代同步前进。只有按照这条路子走,才能既引导实践活动走向新的高度,又推进理论上升到新的水平。

本书所采取的研究方法,我认为是正确的。他们一方面努力从体制改革和现代化建设中提炼出有重大意义的哲学问题,作出有理论思维高度的哲学思索;另一方面又力图从这些生活素材中升华出新的哲学概括,来丰富和充实现代哲学科学。对于哲学研究如何做到理论联系实际,这也不失为一个有意义的开拓。

三、在探索改革实践和现代化建设的哲学问题中,必须把坚持马克思主义和发展马克思主义辩证地结合起来

邓小平同志在中国共产党全国代表会议上的讲话中郑重地提出了这一问题,要求全党都要重新学习马克思主义基本理论,从而加强我们工作中的原则性、系统性和创造性,并且发展马克思主义理论本身。我认为,这的确是关系到改革成败的原则性问题,也是关系到哲学发展方向的重大问题。

马克思主义哲学基本原理,我们必须坚定不移地坚持下去,绝不能随风转向地发生动摇。马克思主义哲学作为一个整体,作为完整的哲学世界观,是不会过时,也不会被推翻的。这是因为,它经过了千百万群众实践活动的检验,经过了自然科学和社会科学长期发展的检验,已被证明是科学真理,作为一门完整的哲学科学建立起来了。现时代的发展也进一步证实着马克思主义哲学的强大生命力。现代西方哲学思潮中的积极因素是应当认真汲取的,如何从现代科学成果中引

出哲学结论的工作也是应该大力开展的。但绝不能打着"求新"的旗号,用某种流行一时的现代西方思潮来取代马克思主义哲学世界观。这种思想倾向是确实存在的,值得认真注意。

马克思主义哲学必须向前发展,必须敢于依据新的生活实践和科学事实来修正、补充和丰富它的许多个别原理。不能认为马克思、恩格斯、列宁的哲学思想已经回答了他们之后几十年甚至100年的问题,已经一劳永逸地反映了以后千百万年的历史发展。这种观点是根本违背马克思主义哲学的科学性质的。我们要有理论勇气来丰富和发展马克思主义哲学,为现代哲学科学的长河不断增添新的水滴。

立足当代现实、发展马克思主义哲学,主要有三条途径:(一)对当代社会发展(尤其是社会主义建设实践经验)作出哲学概括;(二)对现代科技革命最新成果作出哲学总结;(三)回答当代世界范围内各种社会思潮的挑战。本书在这些方面,主要是第一方面做了一些有益的工作。"坚持和发展马克思主义"这个主旨,可以说是全书中一以贯之的基本思想。这本书的思想内容,实质上包含着相互联系的两个方面:一方面,力图在深入开掘马克思主义哲学遗产的基础上,分析和回答改革和现代化建设中的现实问题;另一方面,试图对改革的新道路作出哲学概括,用以充实和丰富马克思主义哲学基本原理。这一基本内容是按照全书的三个部分逐步展开的。

第一部分通过对马克思主义发展史、社会主义道路探索史的历史追溯,揭示出我们建设有中国特色的社会主义道路的历史渊源和理论根据。这种追根溯源的历史探讨是完全必要的,对于坚持改革的社会主义方向、坚持马克思主义的指导有启发意义。绝不能主观随意地抓住个别现象、支流、曲折,就否定改革的社会主义本质,更不能错误地认为"改革等于全盘西化"。本书所作的历史追溯有助于阐明这个思想:改革必然性的根源存在于社会主义历史的发展之中,改革的理论根据立足于马克思主义基本理论之上。

第二部分主要着眼于揭示社会主义社会辩证法的新特点,辩证法三个基本规律在社会主义条件下的特殊表现形式。也就是说,在"一般辩证法"的基础上,具体分析了"社会主义特殊辩证法"。其中提出的社会主义社会的矛盾分类问题,对立面的和谐结合问题,渐变是社会主义社会中质变的主要形式问题,在社会主义建设中破与立、肯定与否定关系的新特点问题,看来具有一定新意。这些观点还很难作为定论,但读起来有启发性。

第三部分探讨了改革实践和唯物史观的有关课题,围绕着"发展生产力是社会主义根本任务"这条思想主线,展开了一系列重大理论问题的研究。在这里,实际上展开了两条思想线索。一条线索是讲物质生产力的发展,探讨了与此相关的生产力发展的内在机制问题、社会主义商品经济的历史地位问题、物质利益问题、科学技术问题,阐发了生产力系统、分工协作、技术结构、劳动方式、三大社会形态、当代科技革命、生活方式等范畴。另一条线索则是讲人的主体生产力的开发,展开了社会主义文化建设问题、人的需要问题、个性发展问题,分析了文化与文明、物质文明与精神文明、个人与社会、社会总需求与总供给、人的自由和谐全面发展等范畴。这些问题和范畴,大都是过去唯物史观研究得不够的薄弱环节。尤其是生产力问题和人的问题,的确是长期以来唯物史观中研究得不够的两大焦点问题,今天我们应当站在现代水平上对这些问题作出马克思主义的回答。而发展生产力,充分开发物质生产力和人的主体生产力,这正是改革和社会主义建设的主要宗旨。因而,这些问题的探讨既有理论意义,又有现实意义。这些问题是抓得比较准的,可以说抓住了马克思主义哲学、唯物史观在当代的重要生长点。

应当说,探讨社会主义建设中的哲学问题,这在今天还是一个具有开拓性的工作,很难要求这里的成果是十分成熟、尽善尽美的。这本书是探讨性的,有些观点未必是完全正确的,许多问题上的观点可能是有争议的。有一些正在探索的重大问题,如社会主义社会的发展动力问题、改革的发展规律问题、当代科技革命问题、精神文明和人的发展问题,很难一下子作出完全令人满意的回答。许多观点的是非得失,需要经过一段时间,由实践作出检验。这本书的作者所提出的一些观点，是力图做到实事求是和坚持四项基本原则的，因而可以作为一家之言参加百家争鸣。

改革和社会主义现代化建设中的哲学问题是一个亟待研究的重大课题。本书在这方面是一个可喜的尝试，是有一定学术价值和创造性的研究成果。这本书所提出的问题（包括已经解决的问题和尚未很好解决的问题）可以启迪人们思考，既能启发实际工作者作一些哲学思考，也能启发哲学工作者更多地思索现实生活中的哲学问题。我希望本书的问世能推动这方面的研究，希望在广大哲学工作者的共同努力下，面向实际蔚然成风，哲学和活生生的社会主义实践联系得更加紧密。

评《论自然界的普遍规律》

自然观是自然辩证法的基础和核心，在自然辩证法教学和研究中难度最大、分歧最多。而自然界的普遍规律又是自然观的最重要的问题。可以说这是哲学史、科学史上至今没有完全解决的一个难题。闵永昌、黄明理的《论自然界的普遍规律》①对此做了有益的探索。

《论自然界的普遍规律》一书，纵观自然辩证法研究的全局，确定了自然界普遍规律研究的地位和作用：（1）自然界普遍规律是自然辩证法这门学科的主要对象，因此，这项研究关系到自然辩证法的存亡；（2）这一研究，关系到自然本体论的认识论、方法论作用；（3）这一研究有助于人类对自然科学进行辩证的综合。这三点我们认为是正确的，作者对此进行了科学史和哲学史上的论证。该书所研究的是自然本体论问题，在哲学史上通常称之为自然哲学。随着自然知识和自然科学的发展，古今哲人都在着力探求自然本体，建立起形形色色的自然哲学体系。但随着自然科学的新的突破，这种体系又一个一个被打破。尤其到了现代，科学的新发现成信数增加，旧的自然哲学破绽百

---

* 本文发表于《江海学刊》1988 年第 2 期，为作者与丛大川合写。
① 《论自然界的普遍规律》，闵永昌、黄明理著，湖南大学出版社 1987 年 8 月出版。

出。一些哲学家，尤其是实证科学家自然要怀疑：自然哲学算得上科学吗？自然界真有什么普遍规律吗？西方现代的各类实证主义和分析哲学以拒斥自然哲学为己任，把形而上学视为垃圾，力图将之从哲学园地清除出去。但形而上学这个幽灵始终在哲学领地的上空徘徊。近年西方科学哲学又出现了向形而上学复归的势头。这并不依实证论者的主观愿望为转移。我们认为，这个势头会涌起一股新的浪潮，构造出新的自然哲学体系，但又会被新的科学发现所突破或否定。自然哲学正是如此波浪式地推进。这里要涉及恩格斯的《自然辩证法》的属性。我们认为，它在实际上是一部尚未完成的自然哲学著作。它综合了当时的自然科学成果，考察了历史上发生过的自然观，提出了辩证唯物主义的自然观，勾画出一幅新的宇宙演化图景，认定辩证法的三大规律同样是自然界的普遍规律，并提出了排斥和吸引、平衡和不平衡、运动和静止、同一和差异、连续和间断等自然哲学范畴。问题在于，后来在苏联和我国，一度将其视为教条，视为封闭了的终极真理，用它来批判自然科学的新的发现。一些实证科学家对此反感和厌恶是事出有因的。近年来在国内也出现了一种批判自然哲学的倾向。有人断言国内近年来所提出的自然哲学体系的设想不过是黑格尔自然哲学的翻版，而黑格尔的自然哲学"正是黑格尔哲学中反动保守的因素"，它"在德国延续到20世纪初期并产生了一些和希特勒之流法西斯专制紧密相连的思想"，还断言"根本不存在一种马克思主义自然哲学体系"。似乎谁要研究和建立新的自然哲学体系，谁就是黑格尔，是杜林，是在搞纯思辨的经院哲学，搞独断论。我们认为，这种偏激的情绪无补于人类思维的发展，实证和思辨、科学哲学和自然哲学应该互补，各类思维方式的互补才是现时代的精神。《论自然界的普遍规律》的作者一位是搞哲学的，一位是搞理论物理的，在哲学和自然科学的结合点上，他们合作开发，把辩证法三大规律具体化，把现代自然科学，主要是物理学的新成果加以综合和概括，提出了自然界五条普遍规律。我们认为这一探索是很有意义的。

作者把"自然物的结构必须适应自然物的运动规律"视为自然界

的根本规律。从方法论上讲，它是运用了马克思"解剖人体是解剖猴体的钥匙"的方法，即把人类社会的"生产关系必须适应生产力发展状况"的规律拓展到自然界。在后来发表的文章中，他们又进一步将"上层建筑必须适应经济基础"规律拓展为"自然物的功能必须适应自然物的结构"规律。此书从天体结构到基本粒子结构，从宇宙目前所观察到的五种物质形态，比较全面地论证了自然物的结构与自然物的运动之间的相互作用关系，科学根据是比较充分的。这对于人们为要改变自然物的结构必须改变自然物的运动，以创造具有新的功能的自然物，是有意义的。我们所重视的是将社会的规律向自然界拓展的方法。社会和人是宇宙演化的必然结果，包含着宇宙演化的全息。自然界和人类社会有统一性，由社会反向往自然界拓展，这既是对中国古代"天人合一"思想的发展，又顺应了人的科学和自然科学相统一的时代趋势。

关于自然界的运动规律，如运动守恒转化律、平衡向背律、斥引致动律，现在国内均有人提出，而作者对此的研究是比较早的。对于"吸引和排斥是无机界运动的基本形式"这一论断，学术界无多大疑义。书中对此作了新的概括和论证，将其视为整个自然界的普遍规律。

自然物空间结构的周期律是作者首次提出来的。我们是1983年从此书的一个内部印刷本看到的，当时感到有些牵强。读了此书的正式出版本，我们深感著者几年来对此下了大工夫，写得很精彩，材料是翔实的，论据是相当充分的。作者对物质层次结构的观点作了新的探索，并作出了初步的数量分析，又没有将"绕核式结构"与"非绕核结构"的周期变换规律四下套用，而取灵活的态度，留有余地，这比较妥当。目前，从原子结构、卫星系、行星系、银河系，绕核结构准周期出现，至于总星系及更广大的天体，夸克及更渺小的粒子是否有这种周期性，书中对此作出了预见，尚待为新的科学事实所证明。

关于自然物的守恒转化规律。这是质量互变规律在自然界的具体化。此书运用了恩格斯的观点，进一步研究了自然界爆发式和非爆发式两种质变形式，研究了"运动质变"、"结构质变"、"性能质变"的相关性。此外，文中严格地划分了"物质量"和"质量"的区别，认为狭义相对论中的运动质量所描述的是物质量和运动状况的综合表现，以此解决"质量亏损"的疑案，坚持了物质量守恒和物质不灭的原理，为问题的进一步解决提供了新的思路。

关于自然物的演化规律。此书提出了这方面的三条规律：自然选择规律、质能聚散规律、螺旋相依规律。书中把达尔文的"自然选择"做了普遍性拓展，结合现代科学的新事实，提出了自然环境对自然系统具有选择性，即"汰劣"和"留良"作用，而自然系统对其环境有适应和不适应的矛盾，由此不断进化。这一规律的提出颇有新意。质能聚散规律是斥引致动规律的逻辑展开，学术界一般承认其普遍性。最后的螺旋相依律可以说是全书的综合。相当于否定之否定规律对一般辩证法的综合，作者在这里简略地勾画出大中小几级螺旋相互依存的超循环演化图景。这部分似应进一步展开，使全文的落脚点的分量更重些。

自然界普遍规律的提出（不管这些规律能否成立）和论证必将推动对这个重要问题的研究和解决。我们并不认为这些规律已成定论，也不认为该书已完全成熟。它还有待于不断拓展和更深刻地研究。随着科学技术的发展新的矛盾会不断出现，我们相信该书会不断地深化。书中还存在一些理论和方法的不足，现提出来供大家参考。

首先，书中主要研究的是纯自然的规律，虽然它采用了由社会向自然拓展的方法，但理论本身很少涉及人和自然的关系问题。而人对自然的创造，即人的本质力量的对象化，由此产生的人化自然、人工自然、人造自然，是马克思特别重视的问题。随着人类创造能力的发展，这些问题越来越突出。书中有待于加强这方面的研究，在人和自然的改造和被改造的关系中把握自然界的普遍规律。

其次，此书有某种纯本体论的倾向，应与认识论结合起来。

再次，此书较多经典学科的材料，虽然着力吸取当代科学的新成果，但仍感不足，有待于更多地吸取当代科学的新成果和新方法，使理论形态更加现代化。

最后，此书只涉及规律，去年又见到著者的新作《自然范畴论》，又只涉及范畴。在我们看来，规律和范畴应是统一的。范畴间的关系即是规律，范畴的运动则展开为一系列的规律，由此而形成由抽象到具体的理论体系。如果将规律和范畴有机地联系起来，就能构造出一个完整的自然逻辑体系。

马克思和恩格斯的哲学史思想和某些哲学思想的完整再现[*]

——读《马克思恩格斯论哲学史》[**]

《马克思恩格斯论哲学史》是从马克思和恩格斯的著作中摘录其哲学史言论,并加以整理和编纂而成的。主编为德意志民主共和国哲学家格尔德·伊尔尼茨和狄特·吕布克,中文版由陈世夫主持译编,陕西人民出版社1988年出版。全书50万字。语录式的书在我国曾风靡一时,今天很少见到了,那么,本书的译编有什么意义呢?有些意义是明显的,例如还不曾有过一本历史地逻辑地摘编马克思和恩格斯的哲学史言论的书,本书可以填补这一空白。还有,本书篇幅巨大,内容丰富,摘录详尽,有的摘录很长,比较完整,可供读者查阅和阅读。但在我阅读之后,我深感本书有更重要的意义,这就是本文的题目所标明的:本书是马克思和恩格斯的哲学史思想和某些哲学思想的完整再现。

---

[*] 本文发表于《人文杂志》1989年第4期。

[**] 《马克思恩格斯论哲学史》,格尔德·伊尔尼茨、狄特·吕布克主编,陈世夫译,陕西人民出版社1988年5月出版。

目前我国理论界热烈议论的问题之一是对马克思主义的再认识，其中包括对马克思主义哲学的再认识。究竟什么是马克思主义哲学，如何理解马克思的哲学思想，如何评价恩格斯的哲学思想和列宁的哲学思想……对这些问题，学者们的意见分歧颇大。这些问题国外早就提出过，本书主编显然是针对了这些问题，或者用马克思和恩格斯的原话回答了一些问题，或者力求对回答一些问题有所启发。据陈世夫同志在"跋"中所说，主编率领的一个科学工作小组进行了多年的搜集、整理、编纂工作，详尽地收集了马恩有关哲学史的精辟论述和深刻见解，编成此书。我认为本书是马恩哲学史思想的完整再现，不仅是因为它的材料齐全，更主要的是因为它思想全面和客观。大家知道，这类书的主编绝不是消极反映原作者的思想，而是以自己的理解来编排材料，理解不同可以编出思想大不相同的书。在我看来，主编对于马克思和恩格斯的哲学史思想的理解是全面的和客观的，避免了那种"六经注我"的片面夸大的主观主义态度。由于哲学史思想与哲学思想无法截然分开，本书在完整地再现他们的哲学史思想时，也就在一定程度上，在一些基本问题上，完整地再现了他们的哲学思想。下面拟就三个问题谈谈我的这种认识。

一、关于哲学史的编纂学原则

本书的"前言"阐述了主编编纂此书的指导思想，第一章《历史唯物主义与马克思列宁主义的哲学史编纂学》摘录了马克思和恩格斯关于编写哲学史的指导原则。这两部分的基本思想是一致的，并在全书中得到了贯彻。

本书把马克思和恩格斯的言论合起来编，其中显然包含了一个前提，即他们二人的基本观点是一致的。主编在"前言"中对此作了明确说明："马克思和恩格斯的哲学史著作及注释，乃至在其个别的着重点上，都表现出两位著作家思想上的一致性；然而他们事先并未进行过磋商，也未互相引用对方的文章（……）。这种一致性来源于他们对辩证唯物主义哲学本身的透彻理解。"（本书"前言"第4—5页，以后凡只注明页码者均引自本书）主编还举了他们对亚里士多德的辩证法倾向、对莱布尼茨的评价、关于资产阶级哲学中的两种自然概念的区分等为例来说明他们之间的一致，这一点也可从全书其余部分得到证明。马克思和恩格斯的哲学思想是否一致，这在我国哲学界是存在着意见分歧的，关键在于辩证唯物主义是不是马克思的哲学思想（它是不是恩格斯的哲学思想，也存在意见分歧，但分歧不大）。本书并不专门摘录他们的哲学思想，但从中也可看出他们的哲学思想是一致的，这一点我将在后面作些说明。

哲学史编纂学的最主要问题是如何看待哲学史。哲学史是什么，这在我国哲学界曾开展过热烈的讨论。传统观点认为哲学史是唯物主义与唯心主义斗争的历史，是阶级斗争史在哲学上的表现，近年来许多同志反对这一观点，认为哲学史就是整个认识史，或确切点说，是整个认识史的总结，是和整个认识史一致的。这个问题在国外也出现过，主编显然是针对这一争论阐明了马克思和恩格斯的观点。在主编看来，这两种观点都有片面性。主编认为如何看待哲学史，历史上有两种不同的观点，一是启蒙主义者的观点，一是黑格尔的观点。18世纪启蒙主义者认为哲学史充满了经验主义的科学路线与宗教及思辨形而上学路线之间的斗争，亦即进步思想与保守思想的斗争、唯物主义与唯心主义的斗争，并以此作为哲学史研究的指导原则。黑格尔肯定了启蒙主义者关于哲学史是不断进步过程的观点，但不同意把唯心主义看成绝对的谬误，而认为它不过是哲学发展的一种形式，哲学的发展是同认识史一致的，哲学史上的所有体系最终将融合于一个无所不包的体系之中，这个体系无疑是黑格尔自己的体系。本书主编认为，哲学史上这两条传统的路线在马克思主义中统一起来了，马克思和恩格斯既肯定哲学的意识形态性质，又赞赏黑格尔的观点，认为他最早了解全部哲学史，是第一个想证明哲学史中有一种内在联系和发展的人，马克思和恩格斯实际上开辟了撰写科学的哲学史的新阶段。我认为主编的这种观点是比较公允的，不仅符合马克思和恩格斯的言论，也符合哲学史的实际。后来列宁在《唯物主义和经验批判主义》中比较强调哲学的党性、阶级性、意识形态性，但在《哲学笔记》中则十分欣赏黑格尔关于逻辑与历史（认识史）一致的观点，重视唯物主义与唯心主义的复杂关系。在极"左"路线影响下，哲学界曾片面夸大唯物主义和唯心主义的斗争，把唯物主义和唯心主义的关系简单化，给哲学史的研究带来了极大的危害，对此，近年来的讨论无疑是有益的。主编对这个问题的阐述以及这个原则在全书中的贯彻将会对哲学史的研究发挥积极的作用。

主编还指出，整个历史唯物主义都是哲学史撰写的指导原则，这无疑是正确的，因为哲学是一种社会现象，是一种意识形态，是社会上层建筑的一部分，只有把哲学摆到全部社会现象中，弄清楚它和其他社会现象、上层建筑、意识形态之间的复杂关系，才能对哲学及其发展史有一个完整科学的理解。

二、关于哲学史

本书第二至七章分六个阶段摘录了马克思和恩格斯的哲学史言论，古代一章，中世纪一章，欧洲资产阶级古典哲学一章，德国古典哲学一章，1815—1848年一章，1848年以后一章。这个安排完全以时间为序，没有什么新奇之处，但就其内容而言，却使人获益匪浅。这些摘录不仅表明了马克思和恩格斯的哲学史思想，也表明了他们的言论具体贯彻了他们提出的哲学史编纂学原则，从中还可以看出他们特别重视哲学史的内在逻辑。

近年来我国理论界对列宁提出的哲学派别性原则（旧译党性原则，易被误解为政党的党性原则，不如改称派别性原则）颇多诟病，认为它否定了哲学史的内在逻辑，割裂了唯物主义和唯心主义的联系。把哲学派别性原则夸大到如此地步，并非列宁原意，自当拨乱反正。现在的问题是能否因此而否定哲学派别性原则？这个原则在马克思主义创始人那里是否存在？这个原则本来就是从恩格斯提出的哲学基本问题原理中引申出来的，无疑已逻辑地存在于恩格斯的思想中，那么，它是否也存在于马克思的思想中呢？在本书主编看来，回答是肯定的，前面业已谈到，现在要具体地考察一下马克思的哲学史言论。

马克思在《1844年经济学哲学手稿》中确曾说过："彻底的自然主义或人道主义，既不同于唯心主义，也不同于唯物主义，同时又是把二者结合的真理。"（第485页）这话当然可以理解为马克思主张超越唯物主义与唯心主义。但后来马克思对自己哲学的唯物主义性质则是态度鲜明的，而且是一贯坚持的。他把自己的哲学称作唯物主义、新唯物主义、唯物史观，实践的唯物主义、共产主义的唯物主义等。1868年他在致库格曼的信中说，"我是唯物主义者，黑格尔是唯心主义者。"（第514页）对于哲学史上唯物主义与唯心主义的对立，他也是十分重视的，把它看作研究哲学史的指导原则之一。马克思对黑格尔哲学的唯心主义性质的揭露和对费尔巴哈哲学的唯物主义性质的肯定是大家所熟悉的，我想用不着引证。他和恩格斯在《神圣家族》中还对英国和法国的唯物主义作了许多精辟的分析，他们指出："法国唯物主义有两个派别，一派起源于笛卡儿，一派起源于洛克。"（第246页）"英国唯物主义和整个现代实验科学的真正始祖是培根。"（第250页）"霍布斯把培根的唯物主义系统化了。感性失去了它的鲜明色彩而变成了几何学家的抽象的感性。物理运动成为机械运动或数学运动的牺牲品；几何学被宣布为主要的科学。唯物主义变得敌视人了。"（第250—251页）顺便说一下，有的认为，在马克思看来，唯物主义是敌视人的，这不符合事实，马克思这里所说的是霍布斯的唯物主义，而不是泛指唯物主义。霍布斯把人看成机器，认为人的自然状态是"一切人反对一切人的战争"，马克思可能据此说它敌视人。谈到其他唯物主义，马克思指出："费尔巴哈在理论方面体现了和人道主义相吻合的唯物主义，而法国和英国的社会主义和共产主义则在实践方面体现了这种唯物主义。"（第246页）马克思怎么可能认为一切唯物主义或一切旧唯物主义都是敌视人的呢？还须说明一下，上面几段引文都是马克思执笔的。

哲学的阶级性、哲学与社会制度的联系，在马克思的著作中是谈得很多的，这本来是唯物史观的原理之一。关于享乐哲学，马克思和恩格斯在《德意志意识形态》中有一段精彩的分析："在欧洲，宣传享乐的哲学同昔勒尼学派一样古老。在古代，这种哲学的创始人是希腊人，在近代是法国人，而他们成为创始者的根据也是相同的，因为他们的气质和他们的社会特别容易使他们追求享乐。享乐哲学一直只是享有享乐特权的社会知名人士的巧妙说法。至于他们享乐的方式和内容始终是由社会的整个制度决定的……一旦享乐哲学开始妄图具有普遍意义并且宣布自己是整个社会的人生观，它就变成了空话。"（第310页）这就撕破了享乐哲学的超阶级的全社会的伪装，揭穿了它的特权阶级的阶级本质。马克思和恩格斯经常说到近代唯物主义与资产阶级的联系，例如马克思在《政治经济学批判》中认为，"约翰·洛克是一切形式的新兴资产阶级的代表，他代表工厂主反对工人阶级和贫民，代表商人反对旧式高利贷者，代表金融贵族反对作为债务人的国家，他在自己的一本著作中甚至证明资产阶级的理智是人类的正常理智。"（第316—317页）但是，在他们看来，不能把这种联系凝固化、简单化，近代唯物主义不仅同资产阶级有联系，也同无产阶级有联系，即同社会主义和共产主义有联系，无论在英国、法国还是德国都有这种情况。当然，他们指的是空想的社会主义和共产主义。空想的社会主义者在自然观上是唯物主义者，但在历史观上却是唯心主义，正如马克思和恩格斯对费尔巴哈的唯物主义所作的评论那样："当费尔巴哈是一个唯物主义者的时候，历史在他的视野之外；当他去探讨历史的时候，他绝不是一个唯物主义者。"（第617页）我们知道，只有彻底的而且是辩证的唯物主义才成为现代无产阶级争取社会主义革命胜利的最锐利的思想武器。至于德国古典哲学同德国社会、德国资产阶级的联系，他们说得就更多了。在他们看来，德国古典哲学是德国资产阶级革命的先导，但由于德国资本主义不发达，德国资产阶级软弱无力，使德国古典哲学的革命内容被淹没在保守的结论之中，其辩证法被唯心主义所笼罩。马克思和恩格斯曾指出："软弱无力的德国市民只有'善良意志'。康德只谈'善良意志'，哪怕这个善良意志毫无效果他也心安理得，他把这个善良意志的实现以及它与个人的需要和欲望之间的协调都推到彼岸世界。康德的这个善良意志完全符合于德国市民的软弱、受压迫和贫乏的情况。"（第341页）"在康德那里，我们又发现了以现实的阶级利益为基础的法国自由主义在德国所采取的特有形式。"（第343页）他们称康德为德国资产阶级利益的粉饰者。德国资产阶级的矛盾地位在黑格尔哲学中表现得特别明显，作为德国哲学革命的集大成者黑格尔的哲学，"甚至在某种程度上已经被推崇为普鲁士王国的国家哲学"（第431页）！"黑格尔当时认为，他在他的法哲学中已奠定了普鲁士国家制度的基础，而且政府和德国公众也都这样认为。政府还以官方传布他的著作这个方式来证明这一点。而公众则谴责他充当普鲁士的御用哲学家。"（第472—473页）

从以上可以看出，马克思和恩格斯的论述实际上包含了列宁所说的哲学派别性的内容，至于哲学发展的连续性、哲学派别之间的联系，他们谈得就更多了，本书对此有极其丰富的反映。

把哲学史看成哲学范畴在各个流派中的推移、转化和发展的历史，是黑格尔的伟大历史功绩。黑格尔的《哲学史演讲录》具体描述了这一历史过程，而他的哲学体系则是从理论上总结和概括了这一过程，成为哲学史的逻辑的再现。马克思和恩格斯高度评价黑格尔的这一观点，认为他是"最早了解全部哲学史的人"（第85页），"是第一个想证明历史中有一种发展、有一种内在联系的人，尽管他的历史哲学中的许多东西现在在我们看来十分古怪，如果把他的前辈，甚至那些在他以后敢于对历史作总的思考的人同他相比，他的基本观点的宏伟，就是在今天也还值得钦佩。在'现象学'、'美学'、'哲学史'中，到处贯穿着这种宏伟的历史观，到处是历史地，在同历史的一定的（虽然是抽象地歪曲了的）联系中来处理材料的"（前言第7页）。他们没有系统地完整地研究和表述哲学史中的这种内在联系，但也在许多地方谈到这一点。恩格斯的一些论述，如关于唯物主义和辩证法的几种形式的观点，大家都是很熟悉的，下面着重介绍一下马克思的一些观点。

马克思很早就十分重视赫拉克利特和亚里士多德的辩证法思想，

认为"最新哲学只是承继赫拉克利特和亚里士多德所开始的工作"（第83页）。他肯定苏格拉底注重人的主体性，并赞扬"苏格拉底的讥讽，——即一种辩证法圈套，通过这个圈套，普通常识应该摆脱任何僵化，但不是要弄到自命不凡以为无所不知的地步，而是要达到它本身所包含的内在真理"（第88页）。马克思在《关于伊壁鸠鲁哲学的笔记》中对柏拉图的唯心主义颇多批评，认为他把运动排斥于现实世界之外等，但对他的思想在古希腊罗马时代的重要地位和影响，特别是对基督教的影响也是重视的。马克思在写他的博士论文《论德谟克利特的物理学和伊壁鸠鲁的物理学在细节上的差别》时还是一个黑格尔哲学的信奉者，但他在这篇论文中却高度赞扬伊壁鸠鲁的唯物主义的自然哲学和无神论思想。他在自序中指出，他之所以选择这个问题作为博士论文的题目，是为了纠正当时流行的一种偏见，即否定古希腊晚期在哲学上的成就，轻视伊壁鸠鲁的哲学，认为他的原子论不过是简单重复德谟克利特的原子论。他准备写一本大著作，联系整个希腊思辨来详细地分析伊壁鸠鲁、斯多葛和怀疑论这三派哲学的相互关系。这篇博士论文仅仅是这本著作的导论。在他看来，古希腊晚期哲学也是哲学发展的一个必然的环节。关于哲学史与马克思主义哲学的联系，他们谈得就更多了。恩格斯曾指出："如果不是先有德国哲学，特别是黑格尔哲学，那末德国科学社会主义，即过去从来没有过的唯一的科学社会主义，就绝不可能创立。"（第430页）他在《社会主义从空想到科学的发展》中详细地追溯了科学社会主义同空想社会主义、法国唯物主义的联系，并提出了一个带普遍性的原则，即任何时代的新哲学、新理论都要以哲学史、思想史提供给它的思想资料作为前提。这就是说，它必须站立在前人成果的基础上才能迈出新的一步。马克思多次谈到他的辩证法与黑格尔的辩证法的联系，指出，"黑格尔的辩证法是一切辩证法的基本形式"（第514页），当有人把黑格尔当成一个"死狗"的时候，马克思公开承认他是这位大思想家的学生。他认为"辩证法在黑格尔手中神秘化了，但这绝不妨碍他第一个全面地有意识地叙述了辩证法的一般运动形式。在他那里，辩证法是倒立着的。必须把它倒过来，以便发现神秘外壳中的合理内核。"（第441页）马克思的辩证法正是剥去了黑格尔的辩证法的神秘外壳的结果。至于马克思、恩格斯同费尔巴哈的关系是人们所熟悉的，我想就不用说明了。

本书主编对马克思和恩格斯的哲学史思想，一方面抓哲学路线的对立，一方面抓哲学发展的内在联系，这种理解是全面的，是符合他们的思想实际的。

三、关于马克思主义哲学

本书专门摘录马克思和恩格斯的哲学史思想，但他们的哲学史言论不可能不包含他们自己的哲学思想。尽管本书在具体内容上对马恩的哲学思想体系缺乏专门的摘录，却在一系列重大哲学问题上比较完整地表明了他们的观点。近年来我国对如何理解马克思的哲学思想在一系列问题上存在着分歧，本书对如何完整地回答这些问题提供了必要的材料。下面举出几个问题谈一谈。

目前争论较多的一个问题是：辩证唯物主义和历史唯物主义这个传统的体系是否符合马克思的思想？从书本提供的材料来看，回答是肯定的。现在有一种说法，即把历史唯物主义理解为历史（辩证）唯物主义，以为这样就可把辩证唯物主义和历史唯物主义完全统一起来，这种观点是否正确姑置不论，至少不符合马克思和恩格斯的观点。"历史唯物主义"这一称呼是恩格斯提出的，即唯物史观；而"唯物史观"这一称呼则是马克思和恩格斯提出来的。因此，"历史唯物主义"中的"历史"指的是这种理论研究的对象。"辩证唯物主义"不是他们提出的称呼，但也符合他们的思想。恩格斯有"唯物辩证法"的称呼，还说过他和马克思"拯救了自觉的辩证法并且把它转变为唯物主义的自然观和历史观"（第522页），这里的"唯物主义的自然观"从一定含义上说也就是唯物辩证法，因为"自然"归根到底当然包括人类社会，实际就是整个世界，人类社会和自然的对立只具有相对的意义。唯物辩证法中的"辩证法"指的是客观世界的辩证规律，它们是这种理论研究的对象，因此唯物辩证法或唯物主义自然观也就是世界观，这说明恩格斯承认有比历史观更普遍的世界观，这种观点同后来理解的辩证唯物主义是一致的。那么，马克思是否承认这种比历史观更普遍的世界观呢？本书的摘录说明，回答是肯定的。1850年马克思曾写信给恩格斯想把辩证方法系统地阐述一番，这是大家都熟悉的，本书作了摘录。本书还摘录了马克思在1868年给狄慈根信中内容相同的一段话："……一旦我卸下经济负担，我就要写《辩证法》。辩证法的真正规律在黑格尔那里已经有了，自然具有神秘的形式。必须把它们从这种形式中解放出来……"（第515页）人们会说，马克思所说的"辩证法"是方法，不是世界观。不错，马克思经常谈的是方法或思维方法，但是，一般方法或一般思维方法是头脑中固有的或天生的，还是客观世界的一般规律的反映呢？马克思的回答是后者。有一段非常著名的话可以证明这一点："我的辩证方法，从根本上来说，不仅和黑格尔的辩证方法不同，而且和它截然相反。在黑格尔看来，思维过程，即他称为观念而甚至把它变成独立主体的思维过程，是现实事物的创造主，而现实事物只是思维过程的外部表现。我的看法则相反，观念的东西不外是移入人的头脑并在人的头脑中改造过的物质的东西而已。"（第440页）这种辩证法不是唯物辩证法——世界观和一般思维方法的统一体又是什么呢？硬说辩证唯物主义是后来捏造出来的，不符合马克思原意，我认为是不能成立的。

有的同志认为马克思有世界观，但辩证唯物主义世界观是自然本体论或物质本体论，不符合马克思原意，他的世界观是实践唯物主义，即实践本体论，或实践一元论，主张世界统一于实践，认为谈离开实践或主体的世界是没有意义的。应该指出，过去的马克思主义哲学教科书虽然强调实践观点，但理解是片面的，即只把它看作认识论问题，忽视它的历史观意义，尤其是忽视它的世界观意义，因而对于世界只谈其客观性，不谈或少谈它在一定程度上对实践的依赖。但认为离开实践的世界毫无意义，不谈甚至否定世界的客观性，则把事情极端化了。本书的材料说明，马克思的思想是全面的，他一方面针对费尔巴哈哲学的直观性，强调指出今日的世界同原始自然比较已经面目全非，但另一方面他也明确肯定世界的客观存在，即不以人的意识为转移的性质。马克思的某些具体提法引起了许多意见分歧，这里没有篇幅来分析这些分歧意见，下面只引证一些不会引起争议的言论来说明这个问题。在《1844年经济学哲学手稿》中，马克思提出了人化自然的概念，强调了实践、劳动、工业生产对客观世界的重大作用，但同时他也毫不怀疑外部世界的客观存在，指出："人直接地是自然存存物，而且作为有生命的自然存在物，一方面具有自然力、生命力，是能动的自然存在物；这些力量作为天赋和能力、作为欲望存在于人身上；另一方面，人作为自然的、肉体的、感性的、对象性的存在物，和动植物一样，是受动的、受制约的和受限制的存在物，也就是说，他的欲望的对象是作为不依赖于他的对象而存在于他之外的……饥饿是自然的需要；因而为了使自己得到满足、得到温饱，他需要在他之外的自然界、在他之外的对象。"（第485—486页）对象也就是客体，同目前一种认为客体离不开主体的流行观点相反，马克思明确指出客体在主体之外，不依赖于主体，可见马克思在强调人的实践对世界的巨大作用时，并不否定世界的客观性。马克思的思想并没有片面性。

与上述问题相联系，马克思是否承认反映论也是一个颇有争议的问题。在有的同志看来，马克思认为反映论就是直观唯物主义，而马克思的实践唯物主义是同反映论对立的。恩格斯曾说："最滑稽可笑的是：把'唯物主义的'和'机械的'等同起来，这是从黑格尔那里来的，他想用'机械的'这个形容词来贬低唯物主义。"（第314页）目前对反映论的批判也有类似情况。马克思确实尖锐批判了直观唯物主义，强调了认识过程的主体性、能动性，但他没有否定反映论。前面引证过的马克思关于观念是物质在人脑中的移植和改造的结果的话就是一种反映论观点。他谈到人的认识从抽象到具体的过程时说："从抽象上升到具体的方法，只是思维用来掌握具体并把它当做一个精神上的具体再现出来的方式。"（第442页，这个理性具体"绝不是处于直观和表象之外或凌驾于其上而思维着的、自我产生着的概念的产物，而是把直观和表象加工成概念这一过程的产物"（同上）。"掌握"、"再现"、"把直观和表象加工"等说的不是反映的过程又是什么呢？

马克思和恩格斯的早期言论中有许多是论述人的问题的，后来也不少。过去的哲学教科书虽然对阶级、群众、集体谈得很多，但对个人却谈得很少。一般说来，尽管不能说在旧的教科书中人学是空白，但人学确实被忽视了。本书在摘录马克思和恩格斯的哲学史思想时，也侧面反映了他们的人学思想。马克思和恩格斯在《神圣家族》中批判了青年黑格尔派把"历史"神圣化和人格化的观点，指出："'历史'并不是把人当作达到自己目的的工具来利用的某种特殊的人格。历史不过是追求着自己目的的人的活动而已。"（第 609 页）但是，他们不同意像费尔巴哈那样把人理解为抽象的孤立的人，而主张人是活生生的现实的人，是生存于一定历史时代的社会关系中的人。因此，马克思说："人的本质并不是单个人所固有的抽象物。在其现实性上，它是一切社会关系的总和。"（第 611—612 页）由于旧唯物主义未能把唯物主义贯彻于历史领域，便忘记了"环境是由人来改变的，而教育者本人一定是受教育的。因此，这种学说一定把社会分成两部分，其中一部分高出于社会之上。环境的改变和人的活动或自我改变的一致，只能被看作是并合理地理解为革命的实践。"（第 611 页）这就全面地正确地说明了人和历史的关系，既避免了片面地抓住人，又避免了片面地抓住历史，前者会陷入以意识、观念来偷换现实历史的唯心史观，后者会陷入否定人的能动作用、忽视历史中人的因素的机械唯物主义。本书对于他们关于个人的平等、自由、全面发展等问题的思想都有所反映。他们思想的一个显著特点就是具体地历史地对待这些问题。他们认为个人之间的平等和自由包含在交换价值的交换，即商品交换之中，平等与自由的关系正是这种交换关系的产物，"如果说经济形式，交换，确立了主体之间的全面平等，那么内容，即促使人们去进行交换的个人材料和物质材料，则确定了自由。可见，平等和自由不仅在以交换价值为基础的交换中受到尊重，而且交换价值的交换是一切平等和自由生产的、现实的基础。"（第 221 页）与此相联系，马克思对于个人是目的还是手段，也有一段很精辟的分析，认为在交换关系中，"每个人为另一个人服务，目的是为自己服务；每个人都把另一个人当作自己的手段互相利用。这两种情况在两个人的意识中是这样出现的：（1）每个人只有作为另一个人的手段才能达到自己的目的；（2）每个人只有作为自我目的（自为的存在）才能成为另一个人的手段（为他的存在）；（3）每个人是手段同时又是目的"（第219页）。他对人的全面发展问题也采取了具体对待的态度，他指出："全面发展的个人……不是自然的产物，而是历史的产物。"（第217页）这就是说，没有什么天生的抽象的全面人。他还进一步指出，人的全面发展是以建立在交换价值的基础上的生产力为前提的，在商品交换不发展的早期社会中只有原始的丰富性或空虚的全面性，不可能产生真实的全面性。

本书没有任务再现马克思和恩格斯的哲学思想，而只是涉及某些哲学问题，这里举出几点足以说明他们的思想是全面的，不同于那些片面性的观点。

《辩证法科学体系的"列宁构想"》* 序一

人们对过去通行的马克思主义哲学的体系,是不大满意的。对哲学体系问题,苏联已讨论了二三十年,我国近年来也讨论得很热烈,有的同志还提出了一些设想,或写出了一些新体系的专著。这些努力是非常必要的,如果马克思主义哲学是一门科学,如果一门科学只能以思想体系来反映它的对象的系统性,那么,马克思主义哲学怎能没有一个完整严密的科学体系呢?但是,怎样才能建立起一个或几个这样的体系呢?我认为有一个前提,即必须首先解决建立哲学的科学体系的原则问题。如果在建构体系的基本原则方面,缺乏深入细致的研究和讨论,贸然建立体系,那就很难取得满意的结果。这些原则是些什么?来自哪里?这正是需要深入研究和讨论的问题。

黑格尔是世界哲学史上的奇才,他不但建立了一个空前绝后的庞大哲学体系,而且有一套建立体系的理论。正如他的整个体系一样,他关于建立体系的理论也是在唯心主义形式下包含着丰富的合理的思

---

* 《辩证法科学体系的"列宁构想"》,王东著,中国社会科学出版社1989年12月出版。

想。马克思和恩格斯注意到了这一点，而列宁在《哲学笔记》中细致地批注黑格尔哲学体系的同时，也系统地吸收和唯物主义地改造了黑格尔关于建立体系的思想，并进一步提出了自己建立体系的原则，而且作出了一些设想，甚至构思了简略的大纲。但是，这些原则和设想，并没有以公开发表的形式呈现在我们面前，而是掩藏在大量零散的笔记之中。这就给后人留下了理解各异、意见分歧、争论不休的很大的余地。

黑格尔、列宁关于建立哲学体系的思想，无论如何是我们今天建构哲学体系原则的历史来源的一部分，应该得到充分的重视和深入的发掘，并成为我们今天解决这个问题的重要的历史借鉴。这样，认清列宁思想的本来面目，充分发掘出列宁建立哲学体系的原则和设想，就成为一项艰难而又具有重大意义的工作。王东同志的博士论文《探索辩证法科学体系的"列宁构想"》，为我们提供了一个新概念，为弄清列宁建立哲学体系的思想开辟了一条新的途径。

大家知道，作为《列宁全集》第4版第38卷的《哲学笔记》，包括了列宁从1895年到1916年的哲学笔记，主要部分是从1914年到1915年的笔记，即列宁自己命名为《哲学笔记本》的八本笔记。由于这八个笔记本与其他笔记合成一书，它们在列宁哲学思想中的特殊意义，长期以来也就被忽视了。经过深入研究，王东同志认为它们具有特别重要的意义。在他看来，它们是一套完整的笔记，是列宁未能完成的辩证法专著的准备材料，是列宁准备建立唯物辩证法的科学体系的一次重要的尝试。

作者的这个新论点，是他考证、研究了《哲学笔记》的出版史、研究史方面的大量材料，又具体分析了八个笔记本的主要内容，才得出来的。作者认为从其中各个笔记的顺序可以看出，列宁在读书过程中由今到古、由近及远地追溯了辩证法的历史，使八个笔记本形成了有一定顺序和结构的有机整体。作者把列宁1913年末写的《〈马克思和恩格斯通信集〉提要》和1914年写的《卡尔·马克思》，看作是对现代辩证法的研究，而八个笔记本则上溯到黑格尔的辩证法，又进一步追根溯源到古希腊的辩证法。这种做法本身就体现了列宁常常提到的认识史与逻辑一致的思想。作者还从这些笔记中挑选了具有一定系统性的六个片断,并认为它们是列宁探索辩证法体系的初步计划,或列宁建立辩证法体系的纲要。最后,作者把列宁建立哲学体系的思想概括为八个主要原则,挖掘了其中蕴含的理论内容,阐述了它们对于辩证法、认识论的全局性的理论意思。作者以这些强有力的事实材料证明,这八个笔记本绝不是漫无目的、随手写下的零散札记的汇总,而是围绕着一定目的和中心而构成的有机整体,其中最有价值的东西是列宁试图把马克思主义辩证法、认识论系统化的总体构想。

认为八个笔记本是一个整体,认为写作哲学笔记不仅是为了反对社会沙文主义的诡辩论,而且是为了建设辩证法的科学体系,这些思想不是王东同志的首创;但细致地具体地说明这是一个怎样的整体,并从而说明列宁为建设辩证法体系进行了哪些准备工作,作者的论述确实独具特色,这是作者的主要贡献。诚然,作者提出的许多论断,如对各个片断纲要的分析、建立体系的八条原则等,都是可以商榷的,但王东同志对《哲学笔记》的创造性探索无疑将使我们对《哲学笔记》的理解和研究前进一步,这是一次有意义的突破。不仅如此,由于他的探索直接涉及建立哲学体系的原则问题,并广泛论及了马克思主义哲学史和现代哲学科学面临的许多重大理论问题,提出了一系列富于新意的学术观点,这对于哲学体系的改造和哲学科学的发展,无疑也是有意义的。

王东同志曾是我的博士研究生,我为他获得这一成果感到高兴,也为他的成长感到欣慰。近年来,有些同志为我国马克思主义理论的前途感到担忧,因为马克思主义理论在我国青年中的声望有下降的趋势,一些青年对马克思主义及其哲学抱怀疑乃至否定的态度。但是,我们也欣喜地看到,近几年来,在我国的硕士和博士中涌现了一批青年马克思主义者。他们曾下苦工夫攻读过马克思主义著作,有扎实的马克思主义基本训练,关心社会主义建设实际,思想活跃,善于创新,写出了一批运用马克思主义基本理论分析现实问题或理论问题的论著,有所前进，甚至有所突破。他们显示了巨大的潜力，即将或已经成为宣传和发挥马克思主义理论的骨干力量。王东同志是他们中间的一个，这使我感到十分欣慰。这些同志年富力强，朝气蓬勃，理论上的成就已远远超出我们的当年。我相信，随着我国体制改革和两个文明建设的进一步发展，他们会更加活跃、更加成熟地成长起来，将来的中国仍将是马克思主义的天下。

评《当代中国认识论》*

《当代中国认识论》①是一本研究新中国成立以来马克思主义认识论在我国传播和发展，特别是近十年来在我国研究和发展的历史的专著。像这种系统研究中国当代马克思主义哲学或其一个分支学科的发展史的著作在我国尚不多见，本书是一次开创性的探索。

前几年社会上就流传过"经济繁荣，哲学贫困"的说法。我则认为经济确实繁荣，哲学未必贫困。这里不拟分析上述说法的片面与夸大，我只想指出，人们在读过本书之后，一定可以得出结论：认识论并不贫困。

党的十一届三中全会不仅为我国体制改革开辟了宽阔的道路，也为我国学术事业的繁荣展现了诱人的前景。十年来，同其他学科一起，马克思主义哲学开始被认真地作为一门科学来研究和建设，许多"禁区"陆续被打破了，各种观点都可以自由讨论了，哲学论著的学术性大大加强了，哲学学术论著的数量超过前30年总和的若干倍，涌现了一大批优秀的青年马克思主义哲学工作者。尽管哲学宣传、研究工作

---

* 本文发表于《光明日报》1990年3月12日。

① 《当代中国认识论》，陈新权著，北京大学出版社1989年5月出版。

还有许多缺点和问题，但整个形势是前 30 年不曾出现过的。这种形势长期延续下去，并进一步发展，再有一二十年我国就可能出现能充分代表时代精神并对时代产生重大影响的哲学巨著和哲学大师。对于哲学这种远离经济基础、高度抽象却和社会生活关系密切的学科，作过高过急的要求是不合适的，也是不现实的。在这种时候，对十年来以及新中国成立以来马克思主义哲学或其一个分支学科的传播、研究、发展的历史作一探索和总结，指出其成就，品评其不足，预测其前景，就是十分必要的了。

本书认为近 40 年来认识论的发展有两次高潮，一次是 50 年代末、60 年代初关于思维和存在的同一性的讨论，一次是 70 年代末、80 年代初关于实践标准的讨论，而现在正处在第三次高潮的前夕。作者以四分之三的篇幅来评介十年来认识论发展的概况和基本倾向，并把这些倾向概括为四种，即开放倾向、分析倾向、多维倾向和主体性倾向，认为这些倾向反映了时代的变化和要求，因而形成了认识论发展的新阶段，为新高潮的到来进行了理论上的准备。

马克思主义哲学传入中国，如果从五四运动算起，已有近 70 年的历史，但在前 60 年间，除党的领导人而外，广大哲学专业工作者的工作仅仅限于宣传和解释。宣传和解释马克思主义哲学的工作无疑是哲学工作者的首要任务，但马克思主义哲学是一门科学，我们不研究它，不把它作为一门科学来建设，不推动它随时代的发展而发展，怎么能宣传好呢？而研究、建设、发展马克思主义哲学正是哲学工作者的分内之事。广大哲学工作者广泛从事这项工作只是近十年来的事情，其中当然也包括认识论的研究。作者对认识论的发展作这样一番回顾，对它更迅速更健康地发展无疑是有益的。哲学的其他部分，如世界观、自然观、历史观等，情况都类似，也有必要回顾一下它们近 40 年来走过的道路，以便推动它们更迅速更健康地发展。各个部分、各个方面的研究综合起来，必将使整个马克思主义哲学面目一新。

马克思主义哲学史，作为一门学科，其建立和研究在我国主要是近十来年的事情。这种研究最初偏重于十几世纪和 20 世纪上半叶是可以理解的，但不能长期停留在这种状况下。马克思主义哲学史应该包括当代马克思主义哲学研究和发展的历史，其中也应该包括在当代中国研究和发展的历史。不研究过去，当然弄不清当代；不研究当代，也不能深刻了解过去。马克思主义哲学史是到了转移重点的时候了。本书作者开了一个好头。

评洛温施泰因的《反对马克思主义的马克思》[*]

如何评价马克思其人,一直是理论界争论不休的问题,大致有这样几种观点:一、青年马克思是人道主义者,中老年马克思是马克思主义者(历史唯物主义者);二、青年马克思是人道主义者,中年马克思是马克思主义者,老年马克思又是人道主义者;三、马克思自始至终是人道主义者,也是马克思主义者,这种观点认为人是马克思主义的出发点、核心和归宿,马克思主义就是人道主义;四、青年马克思是人道主义者,中老年马克思既是马克思主义者,又是人道主义者,在马克思身上马克思主义和人道主义是互相矛盾的,这就是 J. I. 洛温施泰因《反对马克思主义的马克思》(1980年英文版)的基本观点。这种观点不同于第三种观点,因为它们对马克思主义的理解是不同的,第四种观点的理解与前两种观点的理解是相同的,即把马克思主义理解为辩证唯物主义、历史唯物主义、阶级斗争理论、剩余价值学说、科学社会主义等构成的理论体系,而第三种观点则把马克思主义理解

---

[*] 本文发表于《马克思主义与现实》1990年第3期。

为人学。

洛温施泰因的著作名称是很奇特的,马克思怎么会反对马克思主义呢?原来作者搞了一个小小的文字游戏,其真实意思是:作为马克思主义者的马克思和作为人道主义者的马克思是互相矛盾的,也就是说,中老年马克思的思想是自相矛盾的。因此,从本书的名称即可看出作者对马克思的评价。

这一评价贯穿全书,但该书的内容并不限于论证这个问题,而是从马克思主义出现的历史背景讲起(第一部分),第二部分讲马克思的思想,着重分析了马克思思想上的矛盾。在作者看来,唯物史观的这种辩证规律和历史规律的不可抗拒性只适用于经济基础的发展,而不适用于人的发展,马克思从未清楚地意识到这种发展只是一种潜力这一事实。这样,在马克思的思想中就产生了一个惊人的矛盾:一方面他预言了脑力劳动和体力劳动之间的对立在真正的共产主义社会中将会消失(这一预言被恩格斯形象地描述为:"人类从必然王国到自由王国的飞跃");另一方面,他又清醒地注意到必然王国将永远存在,人的能力的发展将只能在这种劳动领域之外开始。而且更令人惊讶的是,这一矛盾的两个相互排斥的方面几乎是同时做出的,前者是在《哥达纲领批判》中提出的,后者则是在《资本论》第3卷中提出的"(第88—89页)。作者认为马克思的前一观点是要调和经济和人性、必然和自由的对立,使经济、生产劳动充满了人道精神,使必然为自由所取代;而后一观点则要使上述对立绝对化,认为必然王国将永远存在,自由王国始终是可望而不可即的,前者是人道主义的,后者则是非人道主义的。第三部分讲马克思以后马克思思想沿着两个矛盾的方向发展,一个形成人道主义思潮,另一个形成正统的马克思主义。在前一思潮中,作者谈到了韦伯、拉布里奥拉、卢卡奇、法兰克福学派;在后一思潮中,作者谈到了列宁、斯大林、毛泽东。可见,该书涉及的地区和人物是相当广泛的,涉及的时代也是相当长久的。它篇幅不大,却颇像一部完整的马克思主义史。

该书的观点未必能得到多数学者的同意,在我看来,作者的根据并不很充分，被作者看作相互矛盾的两段话，作者没有引出来，我们不妨引出来看一看，它们究竟是否矛盾。《哥达纲领批判》中的一段话是："在共产主义社会高级阶段上，在迫使人们奴隶般地服从分工的情形已经消失，从而脑力劳动和体力劳动的对立也随之消失之后；在劳动已经不仅仅是谋生的手段，而且本身成了生活的第一需要之后；在随着个人的全面发展生产力也增长起来，而集体财富的一切源泉都充分涌流之后，——只有在那个时候，才能完全超出资产阶级法权的狭隘眼界，社会才能在自己的旗帜上写上：各尽所能，按需分配！"① 在《资本论》中的一段话是："自由王国只是在由必需和外在目的规定要做的劳动终止的地方才开始；因而按照事物的本性来说，它存在于真正物质生产领域的彼岸。"物质生产领域内的自由只能是："社会化的人，联合起来的生产者，将合理地调节他们和自然之间的物质变换，把它置于他们的共同控制之下，而不让它作为盲目的力量来统治自己；靠消耗最小的力量，在最无愧于和最适合于他们的人类本性的条件下来进行这种物质变换。但是不管怎样，这种领域始终是一个必然王国。在这个必然王国的彼岸，作为目的本身的人类能力的发展，真正的自由王国，就开始了。但是，这个自由王国只有建立在必然王国的基础上，才能繁荣起来。"② 仔细研究一下这两段话，其精神是完全一致的，并无任何矛盾之处。比较一下，这两段话有如下共同之处和差异：

一、共产主义社会建立在高水平的生产力的基础之上，这种人和自然的物质变换是不可少的，但前一段话把生产包括在自由王国之内，而后一段话把它摆在自由王国的彼岸。

二、共产主义社会的生产劳动由于摆脱了旧式分工，最适合人的本性，因而是人道主义的，但前一段话强调它是人生第一需要，而在后一段话中，它多少带有一点迫不得已的味道。

三、共产主义社会里的人是自由而全面发展的人，但前一段话着

---

① 《马克思恩格斯选集》第1版第3卷，第12页。文中"资产阶级法权"，现已改称为"资产阶级权利"。——编者注
② 《马克思恩格斯全集》第1版第25卷，第926—927页。

重全面发展，后一段话强调自由的人是社会化的人，联合起来的人。

比较说明，这两段话的基本思想是完全一致的，没有什么矛盾，主要的差异是必然王国与自由王国的关系。这两个词是一种形象的说法，并非真正有两个领域。必然王国，按照马克思和恩格斯的一般理论，指人受客观规律盲目支配的状况，而自由王国是指人掌握了规律并用规律来指导人的实践活动的状况。因此，必然王国与自由王国都是相对的，自人类社会出现以来，人就不是绝对盲目的，人类社会也不可能发展到一个时代，在其中人是绝对自由的。在人类社会发展的长河中，人类在不断地实现着从必然王国到自由王国的飞跃。恩格斯把共产主义的实现叫作从必然王国到自由王国的飞跃，不过是说人们在共产主义社会中已彻底摆脱了私有制及其残余影响对人们的物质生活和精神生活的束缚，而能在改造世界，特别是改造社会、处理社会关系的实践活动中得到前所未有的高度自由，绝不是说，人已达到绝对自由的地步，在改造世界的实践活动中再也不会有什么盲目性了。世界是无限的，世界的发展也是无限的，人们的认识活动和实践活动也是无限的，毫无盲目性的绝对自由的王国是根本达不到的。

该书作者把前一段话看成是人道主义的，把后一段话看成是非人道主义的，因为前者把必然王国消融在自由王国之中，后者坚持必然王国和自由王国的对立。其实前一段话并未完全否定必然王国，后一段话并未把二者绝对对立。在后一段话中，马克思确实把物质生产领域看成必然王国，不管它在什么社会，但他也谈到物质生产领域的自由，即控制物质生产，不让它作为盲目力量统治人；他确实说自由王国在必然王国的彼岸，但他也说自由王国只有建立在必然王国的基础上才能繁荣起来。从这些言论看，马克思不仅谈了二者的对立，也谈了二者的联系，并未把二者截然分开。如果说马克思在这一段话中措辞不很得当，说自由王国开始于必然王国终止的地方，在必然王国的彼岸，我想是可以的；如果说马克思的这一段话是把二者截然分开，是非人道主义的，我认为过于夸大了。

马克思主义与人道主义的关系问题是当今理论界热烈争论的问题之一，本书作者显然有一个理论前提，即马克思主义（历史唯物主义）和人道主义是根本不相容的，而马克思处处都显露了这两种思想，所以互相矛盾了。其实不是这样，问题在于如何理解人道主义。人道主义至少有两种理解，一为人道主义历史观，一为人道精神。中国多数学者认为，作为历史观的人道主义同历史唯物主义当然是不相容的，因为它是一种唯心主义历史观，但人道精神同马克思主义则是相容的，而且必然为马克思主义所具备。马克思主义认为共产主义社会的出现是必然的，是符合历史发展规律的，但也是最人道的，比较起来，剥削制度是违反人道的，是反人道主义的。马克思主义包含人道主义，但不归结为人道主义，更不能等同于人道主义。

该书为当今共产主义运动中的两大思潮的分歧提供了一种解释，即从作者所说的马克思思想的矛盾来说明今天的分歧。今天共产主义运动中的分歧的根源是很复杂的，马克思的思想当然是根源之一，作者对思想根源的这种分析不失为一家之言，对于我们研究这个问题是有借鉴和启发意义的。但作者的分析不一定准确，在我看来，与其说分歧的思想根源来自马克思思想的自相矛盾，毋宁说来自马克思思想的两个方面。这两个方面就是客观规律和人的主观能动性、社会和个人、人的社会性和个性、人的阶级性和人性、客体和主体、人的直观能力和实践能力，等等，也就是本书作者所说的必然王国和自由王国。在马克思主义那里，这两个方面本来是统一的、结合着的，关于必然王国和自由王国的统一，前面已作了简略说明，下面谈一下社会与个人的统一问题。

正统的马克思主义从不否认个人在历史上的作用，在强调人民、群众、阶级、集体的利益时从不抹杀个人的利益和权利，但在社会革命的条件下，对个人确实有所忽视，对个人的权利、利益、价值、地位在理论上研究和阐述不够，在实际生活中照顾和尊重不够，这无疑是必须改进的。人道主义思潮则特别着重个人方面，认为共产主义的最后目标就是解放个人，使个人得到自由而全面的发展；个人是中心，是目的，社会是为个人服务的手段。这是夸大和歪曲了马克思的观点。

马克思对个人确实十分重视，他认为社会不过是人的"一定的社会存在方式"①，"社会本身，即处于社会关系中的人本身"②。其实，这不过重复了一个常识，社会是由个人构成的，离开了个人还有什么社会呢？他还把共产主义社会叫作"自由人联合体"，其中的人是"社会自由人"。但是，在这些提法中已透露出个人离不开社会的意思，"社会自由人"显然是离不开社会的。他指出："不管个人在主观上怎样超脱各种关系，他在社会意义上总是这些关系的产物。"③ 人"即使不是像亚里士多德所说的那样，天生是政治动物，无论如何也天生是社会动物"④。能否说马克思的这些观点是自相矛盾呢？我想是不能的。马克思关于个人的观点和关于社会的观点实际是一个观点的两方面，是不能加以割裂的。那么这两方面是否完全平衡、不分轻重呢？我想也不是。个人与社会在无阶级社会中是没有根本利益冲突的，但有时也会有矛盾，在这种情况下，当然应该以个人利益服从社会利益。共产主义社会毕竟是以社会为中心的社会，而资本主义社会是以个人为中心的社会（应附带指出，资本主义社会也要求个人在一定情况下服从社会的利益），所以马克思说："旧唯物主义的立脚点是'市民'社会；新唯物主义的立脚点则是人类社会或社会化了的人类。"⑤ 旧唯物主义即费尔巴哈的人道主义，"市民"社会即资本主义社会，新唯物主义即唯物史观，社会化了的人类即共产主义社会。我认为，把社会和个人如此结合起来理解是符合马克思的思想的。

尽管该书作者的观点未必能得到多数学者的赞同，但它仍不失为一本有价值的学术著作。该书篇幅不大，却引证了大量有关人物的言

---

① 《马克思恩格斯全集》第1版第47卷，第173页。
② 《马克思恩格斯全集》第1版第46卷下册，第226页。
③ 《马克思恩格斯全集》第1版第23卷，第12页。
④ 《马克思恩格斯全集》第1版第23卷，第363页。
⑤ 《马克思恩格斯全集》第1版第3卷，第5—6页。

论,让资料说话,单从资料看,就是很有价值的,但最大的价值还在于它所代表的观点,作为这种观点的代表作,无疑能在系统论述和评价马克思的思想及其影响的众多著作中占有一席之地。

读列宁《哲学笔记》新译本[*]

列宁的《哲学笔记》新译本,经过艰巨的努力,终于由中央党校出版社出版发行了。这是我国理论界的一件大事,在全国全党广泛开展学习马克思主义哲学活动的今天,更加具有特殊的意义。

《哲学笔记》已有两个全译本,一是1956年出版的单行本,它是根据1947年俄文版译出的;一是1960年出版的《列宁全集》中文版第38卷,它是根据《列宁全集》俄文第4版第38卷译出的;新译本是根据《列宁全集》俄文第5版第29卷译出的。它比前两个译本有很大改进,这些改进将大大有助于读者更完整、更深入、更准确地理解和进一步挖掘这个列宁哲学思想宝库的深邃内容和重要价值。

第一,编排工作的改进有助于更确切地表达列宁的哲学思想。新译本一部分是摘要和短文,一部分是札记,加上读书批注,共三部分。这种编排似乎只是形式上的改变,但实际上列宁的唯物辩证法思想就集中地在第一部分中体现出来了。而第二部分也集中地表达了列宁关于自然科学的辩证性质的观点。第三部分除原有读书批注外,还增加

---

[*] 本文发表于《光明日报》1990年8月24日。

了两篇过去没有发表过的读书批注，一篇是关于约·狄慈根的《短篇哲学著作集》的读书批注，一篇是关于尤·米·斯捷克洛夫的《尼·加·车尔尼雪夫斯基，生平与活动（1828—1889）》读书批注。这两篇篇幅较长，从中可以研究列宁在《唯物主义和经验批判主义》中对狄慈根的评价是怎样作出来的，可以研究俄国的革命民主主义者，特别是车尔尼雪夫斯基是如何影响列宁的。

在字句安排方面的变动有的地方也是很有意义的，例如曾经风行一时的所谓哲学史的"列宁定义"就是由于字句的安排不当出现的。《列宁全集》第 38 卷有这样一个论断："哲学史，因此：简略地说，就是整个认识的历史。"（第 399 页）这从道理上讲是说不通的，除非哲学是包罗万象的，否则无论如何认识史的一部分也不能等同于整个认识史。新译本则把哲学的历史与各门科学的历史、儿童智力发展的历史等并列起来，概括地说了一句："简单说，就是整个认识的历史。"（第 390 页）这种安排把哲学史看作认识史的一部分，显然合理得多。

第二，译文方面的改进也有助于更确切更深入地理解列宁的哲学思想。例如把"假象"改译为"外观"就比较确切。黑格尔的原词是"schein"，英译为"show"，这两个词的德文和英文中均有"假象"的意思，但不仅仅是假象，而"假象"在中文中只用来指与真相相反的现象，其外延比"schein"小，把"schein"译为"外观"比较准确，"外观"与"schein"相当，包括假象，但不仅是假象。再如第 38 卷上有一段黑格尔的话："关于我们的感觉、意图、兴趣，我们诚然没有说它们是为我们服务的，但是把它们看做独立的力量和权力，因而我们自身就是这些东西。"（第 87 页）这里的逻辑确实令人费解，新译本把它改译为"关于我们的感觉、意欲、兴趣，我们当然没有说它们是为我们服务的，它们倒是被当作独立的力量和能力，而这些就是我们自身。"（第 95 页）这种改进对阅读《哲学笔记》无疑是极其有益的。

我还想指出新译本对列宁的一句话的改译有着重要的意义，即把"逻辑、辩证法和唯物主义的认识论"（《列宁全集》第 38 卷第 357

页）改译成"唯物主义的逻辑、辩证法和认识论"（第372—373页）。仅仅从文字上看，两种译法都是可以的，但意义却大不一样，在前一种译法中，"唯物主义的"仅指认识论，在后一种译法中，"唯物主义的"贯串逻辑、辩证法和认识论三者。究竟哪一种译法符合列宁原意呢？我认为新译法是符合《哲学笔记》的基本精神的。

第三，新译本的出版有助于反驳近年来在我国理论界出现的贬低甚至攻击列宁哲学思想的倾向，澄清许多理论是非。

有一种观点认为，由恩格斯、列宁以及其他马克思主义哲学家建设和发展起来的辩证唯物主义实际上是费尔巴哈的直观唯物主义，因为它主张以不依赖于意识的世界作为研究对象，而在马克思那里，哲学的对象就是属人世界，是依存于人的，因此，列宁是从马克思那里后退了。《哲学笔记》新译本的出版，对这种观点是一种强有力的驳斥。且不谈列宁关于《神圣家族》的摘要，单谈列宁关于《资本论》的一些论断，就可看出，列宁比谁都更深刻地指明了唯物辩证法与《资本论》的关系。他认为"马克思把黑格尔辩证法的合理形式运用于政治经济学"（第198页），《资本论》蕴含着大写字母的逻辑，这不是唯物辩证法即辩证唯物主义又是什么呢？

另有一种观点认为，列宁在研究黑格尔哲学之后产生了一次根本性的转变，《哲学笔记》就是这种转变的标志。他们特别欣赏列宁所讲的："人的意识不仅反映客观世界，并且创造客观世界。"（第237页）认为连客观世界都是人的意识创造的，还谈什么不依赖于人的意识的客观世界呢？其实，只要联系上下文，就可以看出，列宁不过讲了认识和实践，绝没有否定世界的客观实在性。《哲学笔记》的全部内容都说明，它同《唯物主义和经验批判主义》的基本观点是一脉相承的，它坚持并发展了唯物主义、辩证法、反映论和唯物史观的基本观点。列宁反复强调唯物主义地"改造"、"颠倒"黑格尔的辩证法，多次谈到思维辩证法是客观辩证法的反映，旗帜鲜明地坚持能动的反映论，坚持哲学党性原则。列宁在《谈谈辩证法问题》中提出的分析唯心主义的认识论根源和阶级根源（社会根源）的理论正是哲学党性原则理论的合乎逻辑的引申和发展。从《唯物主义和经验批判主义》到《哲学笔记》是一次哲学上的巨大发展，其间并不存在根本性的转变。唯物主义、客观辩证法、反映论和唯物史观的基本观点，在《哲学笔记》中丝毫没有被动摇，更谈不上被否定。

与这种观点相联系，有人认为列宁在《哲学笔记》中否定了任何本体论，其根据是列宁所说的逻辑、辩证法和认识论三者同一的思想中据说排斥了本体论。这种观点同样是没有根据的。如前所述，列宁对三者均冠以"唯物主义的"，怎么可能拒斥任何本体论呢？列宁曾经强调认识论已成为当时哲学研究的重点，但他对唯物主义本体论的肯定和对唯心主义本体论的批判是毫不含糊的。逻辑、辩证法和认识论在《哲学笔记》中是多义的，但都没有排斥唯物主义本体论，因为逻辑所研究的思维形式是物质世界的本质关系的反映，主观辩证法是客观辩证法的反映，认识的对象就是物质世界。三者同一的根基就是物质世界及其辩证规律，三者的核心部分就是唯物辩证法或辩证唯物主义。列宁在《哲学笔记》中所设想的唯物辩证法体系是一个本体论体系，即世界观体系，它包含认识论，但绝不能归结为认识论。《哲学笔记》新译本的问世，无疑有助于澄清在这个问题上的混乱。

《马克思主义以前的马克思》*
一书评介

本书作者、英国肯特大学政治学教授戴维·麦克莱伦是国际知名的马克思主义研究者,发表过多种研究马克思主义的学术著作。1986年我曾为他的另一著作《马克思以后的马克思主义》写过一篇评介,认为它的一个显著特点是用比较客观的态度提供了丰富的思想材料,这是麦克莱伦教授的一贯学风,在本书中有更加突出的表现。

本书内容是马克思在1844年以前的活动和思想,共八章,除第一章为历史背景、第八章为结论而外,其余六章按历史顺序介绍马克思的活动和思想,第七章为《巴黎手稿》(即《1844年经济学哲学手稿》,以下简称《手稿》)的思想。这一安排说明,作者把《手稿》和《手稿》以前的著作看成马克思主义形成以前的著作。作者在本书第1版的序言中说:"这本书的目的是尽可能中立地介绍马克思早期著作的历史发展。""中立地"也就是"客观地"、"不带成见地"。这一点,我认为作者基本上是做到了的。

---

* 《马克思主义以前的马克思》,戴维·麦克莱伦著,和飞等译,河北教育出版社1990年12月出版。

本书的材料大体可分为三个方面。一是背景材料。作者为了说明马克思这个历史人物的产生并非纯属偶然,引用了大量材料。他分析了德国当时的社会经济状况、社会各阶级的分化和工人阶级的壮大、政治状况和各种政治派别、文化环境和传统,特别是黑格尔、费尔巴哈、青年黑格尔派、社会主义思潮对马克思的影响。作者对马克思的家世也用丰富的材料作了详细的交代。这些材料使人自然得出结论,马克思产生在当时的德国确有一定的必然性。

其次是马克思本人的原始思想材料。从第三章开始,作者采用转述和引证两种方式介绍马克思的思想。本书大量引证马克思著作中的原话来说明马克思的思想及其发展,让读者从马克思自己的话中理解马克思,作者只在必要的地方画龙点睛地作点评论。对中国读者具有特殊意义的是,本书引证了不少《马克思恩格斯全集》中文版中没有的材料,这些材料出于《马克思恩格斯全集》国际版,对于中国读者是比较珍贵的。

第三是马克思同时代人著作中的材料,这些材料也不少,它们对于说明马克思思想是在怎样的思想环境下转变的,无疑是有意义的。

材料多不等于科学性强,如果断章取义,材料再多也说不清楚马克思的真实思想。本书不仅材料丰富,而且比较翔实,引证极少断章取义。作者确实对马克思的思想做到了客观的全面的"中立的"介绍,并在此基础上对马克思的思想提出了一定的评论。由于作者不是一个马克思主义者,不以马克思主义标榜自己,还由于作者抱着严肃的态度把马克思主义作为一个研究对象来对待,他对马克思早期思想这个争论不休的研究领域所作的介绍和评论值得重视,从中我们可以获得不少的启发。大家知道,在马克思早期思想中,争论最大的是《手稿》的思想,作者对《手稿》的介绍和评论值得特别重视。

关于马克思的早期思想,特别是《手稿》的思想,与中晚期思想的关系,大致有三种观点:一、早期思想与中后期思想完全是两种思想,早期是人道主义,中后期是反人道主义,中间有一次认识论的断裂,断裂在《手稿》与《关于费尔巴哈的提纲》(以下简称《提纲》）、《德意志意识形态》（以下简称《形态》）之间；二、早期思想与中后期思想是一脉相承的，一贯的东西就是人道主义，马克思主义是真正的彻底的人道主义；三、马克思主义的许多思想在早期已有萌芽，但作为一个体系是1844年以后才形成的，《提纲》和《形态》是马克思主义形成的标志，因此，在1844—1845年之间马克思的思想有一次飞跃，但这个飞跃是由早期思想来准备的，《手稿》的基本思想是人道主义，但已包含了许多马克思主义的因素。本书作者对这个问题的回答是不很明确的。作者对第一种意见显然是不同意的，比较起来倾向于第二种意见，但他提出的许多材料却很容易使人得出第三种意见。

作者在结论中是这样提出问题的：他在引证了一些马克思和恩格斯说明他们和德国古典哲学的联系后说："那么，正如这些引文所表明的，如果在马克思的思想中存在某种统一性的话，这种统一性是什么呢？什么是早期和晚期著作的共同主题呢？"① 作者在举出几种可能的回答以后说："如果说有一个贯穿于马克思全部著作的主题的话，那么最明显的就是'异化'，这是马克思直接从黑格尔那里接受过来的一个概念。"② 作者进一步认为像悉尼·胡克和丹尼尔·贝尔那样把马克思晚期著作中的"异化"仅仅了解为一个社会学概念而与人道主义无关是不确切的，并引证了《资本论》、《政治经济学批判大纲（草稿）》的很多材料说明，马克思晚期著作中的主题与《手稿》的主题，即异化和人道主义理论，是完全一致的。作者的这个观点是可以商榷的。

这里有三个层次的问题：一、"异化"是不是贯穿马克思的早期与晚期著作的主题？二、"异化"是不是一个人道主义概念？作者均作了肯定的回答。应该指出，马克思在其晚期著作中也常常使用"异化"概念，"异化"指的就是"人的异化"，当然与人道主义有关，马克思一贯用以指在私有制条件下人受剥削、受摧残、受蹂躏的现象。但是，在《手稿》中马克思表述了一个系统的异化和人道主义理论，并以此

---

① 见本书英文版第214页。
② 见本书英文版第215页。

论证共产主义的必然性，认为人类社会从私有制到共产主义的过渡就是人的本质的异化和异化的扬弃，即人的本质的复归。因此，第三个问题就是：异化和人道主义理论是不是贯穿马克思一生思想的基本理论？是不是马克思主义的基本理论？本书作者对这个问题的回答无疑是肯定的，但作者没有明确提出这个问题，也没有作出明确的回答。

有意思的是，由于作者采取"中立的"态度，他所提供的材料比较全面和翔实，本书倒是有利于论证上述第三种意见。前面已提到，本书的名称《马克思主义以前的马克思》就假定了《手稿》和《手稿》以前的著作中马克思主义还没有形成，这些著作不是马克思主义的或不完全是马克思主义的。这个假定就同作者关于马克思一生思想发展的基本观点矛盾了。但作者的这种基本观点并没有妨碍他比较客观地评介马克思早期著作中许多的具体问题。

马克思的中学毕业作文《青年在选择职业时的考虑》中说："我们不见得总能选定我们认为是适宜于我们的职业。我们的社会关系在我们还未能对它们作出决定之前就已经在某种程度上开始形成。"[①] 有人认为这句话就是马克思后来的历史唯物主义出发点，"在这个短句中，地地道道的历史唯物主义醒来了，第一次睁开了它的双眼"[②]。作者不同意这种看法，认为在这个 17 岁孩子的头脑中已经产生了唯物史观的萌芽是不可思议的，这种看法是把马克思思想后来的发展强加于他的早期思想造成的。我认为作者的态度是实事求是的，因为我们从孤零零的一句话推不出一种哲学，尽管这句话是正确的、符合唯物史观的。

作者对马克思的早期著作提供了一些值得深思的一般性情况。作者认为有很长时间人们对马克思的早期著作是不重视的，这是因为：第一，人们看不见这些著作。马克思的早期著作中一些重要著作如《黑格尔法哲学批判》、《巴黎手稿》、《德意志意识形态》等都没有出版，不为人知。其次，马克思和恩格斯都不重视他们的早期著作，甚至羞于谈到这些著作，而谈到时往往采取保留或批评的口吻，如说写

---

① 《马克思恩格斯全集》第 1 版第 40 卷，第 5 页。
② 见本书英文版第 37 页。

这些书的主要目的是为了自己弄清问题；有的篇章表明他们当时在经济史方面的知识还多么不够，因而他们本人从来不强调或宣传他们的早期著作。第三，作者认为马克思在发表《资本论》以前影响不大，已出版的早期著作不大为人所知，未出版的就更少有人知道了。第四，作者还认为20世纪以来，马克思的影响日益扩大，但政治上需要强调他的思想和资产阶级思想意识的对立而不是它们之间的联系。尽管他在世时的著作陆续出版，他的早期著作在苏联一时也引不起重视。只是在卢卡奇和柯尔施在1923年著书强调马克思的人道主义思想和黑格尔主义传统时，事情才开始发生变化。他们的著作《历史和阶级意识》和《马克思主义和哲学》为理解马克思早期著作的重要性铺平了道路，使不久后《黑格尔法哲学批判》和《巴黎手稿》这两本阐明了马克思和黑格尔的关系的主要著作的出版立即引起了反响，从而引起了对青年马克思的强烈兴趣，这种情况在德国、法国和东欧尤为突出。法西斯主义在第二次世界大战中的反人道的行为使人道主义思潮在战后进一步发展起来，在这种情况下，马克思的早期著作更加受到人们的重视。

作者还指出，马克思在1843年9月还把共产主义斥为一种"教条的抽象观念"。他成为共产主义者是1844年头三个月的事情，而这成为卢格与马克思决裂的主要原因，卢格说："从1843年9月到1844年3月间，马克思完成了向'粗陋的共产主义'的转变。"① 作者认为，《巴黎手稿》是马克思成为共产主义者的里程碑。

作者还指出，青年马克思的著作中有浓厚的浪漫主义色彩，这里有浪漫主义诗人席勒、海涅、海尔维格的影响。作者引用了席勒的话来证明这种影响，认为马克思的某些段落会使人们说他关于人的活动的某些描写是一个艺术的模型。

对于马克思的异化理论，作者还作了这样的一般评价："他使用的诸如'异化'和'人的本质的实现'这样的术语清楚地表明，马克思

---

① 见本书英文版第183页。

的分析并不是完全科学的分析。即使把它理解为不具价值判断的含义，它也不是经验性的，因为马克思的叙述充满了明显地过于简单的、近似于警句式的见解。"①

从作者所提供的这些情况显然可以得出结论，马克思的早期著作是不成熟的，带有他所出发的各种思想的痕迹，还没有形成一个完整严密的独特的思想体系，像他以后的著作所提供的那样。这个结论，正如我前面所提到过的，是同作者自觉坚持的观点不一致的。这种状况，我认为只能这样来解释：尽管作者自觉坚持的是在西方比较流行的观点，但由于作者对待马克思早期著作的"中立的"，亦即客观的态度，由于他全面地实事求是地介绍了马克思早期著作的情况和内容（这正是本书的主要价值之所在），我们从中仍可以得出比较正确的结论来。

应该申明一下，我的这种观点绝不意味着否定马克思早期著作中的马克思主义因素，相反，这种因素是很多的，本书既然是全面系统地介绍马克思的早期思想，当然包含这方面的内容。例如马克思的《手稿》究竟是肯定了还是否定了唯物主义是一个颇有争议的问题，按照作者的基本观点，他应认为马克思否定了唯物主义，但他却引证了不少马克思肯定唯物主义的观点，尽管他认为这是无关紧要的。作者认为马克思在《手稿》的最后部分用地球构造学驳斥了那种认为世界是被创造的思想。作者还引证了马克思肯定自然界和人的客观存在的话："一个有生命的、自然的、具备并赋有对象性的即物质的本质力量的存在物，既拥有他的本质的现实的、自然的对象，他的自我外化又设定一个现实的，但以外在性的形式表现出来的因而不属于他的本质并且凌驾其上的对象世界，这是十分自然的。这里并没有什么不可捉摸的和神秘莫测的东西。相反的情况倒是神秘莫测的。"② 这相反的情况指的就是黑格尔的观点，他把人等同于自我意识。作者认为这些思想来源于法国唯物主义者，特别是费尔巴哈。

---

① 见本书英文版第178页。
② 《马克思恩格斯全集》第1版第42卷，第166页。

作者虽然以"中立的"态度自许，在个别地方仍不免暴露出西方学者对社会主义制度的共同偏见。作者在《结论》中认为法西斯主义和"斯大林主义"是一对"孪生的极权主义"[①]，这就是一种政治偏见。这种偏见的问题不在于斥责斯大林的肃反扩大化的错误是违反人道主义，而在于把苏联的社会主义制度与德国纳粹主义相提并论，把它们都说成是极权主义。苏联的社会主义制度不管有多少问题，终究是社会主义制度，而纳粹主义，尽管也以社会主义标榜自己，则是垄断资本主义，即帝国主义的一种形态，二者具有本质上的区别，怎能混为一谈呢？

无论如何，这是一本有益的书，不管读者的观点怎样，都可以从中得到启发。

---

① 见本书英文版第 209 页。

《马克思以后的马克思主义》一书评介[*][**]

英国肯特大学政治学教授,国际知名的马克思主义研究者戴维·麦克莱伦的《马克思以后的马克思主义》一书,介绍了马克思逝世后马克思主义理论在全世界的传播和发展的历史,对于初学和进一步研究马克思主义发展史的人,都有较大的参考价值。但是,作者毕竟是一位西方学者,未能摆脱西方学者对马克思主义的误解和偏见,处处都流露出一些错误的观点,这也是应该注意的。我认为本书有以下几个特点:

本书的最大特点就是它所涉及的范围十分广泛而全面,几乎包括了马克思主义的哲学、政治经济学和科学社会主义在马克思逝世后近百年来在世界各国的传播和发展。本书分五篇,第一篇,介绍德国社会民主党,以恩格斯为重点;第二篇,介绍马克思主义在俄国的传播和发展,以列宁为重点;第三篇,介绍两次大战之间马克思主义在欧

---

[*] 《马克思以后的马克思主义》,戴维·麦克莱伦著,余其铨译,人民出版社1987年出版。

[**] 本文为该书序言。

洲的传播和发展，以葛兰西为重点；第四篇，介绍马克思主义在中国和第三世界的传播和发展，以毛泽东为重点；第五篇，介绍马克思主义在战后欧美的传播和研究，以法兰克福学派为重点。全书二十四章，每章介绍一个人，或一个派别，或一个地区，或一个时代。尽管由于篇幅的限制，读者在本书中找不到对所有重要问题的详尽的介绍，但有关马克思主义发展史的重要人物、重要派别、重要观点，在本书中都可找到。

我国有些著作把马克思主义史等同于几个革命导师的思想发展史，这显然是不对的。不能设想，作为革命实践经验总结的马克思主义的发展只和几个人有关。本书作者把马克思主义的传播和发展看成许多人的事，又以恩格斯、列宁、毛泽东等人为重点，这无疑是实事求是的。作者把葛兰西和法兰克福学派也摆到重点的地位上，这种做法是否正确，当然可以研究和讨论，但对熟悉于马恩列斯毛的中国读者来说，确使人有耳目一新之感。

但是，作者在这样做时，有一种看法是可以商榷的，即作者认为在马克思主义发展过程中出现的各种派别都是马克思主义的，而且派别产生的根源在于马克思的学说本身的自我矛盾。作者所写的前言的第一句话就是："迄今一百年来，形形色色的马克思主义千差万别。"在导论里，作者把这种状况归因于马克思的思想中的严重的含混不清。作者不区别未成熟的和已成熟的马克思的思想，不区别未完成的手稿和已完成的著作（包括未发展的），而笼统地谈论马克思的思想矛盾。尤其令人感到不解的是，作者竟然把思想上的自我矛盾和辩证思维混为一谈，说："马克思的遗产的矛盾状态有一绝非偶然的原因，即他的思想方法本身就与拘泥于任何既成的陈腐公式格格不入。"① 作者认为，马克思同黑格尔一样是辩证思想家，所以，"马克思本人在其有生

---

① 戴维·麦克莱伦：《马克思以后的马克思主义》，余其铨译，人民出版社1987年版，第81页。

之年就已经在政治和经济方面改变和发展了他的观点"①。"改变和发展"当然是毫无疑义的,问题是马克思在成为马克思主义者之后是否从根本上改变了自己的观点。从作者的整个倾向来看,作者是不排斥这一情况的。这样,马克思的思想就变成了各种相反观点的大杂烩,从而,一百年来的马克思主义也成了各种相反观点的大杂烩,马克思主义及其各个组成部分就不再是科学了。

我们知道,马克思主义队伍内部确实在不断产生分歧和分化,但在分歧的观点和派别之间绝不是无是非可言的,也不能把分歧归结为所谓马克思思想的自我矛盾,例如修正主义思潮绝不是马克思主义的,而它的出现乃是由于资产阶级的影响,是各种复杂因素交互作用的结果。当然,哪种观点正确,哪种观点不正确,哪种观点是马克思主义的,哪种观点是非马克思主义的或反马克思主义的,不能以书为标准,也不能以人为标准,而只能以实践为标准。同时,不能否认马克思主义建立100多年来,在不同时代和不同地区有很大变化和发展,也不能认为一个马克思主义者所说的每一句话、一本马克思主义著作的每一句话,都是真理,都是马克思主义的。但是,由于这些复杂情况就否认马克思主义及其各个组成部分是科学,在其变化和发展中有贯彻始终的根本的东西,那就陷入了另一种片面性。

本书的另一个特点是,它用比较客观的态度提供了丰富的思想材料,对于作者显然不同意的观点也能如实地进行介绍。书中既没有过分的拔高和吹捧,也没有肆意的贬低和漫骂。与一般西方学者的做法不一样,本书从原始材料中进行了大量的引证,让材料说话,而作者对这些材料的理解大体上是正确的。全书主要是叙述,评论较少,发挥更少,能够为马克思以后马克思主义的发展提供简要而又可靠的知识。作者对许多人物和观点的分析大体上也是实事求是的,例如作者承认伯恩施坦的修正主义思想的一个重要思想根源是费边主义,承认西方马克思主义各派的基本思想来自西方当代哲学的各派,而这种承

---

① 戴维·麦克莱伦:《马克思以后的马克思主义》,余其铨译,人民出版社1987年版,第81页。

认是和作者的基本思想不一致的，因为作者认为马克思主义发展中出现的各种流派主要是由于马克思思想中的自我矛盾，这一点前面已经谈到。但是，由于西方学者对马克思主义的传统偏见，作者在不少地方未能坚持客观的立场，而流露出不少误解、歪曲和谬误。

　　作者显然不赞成有些人宣传的马克思和恩格斯的对立，指出恩格斯的三本重要哲学著作中有两本（《反杜林论》和《自然辩证法》）是在马克思在世时写作的，马克思完全了解恩格斯的写作情况，恩格斯还把《反杜林论》给马克思读过。作者承认恩格斯"作为马克思的忠实伙伴和合作者，他对马克思著作和价值，有独特的真知灼见"[①]。但作者仍然认为恩格斯在方法论上，即在世界观上，与马克思不一致，恩格斯比马克思具有更多的进化论和决定论的色彩。这种差别，据作者说，在《共产党宣言》中已初露端倪，其发展则是一个教条主义的形而上学体系的出现，这就是辩证唯物主义，后来苏联以及其他国家的辩证唯物主义教科书就是这一体系的进一步体现。谁能说马克思和恩格斯没有差别呢？我们当然也应重视这些差别，但作者所说的这种差别是不存在的。大家知道，马克思确实没有提供过一个辩证唯物主义的理论体系，但它的基本观点无一不可从马克思的著作中找出来，这有大量材料为证，是不容抹杀的，而且马克思本人也曾表示过想写一本系统阐述唯物辩证法的书[②]，怎么能因为他由于写作《资本论》而没有写出辩证唯物主义专著，就断言他反对辩证唯物主义的思想体系呢？目前通行的辩证唯物主义理论体系有不少问题和缺点，需要改进，特别是由于时代和科学的发展，这个体系应该有较大的改变，但笼统斥之为教条主义的形而上学的体系，就把它全盘否定或根本否定了，这是我们所不能同意的。作者在恩格斯的辩证思维方式面前常常表现出迷惑不解，并作出一些错误的论断。例如恩格斯一方面指出辩

　　[①] 戴维·麦克莱伦：《马克思以后的马克思主义》，余其铨译，人民出版社1987年版，第87页。

　　[②] 参阅《马克思恩格斯通信集》第2卷，李季译，三联书店1957年版，第324—326页。

证法规律来自客观材料,不能用辩证法规律来证明任何结论,杜林说马克思用否定之否定规律证明共产主义完全是诬蔑,另一方面又指出辩证法规律是指导我们获得新的结论的工具,这本是理论与实际、认识与实践、主观与客观的辩证关系的体现,但在作者看来,这是自相矛盾。① 又如恩格斯在晚年论历史唯物主义的一些书信中指出,过去强调经济因素归根到底在社会发展过程中起决定性作用,有人便加以歪曲,说经济因素是唯一决定性因素,这是不对的,在他看来,对历史进程起决定性作用的还有上层建筑的各种因素。所以,这里表现出各种因素间的交互作用,而在这种交互作用中归根到底是经济运动作为必然的东西发挥着决定性作用。这是关于经济基础与上层建筑的辩证关系的正确表述,但在本书作者看来,这表明恩格斯对经济因素不够重视。这些思想在我国几乎已经成为常识,而对于一个西方学者却成为难以理解的东西。这同作者的一种错误观点有关,在他看来,马克思的哲学思想不是单纯唯物主义的,而是唯物主义和唯心主义的辩证统一。作者的根据是马克思在《1844年经济学哲学手稿》中的一句话:"彻底的自然主义或人本主义既有别于唯心主义,也有别于唯物主义,同时是把它们二者统一起来的真理。"② 作者抓住青年马克思的一句话,置大量宣布他自己哲学是唯物主义的言论于不顾,显然不是实事求是的。

类似情况在对列宁思想的介绍中也存在。作者对列宁的思想作了比较全面而详尽的介绍,承认《国家与革命》一书是列宁的帝国主义理论在实际中的运用,肯定它在政治理论中的重要意义。但同许多西方学者一样,作者多处贬低列宁的哲学思想。作者认为列宁的哲学观点是前马克思的,即停留在马克思以前的直观唯物主义阶段,列宁哲学思想上的落后是俄国经济落后的反映,《唯物主义和经验批判主义》缺乏辩证法,这些观点都是违反事实的。诚然,作者关于《唯物主

---

① 戴维·麦克莱伦:《马克思以后的马克思主义》,余其铨译,人民出版社1987年版,第94页。

② 马克思:《1844年经济学哲学手稿》,人民出版社1979年版,第120页。

和经验批判主义》的某些评论有合理之处，例如他认为列宁写作此书的目的与其说要把哲学和政治结合起来，毋宁说是要把二者分开，这有一定的道理。但是，仅仅隔了一页，他又说，此书的主要目的是政治性的，哲学是次要的、从属的，这就自相矛盾了。事实上，这完全是一本哲学著作，列宁写此书的目的在于驳倒马赫主义哲学，论证辩证唯物主义认识论，把布尔什维克同马赫主义哲学分开来，把布尔什维克同辩证唯物主义结合起来。我国已有不少学者著文论述此书对马克思主义哲学的捍卫和发展及其在马克思主义哲学史中的重要地位，指出它的哲学内容的科学性与它的政治意义是完全一致的。作者以此书的政治意义来否定它的哲学内容，完全是西方学者的一种传统偏见，在他们看来，政治与科学是对立的，政治一定是反科学的。作者贬低此书的科学价值，有时简直是吹毛求疵，例如作者认为，列宁说马克思和恩格斯几十次地谈到他们的哲学是辩证唯物主义，这是错误的。诚然，马克思和恩格斯一次也没有使用过"辩证唯物主义"一词，但是，只要实事求是地学习和研究他们的著作，他们的哲学不是辩证唯物主义又是什么呢？谁能否认他们确曾几十次地说他们的哲学是唯物主义和辩证法呢？作者还指责列宁在此书中只有四处引证了马克思的话，它不过是对恩格斯的晚年哲学思想的简单概括。以引证的多少来判定列宁是否继承了马克思的思想显然是一种肤浅的观点。至于列宁是否丰富、发展了马克思和恩格斯的思想，只要认真比较他们的思想，并加以公正地评判，问题还是很清楚的。

应该指出，作者对《哲学笔记》的评价是较高的，也是比较公允的。作者肯定列宁的这些思想：唯心主义可能有合理的因素，辩证的唯心主义比形而上学唯物主义高明；作者还正确地注意到列宁的辩证法思想对他的《帝国主义论》和《国家与革命》等著作产生了重要的影响。但作者歪曲《哲学笔记》的地方也是不难找出的。作者把列宁对唯心主义的实事求是的分析歪曲成对唯心主义的部分肯定。列宁充分肯定黑格尔哲学中的合理因素，甚至说他的哲学比旧唯物主义高明，并不是说唯心主义作为哲学中的一种基本派别原则上有何值得肯定的东西，并不是说唯心主义部分是谬误、部分是真理，而只是说，历史上的唯心主义哲学虽然从根本上说是错误的，仍然包含着一些可以经过改造而加以肯定的东西，甚至包含一些与其根本原则相反的唯物主义的东西。对唯心主义的具体分析并不是原则上对唯心主义作任何让步。尤其荒谬的是作者关于《唯物主义与经验批判主义》与《哲学笔记》的关系的观点。在他看来，这两本书的思想是矛盾的，后者不是前者的继续和发展，而是其否定。作者说："一个令人惊讶的事实是，面对已经使欧洲社会主义蒙受打击的这场巨大灾难，为了改变自己的思想，列宁花费了大量的时间极其详尽地研究了黑格尔。这与《唯物主义和经验批判主义》形成了鲜明的对比。"① 改变在哪里呢？过去否定辩证法，现在肯定辩证法。又说："列宁《哲学笔记》中最著名的论断是关于黑格尔哲学与《资本论》之间的关系的论述：不钻研和不理解黑格尔的全部逻辑学，就不能完全理解马克思的《资本论》……这实际上是自我批评，同时也是对他的良师益友普列汉诺夫的评价。"② 这个观点并不符合事实。作者曾引证列宁在《什么是"人民之友"以及他们如何攻击社会民主主义者？》中的一句话来证明列宁反对辩证法，这就是："坚持辩证法……不过是科学社会主义由以成长的那个黑格尔主义的遗迹，是黑格尔主义表达方式的遗迹而已。"③ 这是断章取义。这里作者删去了一句话——"挑选一些例子来证明三段式的正确"，事实是列宁只是反对黑格尔的三段式，即正反合的公式，并不是反对整个辩证法，列宁后来改变了的是对三段式的态度（不再根本否定），而不是对辩证法的态度，列宁对辩证法自始至终是坚持的。如果认真地客观地阅读列宁此书，绝对得不出列宁否定辩证法的结论。此书主要批判民粹派的唯心史观，很少谈辩证法，只是在驳斥米海洛

---

① 戴维·麦克莱伦：《马克思以后的马克思主义》，余其铨译，人民出版社1987年版，第297页。

② 戴维·麦克莱伦：《马克思以后的马克思主义》，余其铨译，人民出版社1987年版，第298—299页。

③ 《列宁选集》第2版第1卷，第30—31页。

夫斯基诬蔑马克思用三段式证明共产主义时，列宁才涉及辩证法，当然语焉不详。即使如此，列宁也明确地谈到了他对辩证法的原则立场，他说："马克思和恩格斯称之为辩证方法（它与形而上学方法相反）的，不是别的，正是社会学中的科学方法。"① 怎么能说列宁否定辩证法呢？在《唯物主义和经验批判主义》中，列宁诚然没有专门讨论辩证法，此书的主要内容是认识论，但这不是直观唯物主义的认识论，而是能动的反映论，其中充满了辩证法，例如关于主体与客体、实践与认识、相对真理与绝对真理的辩证关系，列宁都作了相当充分的阐述，只是关于感性认识与理性认识的辩证关系此书论述不够，无论如何，不能说此书没有贯穿辩证法原则。② 对于斯大林，作者也有不少贬词，这是可以理解的。

作者用了很大篇幅来介绍马克思主义在中国的传播和毛泽东的思想。作者的介绍大体上是客观的，对我国是友好的，但也暴露了不少误解和错误。作者置大量事实于不顾，硬说现代中国不存在无产阶级，中国共产党不是无产阶级的党，而是农民的党，因而毛泽东思想（作者称为"毛主义"）也不是无产阶级思想意识，但是，作者并不否认中国的社会制度是社会主义制度，这就非常奇怪了——非社会主义思想指导下，非社会主义的党领导下，建立了社会主义制度。为了保持逻辑上的一致，作者只好说，在中国社会主义制度被错误地建立起来了。一种社会制度居然能被错误地建立起来，这是难以理解的。作者的这些观点不是集中地系统地提出来的，更没有进行论证和发挥，加之这些观点的错误是显而易见的，这里就不拟作进一步分析，提出来引起注意看来还是必要的。

本书的第三个主要的特点是，它不仅提供了马克思主义发展史的丰富材料，而且提供了进一步研究的线索。本书实际是一本资料书，

---

① 《列宁选集》第 2 版第 1 卷，第 32 页。
② 本文作者注：我在拙文《正确评价〈唯物主义和经验批判主义〉的几个问题》（《东岳论丛》1984 年第 3 期）和《关于〈唯物主义和经验批判主义〉的几个问题》（《江淮论坛》1984 年第 5 期）中，比较详细地谈到了这个问题，兹不赘述。

它从原始资料中摘录了大量引文，又用自己的语言介绍了这些思想家的思想，不仅如此，这个介绍也反映了作者的观点。不能要求作者对每一个人的每一个思想都有深入的研究，都作出精当的评价，实际上作者大量采用了西方学者的观点，因此，可以说，本书也反映了多数西方学者对马克思主义及其发展的观点。此外，为了便于读者进一步研究，作者提供了对每一专人的比较详细的书目，每一专人的书目达几十本，全书当有千本以上。当然，这个书目只限于西方，除原著而外，极少苏联和东欧的，更少东方的。

《哲学与科学——现代自然科学唯物主义引论》* 序

近年来，唯物主义的基本观点——承认现实世界的存在是不以人的意识为转移的，在我国受到了广泛的批判，批判者认为这不是马克思的观点而是费尔巴哈的直观唯物主义观点，是过时了的本体论思维方式，早已为现代自然科学的新发展所驳倒。谎言重复了一千次就会成为"真理"，我对唯物主义的信念本来是很坚定的，谎言听多了，我对唯物主义也怀疑起来。我常常扪心自问，自己的头脑是不是真的僵化了？唯物主义是不是真的过时了？因此，我在碰到自然科学家时总要提出这个问题：现实世界是客观存在的吗？值得欣慰的是，我每次都得到了肯定的回答。当然，我问的都是中国科学家，外国科学家呢？

据有的书上说，现代外国哲学家已经没有人承认什么不以人的意识为转移的客观世界。现代西方哲学分为两大流派：人本主义和科学主义，这两大流派有很多观点上的分歧，但在否定现实世界的客观存在这一点上却是一致的。至于自然科学家，据说他们虽然在科学研究中、在实验中不能不以现实世界的客观存在作为前提，即作为不必证

---

* 《哲学与科学——现代自然科学唯物主义引论》，杜镇远、蒋仲辉、郭贵春、宋炳廷著，山西人民出版社 1991 年 5 月出版。

明的出发点，但在理论上、在哲学上，它是无法证明的，因而，在他们看来，不以人的意识为转移的客观存在是没有的，即使有，对人来说也是没有意义的。这就是说，在西方哲学家和自然科学家中，自觉的唯物主义思想已经绝迹了。我对当代西方哲学和自然科学哲学知道得很少，但我对于上述说法仍然是将信将疑的。按照我原来的信念，唯物主义是自然科学的产物和天然盟友，列宁曾说："现代物理学是在临产中。它正在生产辩证唯物主义。"难道列宁说错了？杜镇远同志的这本书为我破除了这个疑团。

杜镇远和其他同志一起，十多年来系统地深入地研究西方当代自然科学家的哲学思想，作出了与上述观点迥然不同的结论。他发现西方当代自然科学家的哲学思想不全是唯心主义的或"超越"唯心唯物的，自觉坚持唯物主义的自然科学家大有人在。不仅如此，在他看来，唯物主义是现代自然科学家哲学思想的主流，西方著名科学家在他们的哲学探索中的主要成果就是现代自然科学的唯物主义。我国的哲学家对现代自然科学的唯物主义虽然已有一些研究和论述，但都停留在对个别科学家的评介上，影响不大，形成自然科学排斥唯物主义的假象。杜镇远同志以自然科学家的著作为依据，把现代自然科学的唯物主义作为一个整体加以系统地全面地深入地研究，这在我国还是第一次。

作者还进一步指出，现代自然科学唯物主义并不是简单捍卫现实世界的客观存在，还揭示了人或主体对世界的作用，但绝不能把这两个事实对立起来，认为承认客观世界的存在就是否定人对世界的作用，而肯定人对世界的作用就是否定世界的客观存在。作者认为，唯物主义完全能够回答现代自然科学对哲学的挑战。

自然科学唯物主义是一个非常广阔的研究领域，是现代自然科学哲学的主要部分，本书只是开了一个好头。正如作者指出的，这一工作无论对哲学来说，还是对自然科学来说，都是十分重要的、有利的。希望作者们在突破了这个缺口以后，继续前进，向纵深发展，取得更加辉煌的胜利。

1990 年 5 月 22 日于北京大学

《中国社会主义辩证法》* 序**

研究中国社会主义的新思路

当前,以学习马克思主义哲学为重点的马克思主义基本理论学习活动正在全党、全国兴起。中央号召全国干部率先学习马克思主义哲学。这无疑是很对的。恩格斯有句很精辟的话:"一个民族想要站在科学的最高峰,就一刻也不能没有理论思维。"而为了进行理论思维能力的锻炼,除了学习哲学,直到现在还没有别的手段。我们从中可以看出哲学的作用及其力量。从哲学教育入手,提高整个民族的理论思维,这是真正抓住了事物的根本。一个没有理论思维的民族,一个哲学素养不高的民族,是没有希望的民族。在现代化不断趋向新的更高层次的当今时代,尤其是这样。因此,可以说,从哲学上提高我们的民族,提高我们的党,特别是提高我们的干部队伍,学会运用马克思主义哲学世界观和方法论,观察、分析和解决我们建设有中国特色的社会主义进程中必然遇到的从微观到宏观、从国内到国际、从现实到未来的

---

* 《中国社会主义辩证法》,延涛、邓兆明著,甘肃人民出版社 1991 年 7 月出版。

** 该序言以《研究中国社会主义的新思路》为题发表于《甘肃社会科学》1991 年第 1 期。

各种经济、政治、文化、社会理论问题和实践问题，是绝对必要的。这是中国的希望所在。

任何理论，都不过是现实运动的表现，或是真实的表现，或是歪曲的表现。科学的理论，总是现实进步运动的表现。这是马克思主义哲学告诉我们的真理。对于一个新的科学的理论，只有从哲学意义上去理解，才可能真正地把握它。否则，是不可能认识得清楚、说明得透彻的，当然也就很难掌握了它、运用好它。当我们学习和研究社会主义初级阶段理论之时，我们碰到的就是这个坎儿。

社会主义初级阶段理论是我国建设有中国特色的社会主义理论总结，也是我国建设有中国特色的社会主义的理论指导。它的提出是马克思主义科学社会主义理论史上的大事，丰富和发展了马克思列宁主义、毛泽东思想的理论宝库。社会主义初级阶段理论不仅是一个重要的科学社会主义理论，也是一个富有时代气息的新型马克思主义哲学理论，是中国的社会主义辩证法。从这个意义讲，社会主义初级阶段理论，既是对马克思主义哲学思维方式的检验和发展，又为这种思维方式的进一步发展注入了空前活力。它为我们如何认识和实践马克思主义的科学社会主义，也为坚持和发展马克思主义本身，提供了丰富的方法论内涵。摆在眼前的这部《中国社会主义辩证法》是集中研究社会主义初级阶段实践及其理论形态的哲学方法论的新作，对广大读者科学理解和正确掌握社会主义初级阶段理论，坚持、捍卫和发展马克思主义，无疑会有帮助作用，特别是对当前兴起的全国性马克思主义哲学的学习活动大有裨益。

《中国社会主义辩证法》一书跳出了一般恪守就方法研究方法的窠臼，另辟蹊径，尝试从理论抽象入手，逐步展开，由一般到特殊，从思维、继承、发展、实践等诸多侧面，进行有层次的探索。全书的视野始终聚焦在社会主义初级阶段理论所蕴涵的方法论内容，以及这个新理论的提出，完善所具有的方法论启示上。换言之，书中所涉及的内容，并没有局限于社会主义初级阶段理论本身所蕴含的方法论研究，而是从更为广阔的视角着眼，运用宏观抽象思维方式，比较全面地总结了社会主义初级阶段理论形成的方法论经验。同时，也大胆地涉足回顾、总结坚持和发展马克思主义的历史经验和教训。这些经验教训既有我们中国共产党人的，也包含了国际共产主义运动史上的。比如一般方法论中关于作用于理论生命力的多重因素的综合分析；思想方法论中关于思维方式的基点确立的分析；继承方法论中关于把继承立足于克服僵化教条的能动分析；发展方法论中关于主体行为的时空统一分析；实践方法论中关于实践与理论辩证协调的分析；以及方法论研究启示方面关于理论思维中的经验概括，等等。可以说，没有哪一点不是有的放矢的。正是因此，这本书给予我们学习和研究社会主义初级阶段理论以可贵启迪的同时，也给予我们坚持和发展马克思主义、把马克思主义推向前进以难得的启迪。我以为，这是本书内容的主要之点，也是它的长处和基本特色。

作为一本探索性著作，中国社会主义辩证法具有一定的学术参考价值，能开启我们进一步从哲学高度研究社会主义初级阶段理论的新思路，作为一本研究现实理论问题的著作，《中国社会主义辩证法》又具有有益的实际价值，能提供可资直接参考的思维方法和研究方法。

一本探索性著作，即便是部成熟的专著，也不可能对所研究对象做到面面俱到。《中国社会主义辩证法》的着眼点在于探寻一种新理论形成的方法律，试图从中抽象出认识和解决现实问题的理论方法原则。这是它的长处，又是它的短处，因为它没有能对许多相关问题予以展开分析。不过，可以相信，书中涉及的问题，也还可以做一些更为具体的展开分析和深入探索，只要沿着现在的思路继续深入研究下去，肯定是会有新的更多更大的收获的。我期待着作者能有新著问世。

《中国社会主义辩证法》一书的两位作者，延涛同志是党政干部，邓兆明同志是从事马克思主义哲学研究的理论工作者。他们互补式的合作研究无疑为在理论与实际相结合的基础上从事马克思主义基本理论特别是马克思主义哲学的普及与提高，可以提供有益的借鉴，是应该肯定和值得称道的。我希望能有更多在第一线工作的领导干部和哲学工作者这样做。但愿我的这个期待不致落空。

评西方马克思主义的人本主义流派的代表作[*]

——《马克思论人》[**]中译本序言

西方马克思主义的人本主义流派与西方人本主义流派无疑有密切的关系,前者也可以说是后者的一些分支,前者往往是从后者演变而来的,例如弗洛伊德主义的马克思主义来自弗洛伊德主义,存在主义的马克思主义来自存在主义,但它们同一般的西方人本主义流派比较起来,也有差别。比较明显的差别有三:

第一,西方马克思主义的人本主义流派不讳言它们同西方哲学流派的血缘关系,但它们还宣称它们是马克思主义的,特别强调马克思的早期著作(主要是《1844年经济学哲学手稿》,以下简称《手稿》)是它们思想的主要来源。而一般西方人本主义流派则公开反对马克思和马克思主义。

第二,西方马克思主义的人本主义流派继承了欧洲启蒙思想家的

---

[*] 本文发表于《人文杂志》1991年第5期。
[**]《马克思论人》,埃里克·弗洛姆著,陈世夫、张世广译,陕西人民出版社1991年12月出版。

历史观。以关于人的本质及其异化和恢复的公式来解释人类社会的发展，特别赞赏马克思在《手稿》中的劳动异化理论，而一般西方人本主义流派大都放弃了这个历史观公式。

第三，西方马克思主义的人本主义流派运用异化理论对现代资本主义的物质文明和社会制度进行了尖锐的甚至激烈的抨击，对社会主义目标作了人本主义的论证，而一般西方人本主义则是肯定资本主义制度、根本反对社会主义制度的。

弗洛姆于1961年出版的《马克思论人》一书中相当典型地体现了以上几个特点。这是一本很有特色的书，从书名可知，这是一本介绍马克思的人学思想的书，更确切一点说，是介绍马克思的人本主义思想的书。为了强调表明本书作者所介绍的确实是马克思的思想，他完整地摘录了马克思《手稿》中的有关言论，一起出版。

本书除了有一个简短的前言以表明作者的指导思想而外，共有八章，可以分为三部分，第一、第二、第三章都比较短，一般地说明了作者对唯物史观的理解；第四、第五、第六章是本书的主要部分，比较长，分别论述了作者所理解的马克思关于人的本性、异化、社会主义的观点，即马克思的人本主义思想；第七、第八章强调了马克思的人本主义思想的一贯性。

本书对马克思的人本主义思想的介绍是相当系统的，但仔细研究就清楚，本书作者所阐述的实际是作者本人的思想，并不全是马克思的思想。大家知道，马克思在《手稿》中把"自由自觉的活动"，即生产劳动，看成人的本质，而本书却认为在马克思那里，不变的或固定的食欲和性欲是人的本性的组成部分，尽管本书也承认劳动是人的本质、食欲和性欲的表现也是不断变化的。

本书作者认为，"在马克思那里，人类的历史就是人不断发展同时又不断异化的历史。他的社会主义概念就是从异化中解放出来；就是人回归到他自身，就是人的自我实现"（本文引文未注明出处者均引自本书）。这种理解同马克思《手稿》中的基本公式是一致的，但马克思所谈的异化是劳动异化，不是任何异化，而本书作者则大大扩大了异化概念的范围。作者认为普遍存在着一种对马克思的误解："有些人相信，马克思所说的主要是对劳动者的经济剥削"，而本书作者认为，"他主要不是关心收入的平等。他所关心的是使人从那种毁灭人的人性、使人变形为物、使人成为物的奴隶的劳动中解放出来"。作者主要指的是资本主义社会的科学技术和工业生产。作者撇开经济制度不谈，而泛泛地谈论异化就是人通过科学技术和工业生产而制造统治自己的主人，"我们自己创造出的物和环境在多大程度上变成了我们的主人，这是马克思所未能预见到的；可是没有什么比下列事实更加突出地证明了他的预见：在今天，全人类都成了它自己创造出的核武器的囚犯，成了同样是它自己创造出的政治制度的囚犯"。不错，马克思有不少言论谈到物对人的统治，但问题在哪里呢？难道在马克思看来科学技术和工业不是人类的伟大创造力和强大的表现，反而是人类愚蠢的自掘坟墓的行动吗？当然不是，马克思一生全力以赴加以抨击的是私有制，正是在私有制下，物才统治了人。马克思经常提醒人们，要在物与物、物与人的关系后面，看到人与人的关系。人在实践中犯了错误，往往创造出与自己对抗，甚至统治自己的东西，但工人生产出统治自己的产品，难道是工人犯了错误吗？显然不是，而是因为在资本主义制度下工人只能为资本家生产，他所生产的东西不归他所有而归资本家所有，因而他生产得越多，统治他的力量越大，这就是马克思在《手稿》中谈的劳动异化的第一种异化——劳动产品的异化。然后马克思进一步深入分析异化，揭示出劳动活动的异化和人的本质的异化，最后揭示出最根本的异化——人与人的异化，即阶级分化和对立。劳动异化理论是马克思在真正发现资本主义制度的最后秘密——剥削剩余价值之前对它的猜测，他采用了人本主义的语言来表示这种猜测。说到今天的核武器，它诚然成了人所创造的威胁自己的东西，但能说这是科学家的错误吗？难道不是社会制度把核能变成杀人武器的吗？

因此，在马克思看来，劳动异化的扬弃就是私有制的消灭、公有制的建立，而绝不是消灭科学技术和工业。正如作者引用过的马克思所说的话："共产主义是私有财产的积极的扬弃。"紧接着马克思也谈到异化的扬弃是人对本质的占有和人的复归,这只能说明马克思的劳动异化理论还未能摆脱人本主义的框架。本书作者却极力把马克思的社会主义理论人本主义化,片面夸大它的人本主义倾向,认为马克思关于社会主义的概念是从他关于人的概念中推导出来的。"现在已经很清楚,社会主义不是一个把人严密地编组起来,像机器一样自动化的社会,不管在这个社会里收入是否平等,也不管他们是否吃得好和穿得好。"作者引用的保罗·梯利希的一句话很能说明这种社会主义的特色:"社会主义是:'一场在社会的现实中反对毁灭爱的抵抗运动。'"马克思《手稿》中的社会主义是这种"爱的呓语"(马克思批评人道主义社会主义的话)吗?

事实上,马克思《手稿》中的社会主义虽然以人本主义为理论基础,但它并不同于空想社会主义者的人本主义社会主义,因为其中已包含了唯物史观的因素,是空想社会主义和科学社会主义之间的过渡性理论。启蒙思想家和空想社会主义者把人的本质看成理性、自由、平等、爱情等头脑里面的东西,人类社会历史是由人的这类本质决定的,这种历史观仍然是唯心史观。马克思把人的本质看成人的劳动,力图以劳动的变化来解释人类的历史,这种历史观并未摆脱人本主义历史观的总公式,但它毕竟是从生产劳动、社会实践、经济关系、阶级分化和阶级对立中去寻找人类历史变化的根源,为后来的唯物史观的创立提供了条件。当马克思一旦发现了生产力和生产关系的矛盾运动时,便抛弃了这种人本主义的拐杖,而创立了唯物史观。生产劳动或社会实践便是引导马克思从人本主义历史观走向唯物史观、从空想的人本主义的社会主义走向科学社会主义的一道桥梁。本书作者硬是把马克思在《手稿》中的社会主义完全等同于人本主义社会主义,否认他的劳动异化理论和抽象人本主义的区别,这是与事实不符的。

本书作者还明确地认为他所理解的马克思在《手稿》中的人本主义社会主义思想贯彻了马克思的一生,"在《经济学哲学手稿》中马克思所表达的关于人的基本的思想和在《资本论》中所表达的老年马克思之间并没有发生根本的转变"。他说"青年马克思"和"老年马克思"之间存在着矛盾是俄国共产党人提出来的,就是说,是不符合事实的。说这两本书之间存在着"根本的转变"是有些过分,但否认青年马克思与老年马克思之间存在着根本的转变则是不对的。马克思主义总有一个从萌芽到诞生的过程,马克思也总有一个从非马克思主义者到马克思主义创始人的过程。何况马克思曾经是一个激进的民主主义者和青年黑格尔学派的成员,青年马克思与老年马克思或成熟马克思之间总有一次根本性转变,这是无法否认的。当然,这次根本性转变发生在何时,其具体过程如何,是可以研究的。经过多年研究与争论,多数学者认为这个过程开始于《德法年鉴》(1843年),而完成于《关于费尔巴哈的提纲》和《德意志意识形态》(1846年),《手稿》写于1844年,是这个过程中的重要著作之一,因而带有过渡性。这种看法是实事求是的。

《手稿》虽然已包含了很多马克思主义因素,如上文所述,但还不成熟,这表现在它还没有提出唯物史观的基本观点:还没有摆脱人本主义历史观的总公式,并明确承认自己是人本主义的信奉者;有时说私有制产生劳动异化,有时又说先有劳动异化,然后才有私有制;在世界观上坚持了明确的唯物主义观点,却又说"彻底的自然主义或人本主义既有别于唯心主义,也有别于唯物主义,同时是把它们二者统一起来的真理"①,等等。但是,在《德意志意识形态》和《关于费尔巴哈的提纲》中,马克思不但提出了唯物史观的思想体系,而且对人本主义历史观展开了旗帜鲜明的批判,既批判费尔巴哈的人本主义,又批判真正社会主义的人本主义;不再说自己的哲学思想是人本主义,而明确称之为唯物主义、新唯物主义、现代唯物主义或唯物史观,承认自己是实践的唯物主义者,终身没有改变。当然,应当指出,马克思抛弃的是人本主义历史观,而不是处理人际关系的一般原则——人道原则或人道主义原则,启蒙思想家的人本主义思想中包含人道原则,它是可以经过马克思主义的改造而为马克思主义所汲取的,本书作者

---

① 马克思:《1844年经济学哲学手稿》,人民出版社1979年版,第120页。

显然是把人本主义历史观与人道原则混为一谈了。

最后应该指出，本书作者虽然自命为马克思主义者，但他对马克思主义及其科学社会主义的理解和评价同资产阶级思想家的态度相差无几，表现了同样的政治偏见。大家知道，无产阶级专政理论是马克思本人的伟大创造，他以毕生精力来批判资本主义私有制和提倡社会主义公有制，而本书作者同资产阶级思想家一样，攻击"苏联是保守的国家资本主义制度，而不是马克思主义的社会主义的体现，中国也通过它所采用的手段否认个人的解放（虽然个人的解放正是社会主义的目标）"，认为不能"把马克思主义、社会主义与苏联的国家资本主义、中国的极权主义混为一谈"，"像苏联那样作为一个资本家的国家，对马克思来说丝毫也不比私人资本家更受欢迎"。这些说法同现代资产阶级的口吻如出一辙。本书作者也用同样口吻攻击斯大林，把犯过严重错误的反法西斯卫国战争的统帅斯大林同犯有屠杀几千万欧洲人民的滔天罪行的法西斯头子希特勒混为一谈，说什么"在斯大林和希特勒政权的统治下所发生的暴行中，在战争期间的不分青红皂白的血腥大屠杀中，这种非人化的现象历历在目"。这些观点都是他的人本主义思想决定的，是极其错误的。

本书的基本观点是站不住脚的，但它对我国的影响不能忽视。认真回顾一下十年来我国理论界的争论，到处都可看到本书基本观点的影子。它使我们认清了那些观点来自哪里，这就是本书的价值所在。

坚持和发展
马克思主义哲学的有益探索[*]
——评《马克思主义哲学新编》[**]

熊清明、贾从荣主编的《马克思主义哲学新编》最近已由人民出版社出版。本书名曰《马克思主义哲学新编》，表明了它既是一本马克思主义哲学的系统著作，又有所创新。创新，这是我国十多年来社会各个领域都在津津乐道、刻意追求的一个特色，理论界、哲学界自然也不能例外。哲学研究要创新，研究就是要提出新问题、解决新问题，不创新就用不着研究。哲学宣传，也要创新，特别是编写系统讲解马克思主义哲学的著作更要创新，因为这类书据说已有两三百种之多，毫无新意，在两三百本中增加一本，又有多少意义呢？

但是，新不等于正确。新不新和正确不正确是两回事，新的不一定正确，旧的不一定错误，不能把新的与正确的、旧的与错误的混为

---

[*] 本文根据《马克思主义哲学新编》序言改写而成，发表于《四川社会科学界》1992年第1期；《社会科学研究》1992年第4期；《人民日报》于1994年8月29日以《创新就必须站在时代的高度继承和发展》为题刊发。

[**] 《马克思主义哲学新编》，熊清明、贾从荣主编，人民出版社1992年2月出版。

一谈。近年来曾出现过一种偏向：新就是好，新就是真，新就是善，新就是美。马克思主义哲学的一切基本观点几乎都受到了批判和攻击，理由就是它们陈旧过时了。这显然是不对的。马克思主义哲学要发展，既要创新，就必须把坚持与发展统一起来。因此，我认为马克思主义哲学新编必须至少符合两个条件：一、旧的正确的因素（这无疑是主要的）要坚持，即保留；二、创新之处是正确的。这两点，本书是作了努力的。

本书保留了原来的板块结构，而且有所改进。辩证唯物主义与历史唯物主义被一些人称作板块结构而加以否定。这种称呼并不科学，因为它们不是并列的两块，历史唯物主义实际包含在辩证唯物主义之中，是辩证唯物主义的组成部分（辩证唯物主义历史观），只是因为它的重要性才抽出来加以单独的论述。如果一块包含一块结构也可以叫板块结构，我认为把旧结构称作板块结构也是可以的。问题在于：板块结构就是错误的吗？显然不能这样讲。这要看事实上是否存在着板块，科学的板块结构是否符合科学对象的结构。辩证唯物主义，就其内容说，除世界观（关于世界的本质和一般规律）而外，还包括自然观、历史观和认识论，传统结构把历史观分出来与辩证唯物主义并列，辩证唯物主义就是包含世界观、自然观和认识论。但世界观与自然观很难分开，虽然认识论有明显可以区分开的对象。既然这几门学科的对象可以作一定的区分，与之相应的板块结构又有什么不可以呢？本书分为四编，实际是三块，即世界观（第一、二编）、历史观（第三编）和认识论（第四编），显然基本保留了原来的结构，改进之处在于把认识论从原来的辩证唯物主义中分出来，并把它摆在历史观之后，这是更合理的，因为认识是一种社会现象，当然以阐明了历史观之后再加以阐明为宜。

本书讨论了一些过去教科书没有的内容，如关于人的本质、人的价值、人的尊严、人的幸福、人的权利与义务等一系列问题。我认为这是非常必要的。不能说过去教科书不谈人的问题，历史观、认识论都在谈，但多偏重于群团、阶级、国家、民族、社会，较少谈个人问题，这同过去处于革命时期有关，但这些问题是必须研究和回答的。本书以马克思主义，特别是唯物史观为指导，做了回答，虽不能说已圆满解决了这些问题，确能给人较大的启发。

本书还提出了一些新的提法。例如物质实体的概念，而且认为人类社会也是一种物质实体。实体这个概念在哲学史上是常见的，经典作家也曾以肯定的语气使用过实体概念，但它没有出现在基本范畴之列。因此，把实体概念引进马克思主义哲学之中就是一个可以研究的问题。本书作了这方面的探索，虽然还可以商榷，不能说是毫无意义的。又如本书否定了通常对规律论和范畴论的区分，认为二者在内容上是一致的，即都是运用辩证法范畴表述了一般的辩证规律，既是范畴论，也是规律论，它们的区别仅仅在于："规律论"的内容是三个主要规律，"范畴论"的内容是非主要规律，本书称之为其他规律。

总之，本书自称"新编"，不是没有道理的。前面已经指出，"新"不一定正确。本书这些新因素是不是正确的呢？这还有待广大读者评判。无论如何，我认为作者的探索是可贵的，对坚持和发展马克思主义哲学是有益的。

《精神生产概论》序*

精神生产，不是作为物质生产的因素之一，而是作为与物质生产并列的一种社会生产形态，已得到理论界的普遍肯定。党的十二大报告指出："社会主义精神文明是社会主义的重要特征，""社会主义精神文明建设大体可以分为文化建设和思想建设两个方面。"这些论断也说明，党中央实际上已把精神生产摆到与物质生产同等重要的地位。但是，理论界对精神生产的研究却远远落后于对物质生产的研究，至今还没有形成一个以精神生产的整体为研究对象的、得到理论界认可的科学理论；在实际生活中，精神生产也没有得到与物质生产相适应的足够的重视。在这种情况下，本书的出版不仅具有一般的理论意义，而且具有开拓的意义。

本书的写作是北京市哲学社会科学"七五"规划的重要项目之一，我参加过这一项目的论证会和成果鉴定会。我感到作者们为写本书不仅付出了大量辛勤的劳动，而且进行了许多大胆的独创性的探索，为了建立一个精神生产科学理论作出了突出的贡献。这可以从以下一些

---

* 《精神生产概论》，陈仲华、杨镜江主编，北京燕山出版社1992年3月出版。《光明日报》以《〈精神生产概念〉简评》为题，于1992年6月22日摘登本文。

特点中看出来。

第一，对精神生产理论框架的建构。任何一门学科要形成一门名副其实的学科，不能仅仅有一些观点，它还需要一个完整而严密的理论框架，即科学体系。关于精神生产，在经典著作中没有现成的体系，这样的体系需要经过研究加以创造。国外有人做过这种努力，国内只有李文成同志的《论精神生产》，本书是第二本。《论精神生产》没有给自己提出建立一个科学体系的任务，但实际上提供了一个理论框架，本书则是自觉地力图建构一个科学体系，这对于精神生产理论的建设无疑是很有意义的。我认为一门学科的体系应该包括以下内容：学科史、对象与外部条件、对象的本质和内部结构、对象运动的一般规律、对象的历史形态、对象的作用与地位，其安排应遵照从古到今、从外到内、从抽象到具体的原则。这样，大体可以达到完整和严密的要求。在我看来，本书部分地达到了这些要求。本书分为八章，第一章是学科史，第二章是对象的本质，第三章是对象的内部结构，第四章是规律，第五、七章仍然属于对象的内部结构，第六章是对象的作用，第八章是对象的一种特殊形态。这个体系大体上是完整严密的，不足之点在于缺乏专章讨论精神生产与物质生产的关系、精神生产的历史形态，尽管这些问题在有些章中有所涉及。在精神生产的结构中，精神生产者似乎应有专章或专节加以论述，而本书是分散论述的。本书有专章讨论社会主义社会精神生产，但没有专门研究其他社会的精神生产；讨论社会主义社会精神生产这一章触及了许多既有理论意义又有现实意义的重大问题，但似乎还不够详尽、具体。尽管有这些不足之处，本书确实提供了一个比较完整和严密的学科体系，使精神生产研究大大前进了一步，为进一步研究搭好了一个台阶。

第二，对物质生产的基本概念和规律的推广和引申。同许多优秀著作一样，本书占有大量思想材料和实际材料，其中包括了马克思主义经典作家的言论，特别是马克思本人的言论，这无疑是一个很大优点，不少著作都是这样做的，这样做不算突出的特点，本书突出的特点在于把物质生产的基本概念和规律推广到精神生产的领域之中。大家知道，引申是从一般到特殊或个别的逻辑推演，把握是比较大的。而推广则是从特殊到特殊，或者是从个别到个别，推广是否正确必须经过实践的验证。如特殊 A 的某一特性也为特殊 B 所具有，则推广是正确的，否则是错误的。正确的推广实际上是引申，因为 A 与 B 所共有的特性是一般，从 A 推广到 B 实际上是从一般到特殊，只是最初不知道而已。总之，推广比引申更复杂、更困难，然而也更有意义，如果成功了，就是开拓。

  本书把物质生产的生产力、生产关系以及二者的辩证运动的理论推广于精神产生，提出精神生产力、精神生产关系以及二者的辩证运动的理论，这种推广能够成立吗？对此，理论界的意见是有分歧的，分歧主要在于能否说存在一条精神生产关系一定要适合精神生产力状况的规律？有的学者认为由于精神生产为物质生产所决定，不存在精神生产力决定精神生产关系的规律，本书则作了肯定的回答。要解决这个分歧，只有对社会生活的实际材料作深入的分析，看一看物质生产的规律是否有充分的根据推广于精神生产领域。本书是这样做的，是否已经解决了，当然还可以商榷，但这种做法无疑是必要的，因为推广就是一种开拓、一种发展。

  第三，精神生产规律的提出。提出规律对于任何学科建设都是至关重要的，科学研究的最主要的任务就是揭示学科对象的一般规律。然而一个规律要能成立，要得到理论界的认可也是至为困难的，特别是人类社会的规律。例如关于生产力和生产关系的辩证运动的规律，从它的发现到今天已将近 150 年，仍有许多人不承认它，承认它的，理解也各异，这固然有阶级立场不同、学术观点各异等方面的原因，也有规律的发现与论证难度极大方面的原因。规律总是从个别的特殊的有限的材料中概括出来的，然而规律却是普遍的必然的无限的，如何从有限的材料中得出无限的规律，对任何科学都是难题。要揭示一个规律，既需要理论勇气，又需要谨慎小心。本书提出了精神生产运动的五条规律，就表现了这两方面的特点。这五条规律是关于精神生产与物质生产、精神生产与政治制度、精神生产的诸种形式的相互作用的规律，以及精神生产在继承和创新相统一中、竞争和开放中发展的规律。作者在揭示这些规律时一方面贯彻了马克思主义哲学的基本观点的指导，一方面又总结和概括了丰富的事实材料。当然，还不能说这些规律已经得到了充分的论证，已经建立起来了，这也不是一本书所能完成的。但是，这些规律的提出和论证总是一个良好的开端，为精神生产规律的研究提供一个可供选择和讨论的模式。还应指出，本书对精神生产规律的研究不限于第四章，第三章所研究的精神生产力和精神生产关系的关系也是一个规律，而且是精神生产最根本的规律，其他章节的某些内容也是一些规律。因此，哪些规律集中起来专章研究和阐发，哪些规律分散于各组成部分研究和阐发，是可以深入讨论的。

我认为本书是我国近年来研究精神生产的一项重要成果，它不但创造性地回答了有关精神生产理论的一些关键问题，而且为进一步系统深入的研究开辟了一个广阔的前景。精神生产不但重要，而且极其复杂、难以掌握，加之过去研究十分不够，因此，大力开展这方面的研究实在非常必要。我寄希望于我国理论界，尤其是寄希望于本书作者，在本书的基础上做进一步研究，登上一个新的台阶。

《辩证法研究》* 序

本书是一部研究辩证法的专著，它力图表达出唯物辩证法的现代形态。本书的大部分作者都同我一起学习过或工作过，多次共同讨论过辩证法问题，他们在撰写本书的过程中，又曾多次提出问题与我讨论，我谈过一些自己的看法。我很支持本书的写作。

马克思主义辩证法发展到今天，坚持和发展这两方面的任务都相当突出，而且艰巨。当代西方哲学的主流是反对辩证法的，有的西方哲学家虽然肯定辩证法，却是千方百计歪曲唯物辩证法，企图根本改造唯物辩证法。影响所及，我国也有一些学者或者认为唯物辩证法已经过时了，或者认为唯物辩证法应彻底改造，特别是他们还引用当代科学技术革命提出的种种新观点来歪曲或否定唯物辩证法，同时当代科技革命也确实提出了一些问题要求从辩证法的高度作出回答。此外，我国活生生的改革开放实践以及近年来世界形势和格局的重大变化也急需从哲学的高度加以概括和总结。这样，至少有三个方面的情况和问题制约着唯物辩证法的坚持和发展，即：一、世界局势的新发展和

---

* 《辩证法研究》，王克孝、彭燕韩、张在滋主编，人民出版社 1993 年 5 月出版。

我国的改革开放事业的扩大与深化；二、当代西方哲学的发展和对唯物辩证法的挑战；三、当代科学技术革命。唯物辩证法必须回答这三个方面提出的问题，借以坚持和发展自己。这部著作正是从这个基本思路出发的。经过几年的艰苦努力，这本书终于与读者见面了。对此，我感到很高兴。

多年来，广大哲学工作者都认为我国成功的改革开放实践和国际上对社会主义道路的探索，丰富和发展了人类对社会历史辩证法的认识，应当从社会改革理论中挑选一些具有更大普遍性的范畴放到历史唯物主义的体系中去。本书作者在论述历史辩证法部分中吸取了学术界在多年研究的基础上提出的一些合理思想。其中许多观点都是很有深度和探讨价值的。例如，本书作者提出列宁的新经济政策（把征集余粮制改为允许农民自由贸易等）就是一种改革行动，但为什么后来被取消了呢？原因之一就是没有把改革看作社会发展的规律，作者因而进一步提出马克思主义的社会改革范畴与社会革命范畴应是同等程度的一对范畴，应当设专章探讨社会改革范畴的含义、内容和理论意义。作者还提出，当今的社会改革范畴填补了历史唯物主义的一项空白，从而丰富和发展了历史唯物主义理论。本书从辩证法角度研究改革实践和社会变革的一些成果，很有启发性。

我认为，丰富和发展马克思主义辩证的第二个重要方面，是科学地分析和回答当代西方哲学思潮对马克思主义辩证法的挑战。本书在这方面也做了大量的有益工作。本书抓住当代西方有代表性的萨特的存在主义哲学和人学辩证法，与黑格尔辩证法和马克思主义辩证法进行了比较。在比较中用马克思主义的观点分析和评论萨特企图"补充"、"改造"和把存在主义与马克思主义辩证法"相结合"的错误实质。本书在这方面的剖析很有见地，为我们科学地评价萨特存在主义提出了十分有意义的思想线索。

丰富和发展马克思主义辩证法的第三个重要方面，是从当代飞速发展的自然科学和科学技术革命中提炼辩证法思想。本书用相当大的篇幅研究和探讨了这方面的问题。作者指出，系统方法、信息方法、反馈方法、功能模拟方法、人工智能方法和从定性到定量的综合集成方法是现代科学的认识方法；系统性、交叉性、动态性、网络性、创造性、最优性是现代科学的思维方法；现代自然科学的这些方法深化了唯物辩证法关于普遍联系的观点，拓展了对立统一的思想，丰富了思维辩证法，发展了关于思维方法体系的理论。作者还通过挖掘黑格尔《自然哲学》和恩格斯《自然辩证法》中的辩证法思想，批评了片面夸大经验的经验主义，强调了理论思维的极端重要性。本书作者所提出的这些观点，对于我们的理论研究和指导实际工作都有重要的意义和价值。

此外，还应指出，在丰富和发展马克思主义辩证法方面，本书所作出的另一重要贡献是概括和反映了多年来哲学工作者的研究成果，并提出了作者自己的独立见解。对于马克思主义哲学体系的研究成果，主客体关系的研究成果，主体性问题的研究成果，从抽象上升到具体的辩证法研究成果等，都有比较详尽的讨论。

总之，本书对于广大哲学工作者和干部都有重要的参考价值和深刻的启迪意义，很值得一读。

1993 年 3 月于中关园

评《世界人权宣言》*

《世界人权宣言》是 1948 年第三届联合国大会通过的第一个国际人权文书,是西方资产阶级革命时期的人权文书——美国《独立宣言》和法国《人权和公民权宣言》的继续和发展,是在西方意识形态的影响下起草和通过的。45 年来,国际人权运动在它的推动下有了很大的发展,同时,以它为起点,联合国大会又通过了一系列国际人权文书,进一步补充、具体化和发展了它的思想。对于这样一个承前启后的国际人权文书,我们无疑应该加以认真研究、分析和评价,借以打破霸权主义的人权外交,推进世界人权运动,改进我国人权状况。为此,本文拟从以下几个方面分析一下《世界人权宣言》。

一、《世界人权宣言》的基本性质

《世界人权宣言》是否纯粹是资产阶级意识形态,仅仅反映资产阶级的利益,只为资产阶级利益服务呢?它是否也反映了劳动人民的利益,也为劳动人民的利益服务呢?要回答这个问题,必须具体分析它

---

* 本文发表于《当代中国人权论》(当代中国出版社 1993 年 12 月出版)。

的内容，后面我们将作这种分析，这里只想作一点一般说明。

对于历史上的美国《独立宣言》和法国《人权与公民权宣言》同样有这个问题。一般人都承认这两个宣言是进步的，在历史上发挥过积极的作用。对这种现象，一般的解释是：它们虽然是资产阶级性质的，但由于资产阶级当时有进步性，反映资产阶级利益的两个宣言也有进步性。这种解释当然是正确的，然而是不充分的，因为两个宣言的进步性不仅是由于当时资产阶级的进步性，还由于两个宣言在一定程度上也反映了劳动人民的利益。资产阶级革命不仅是资产阶级的革命，也是劳动人民的革命，劳动人民对于封建的经济、政治制度也是深恶痛绝的，作为资产阶级意识形态代表作的两个宣言也不能不反映劳动人民的利益，当然这种反映不会是彻底的，只能局限在不侵犯资产阶级的根本利益的范围之内。

《世界人权宣言》也有类似情况。

20世纪40年代的资产阶级已不是17—18世纪的资产阶级，战后世界人权运动的兴起主要不是针对封建制度，而是针对德国纳粹主义和日本军国主义的灭绝人性的暴行。在这一点上，现代资产阶级同广大劳动人民走到一起了，其中情况比较复杂。从根本上说，资本主义制度有着反人道的性质，因为它无论如何是一种剥削制度，是建立在劳动人民被剥削、被压迫的基础上。人对人的剥削和压迫显然是与人的本质相违背的，尽管剥削与压迫在一定历史条件下也发挥了推动历史前进的作用。德国纳粹主义和日本军国主义便是资本主义的反人道性的极端发展。当然，现代资产阶级并未都把人道的旗帜丢掉；相反，他们中的有些人成为反法西斯的英勇战士，成为人道主义的伟大旗手。例如作为《世界人权宣言》的思想基础的"四大自由"（免于匮乏的自由、免于恐惧的自由、信仰的自由和言论的自由）就是美国伟大的政治家罗斯福提出来的，"四大自由"也就是四大人权。人类社会历史本来是很复杂的，出现这种复杂情况并不奇怪。人权和人道主义是近代资产阶级的发明，西方思想家中一直存在着人道主义传统。在19世纪的阶级斗争中，资本主义反人道性质就已经暴露出来了，但西方思想家和政治家仍有很多人紧紧抓住人道主义的旗帜，不但用它来掩盖资本主义的反人道性质，而且随着无产阶级革命的蓬勃发展和有些国家无产阶级专政的建立，还用它来攻击共产党和无产阶级专政。当然其中也不乏开明的有远见的政治家，真正反对法西斯的反人道行为，例如负责起草《世界人权宣言》的18国人权委员会的主席罗斯福夫人，他们便成为国际人权运动的倡导者。

但是，作为国际人权运动及其思想表现的《世界人权宣言》的更深厚的根源是世界各国人民争取人权的要求。在第二次世界大战的欧洲战场和亚洲战场上都各自死亡了2000多万人，这是人类历史上的空前浩劫，德日法西斯的血腥暴行之惨痛任何历史上的暴君均不能望其项背。大战之后，人们痛定思痛，深感倡导人道主义、增强人权意识之必要。加以地球上还有许多贫困落后的国家，人民食不果腹，衣不蔽体，终年劳苦，不得温饱；而国际垄断资本主义的巧取豪夺，国内统治阶级的盘剥压榨又大大加剧了他们的苦难，一场国际人权运动就逐渐酝酿和开展起来了。《世界人权宣言》就是在这种条件下，由于下有广大人民群众的呼号、中有思想家们的呐喊、上有政治家们的倡导而出现的。

可以看出，《世界人权宣言》属于抽象人道主义或抽象人权理论的范畴，属于资产阶级意识形态，但是同时它也反映了世界人民争取人权和人的地位的强烈愿望和要求。西方国家可以用它来搞人权外交，达到其控制他国的目的，甚至用它来对社会主义国家搞和平演变；世界人民也可以用它来抵制和反对霸权主义，改进自己的人权状况，在经济上、政治上、文化上提高自己的地位。《世界人权宣言》属于人类社会的优秀文化之列，起过而且正起着推动历史前进的积极作用，世界人民，包括我国人民，应该尽可能地发挥它的积极作用。如果认真分析一下它的内容，这种性质将更加明显。

二、《世界人权宣言》的基本内容

《世界人权宣言》（以下简称《宣言》）共30条，4000字左右，列举了当时认识到的人的权利,即人权。那么,它谈到哪些权利呢?30条中有3条谈的不是具体的人权,而是对人权的说明,即第2条谈人权的普遍性(人人享有人权,不分种族、肤色、性别、语言、宗教、政治或其他见解、国籍或社会出身、财产或其他身份等),第29条谈个人对社会还有义务、第30条谈不得对宣言的条文作任意解释。其余27条所谈人权可以归纳为18种,即(1)自由;(2)平等;(3)生存(包括生命);(4)无罪推定权;(5)隐私权;(6)寻求保护权;(7)国籍选择权;(8)婚姻自由与平等;(9)财产权;(10)信仰自由;(11)言论自由;(12)集会结社自由;(13)经济、社会和文化方面的权利;(14)劳动权;(15)休息权;(16)受教育权;(17)文娱活动权;(18)要求实现人权的权利。

《宣言》把自由与平等并列,并视之为最根本的人权。列为第1条("人人生而自由,在尊严和权利上一律平等"),后面还有两条把自由与平等并列,即第16条(婚姻的自由与平等)和第21条(选举的自由与平等)。另外有10条是谈各种具体自由的,第3条、第4条、第5条、第9条谈人身自由,第12条谈隐私权,即私生活的自由,第13条谈迁徙自由,第15条谈选择国籍的自由,第18—20条谈信仰自由、言论自由、集会结社自由。有3条,与第6条、第7条、第10条,谈法律面前的平等。

西方有人认为生存权不是人权,这种观点是违背《宣言》的规定的。《宣言》中有九条是谈生存权的,除了上面谈到的第3条、第4条、第5条、第9等四条关于人身自由的条文可以归入生存权外,还有第14条谈寻求庇护权,第17条谈财产权,第23条谈劳动权,第24条谈休息权,第25条谈满足个人物质生活需要的权利,这些都可纳入生存权之内。

发展权也被西方国家排斥于人权之外,在《宣言》中也没有明文规定,这可以说是《宣言》的缺点之一,因为既然承认了一个人的生存权,就不能否定他的发展权,一个人不发展就无法生存。但是,《宣言》实质上是承认了人的发展权的,因为一个人的发展首先是体力上的发展，其次是智力上的发展，此二者均已包含在宣言的规定之中。上面谈到的生存权已包括了体力上的发展，对于一个孩子，只要能向他提供物质生活资料，他的体力当然就能发展。至于智力上的发展则要通过教育来实现，第26条谈的就是受教育权。第27条谈享受文学艺术活动的权利，也可归入发展权之中。因此，否定发展权的观点也是违背宣言的规定的。

可见，《宣言》的绝大多数条款可以归纳为四种人权，即自由权、平等权、生存权、发展权。

《宣言》中还有三条上面没有谈到。第22条与上述人权均有关，不好列入任一种人权之中，它谈的经济、社会和文化方面的权利，是一项综合性的规定，包括了政治以外的一切权利，是相对于政治权利说的。西方国家往往把人权片面地理解为政治权利，忽视经济、社会和文化方面的权利，第22条反映了发展中国家要求发展经济、社会和文化事业的强烈愿望，其具体内容已包含于上述许多条款之中。第12条谈无罪推定权，无罪推定是一个法律原则，实质上是一个认识论问题。我们在认识过程中要作出一个肯定性的结论，必须有充分的根据，如果没有充分的根据，只好存疑，暂时不下结论。在审判中，有罪的结论缺乏充分的根据，为了进一步搜集证据，暂时只好存疑，把当事人当作无罪对待，但也不是作出无罪的结论。从认识论来看，无罪推定是比较合理的权宜之计。第28条谈要求实现人权的条件的权利，这实际上是关于人权规定的规定，不是具体的人权规定。

三、《世界人权宣言》的基本特点

根据以上的简略分析，我们可以考察它的基本特点。我认为《宣言》有以下一些基本特点：

1. 《宣言》的明显特点是其抽象性或普遍性。它不但有一条专谈它的人权规定的普遍性，各条的规定也是很普遍的，除了某些人权会有年龄的限制（如选举、劳动、婚姻）而外，一切人权只要是人均可享受。因此，各条都不涉及具体事物，例如宗教自由不涉及任何具体宗教，思想自由不涉及任何特定思想，结社自由不涉及任何具体团体或党派。《世界人权宣言》的英文写法"universal declaration of human rights"中的"universal"即为普遍、共同之意，也可以说明这一点。

2. 正由于它的抽象性和普遍性，它得到了世界各国人民及其政府的承认和接受，很难设想任何人会否定它的任何规定，但正因此，各个国家、组织、个人也可以按照自己的情况或立场赋予人权以特殊的含义，或作出自己的特殊的理解。也就是说，它的规定有很大的弹性。人权规定的弹性导致双重人权标准甚至多重人权标准出现：同是一种人权，对自己是一种要求，对他人是另一种要求，对第三者是又一种要求。

3. 《宣言》属于抽象人权理论（抽象人道主义）范畴，其奥妙在于只是抽象地谈人权，忽视或抹杀人权的具体含义和特殊性以及人权得以实现的社会条件。例如，财产权、各种平等权、自由权，似乎对一切人都是一视同仁，非常公正，不偏不倚，但是在贫富悬殊、两极分化、经济剥削与政治压迫广泛存在、极不平等、极不自由的世界里，究竟有多少人能够享受这些人权呢？早在19世纪马克思和恩格斯就揭露过这种抽象人权的"特殊资产阶级性质"，指出资本主义制度下的自由与平等不过是雇主与工人订立契约的自由和作为契约双方当事人的平等，无产阶级的自由与平等的要求要真正实现必须以消灭阶级为前提。这种观点在今天是否过时了呢？否，只要剥削制度还存在，这种观点就不会过时。

作为能够适用于全世界并能为人们广泛接受的人权文书，《宣言》只能采取这种极其抽象的形式，但是对它的局限性和可能具有的特殊含义，我们应该有一个正确的理解。

4. 《宣言》的资产阶级性质在内容方面也有一定的表现。《宣言》把自由和平等摆在第一条，也就是把政治权利摆在第一位，这是不符合人类社会的实际情况的，是一种资产阶级唯心主义观点。人是一个物质实体，必须首先获得物质生活资料以维持其生存，否则一切无从谈起，因此，生存权应该是首要的人权。一切发展中国家在一定程度上都有这个问题，在有的国家生存权问题还十分严重。因此，无论从理论上讲，还是从现实需要来讲，都应把生存权以及与之密切相关的发展权摆到首位。《宣言》把政治权利摆在首位，显然是反映了西方国家的观点。

《宣言》忽视、回避集体人权，把人权仅仅看成个人权利，也反映了西方国家的观点。"人权"概念在最初提出时指的诚然是个人的权利，但是对个人权利的争取从来都是人民的行动，即集体的行动。争取自由、平等、民主的资产阶级革命也是人民的行动。至于20世纪的许多国家和民族为了从帝国主义、殖民主义和霸权主义的统治下摆脱出来，求得自己的生存和发展，更是人民群众的集体行动。孤零零个人休想争取到任何人权。因此，在发展中国家里就逐渐形成了集体人权的概念，确切一点说，就是民族自决权和国家主权，特别是国家主权。惨痛的历史教训告诉人们，国家主权是个人人权的保证，没有国家主权就没有个人人权。西方国家之所以忽视甚至反对集体人权不是偶然的，因为侵犯发展中国家主权的多半是西方国家。

忽视生存权、发展权和忽视集体人权的缺点后来得到了一定的补救和纠正。联合国大会1966年通过的《经济、社会、文化权利国际公约》对生存权和发展权的内容作了具体规定。联合国大会1968年通过的《德黑兰宣言》公开谴责种族隔离政策和殖民主义。联合国大会1979年通过的《关于发展权的决议》承认发展权是一项不可剥夺的人权。1993年联合国大会通过的《维也纳宣言和行动纲领》重申发展经济权是人权的不可分割的组成部分，而且公开反对种族主义和种族歧视、殖民主义，肯定民族自决权，这实际上是承认了集体人权。这些进步是国际人权运动的胜利，是发展中国家和世界进步人士共同斗争的结果。

5. 《宣言》在理论的完整性和逻辑性方面有比较大的缺陷。《宣言》只是列举了若干人权，从这些人权可以看出人权可以分为若干种类、若干层次，各种人权和各层人权之间有一定联系，但是宣言并未明确告诉我们究竟有几种人权，人权有几个层次，它们之间关系怎样，它们怎样形成一个完整的严密的逻辑体系。《宣言》不是一篇学术论文，不能要求它详细论证它的理论体系，但是为了使世界人民易于理解和掌握，一个纲要式的理论体系还是需要的。在这一点上宣言颇使人失望。

尽管《宣言》有种种局限性和缺陷，尽管它基本上属于抽象人道主义范畴，尽管它能为西方国家推行人权外交所利用，但它毕竟是第一个国际人权文书，并以抽象人道主义形式反映了世界人民反对战争，要求和平，反对殖民主义和霸权主义，争取人权，发展经济、政治、文化，改善物质生活和精神生活的强烈愿望，而且它的局限和缺陷在后来的国际人权文书中不断被打破和补充，使它同时也成为世界人民推进国际人权运动、改进世界人权状况、反对帝国主义和殖民主义的思想武器。这不是说，因为人权、《世界人权宣言》是中立的超意识形态的东西，像枪炮、机器、自然科学那样，所以可为不同阶级、不同社会制度、不同意识形态服务；它们之所以能为不同阶级、不同社会制度、不同意识形态服务，是因为人权既有普遍性，又有特殊性和阶级性；《世界人权宣言》具有资产阶级意识形态性和人民性这种双重性格，是混合的过渡性的意识形态。因此，对于人权和《世界人权宣言》我们不可以像从前那样抱一种敬而远之（甚至视为异己，拒之门外）的态度，而是应该从世界人民的利益出发，从社会主义制度的视角，掌握和运用《世界人权宣言》及其他国际人权文书，推动国际人权运动，改进世界人权状况。

我国理论工作者应该肩负起人权理论建设的任务。毋庸讳言，由于人权理论过去在我国是研究的"禁区"，几十年来人权理论研究成了西方学者的"专利"，我国有些方面是相对落后了。但西方学者由于世界观和阶级立场的限制，也难以达到很高的水平，《世界人权宣言》以及其他国际人权文书缺乏理论的完整系统性和严密逻辑性的状况可以说明这点。我国理论工作者既有马克思主义的指导，又有"双百"方针的保证，有条件对人权理论进行科学的深入的系统的研究，形成科学的人权理论，这是推进国际人权事业所不可少的。对《世界人权宣言》以及其他人权文书的分析和研究，无疑将是人权理论研究的重要组成部分。

《马克思主义实践观新探》* 序**

我国的改革开放大业和邓小平提出的建设有中国特色社会主义理论,是从实践标准的讨论开始的。十多年来实践问题始终是我国理论界的主要的热点问题之一,而且大部分哲学问题均与实践理论有关,例如人道主义和异化问题、人的本质问题、人化自然问题、主体与客体的关系问题、人的主体性问题、实践唯物主义问题、历史决定论问题,等等,可以说,对实践的研究和讨论欣欣向荣,方兴未艾。

在这场讨论中曾经出现过这样的观点:传统的辩证唯物主义和历史唯物主义体系是脱离实践的直观唯物主义,应以实践唯物主义取代它。我曾为文反对过这种把传统的马克思主义哲学体系与实践唯物主义对立起来的观点。在我看来,在传统的体系中,实践理论占有十分重要的地位。它始终把社会实践的总和看作自己的客观基础,十分重视每一哲学原理的实践意义,对实践与认识的辩证关系有相当充分的论证,对主要的实践活动如生产、阶级斗争、改造社会的活动、科学

---

* 《马克思主义实践观新探》,聂世明著,当代中国出版社 1994 年 8 月出版。
** 本文以《实践观理论是马克思主义哲学的组成部分》为题发表于《学习论坛》1995年第 9 期,略有删节。

实验、文学艺术实践等都有正确而深刻的论述。传统体系历来把实践性看作自己的主要特征之一，怎么能说它是脱离实践的直观唯物主义呢？

但是，这绝不是说，传统体系在实践问题上已臻于完善了，相反，它还有着一些重大缺陷，这也是不能否认的。我认为它有以下缺点：一、它忽视了人化自然。人化自然是人类实践活动触动过的那部分自然界，不是自然界全部，这一部分在自然界中是微乎其微的，就今天所知，限于地球，但这部分对人类的意义却是无限巨大的，而传统体系对人化自然缺乏专门的论述。二、把实践仅仅看作认识论范畴。实践不是宇宙观范畴，因为在整个宇宙中它不是普遍的东西。但它也不仅是认识论范畴，因为它首先是历史观范畴，人类社会历史不外就是人们的实践活动的总和，任何社会现象都是在实践基础上发生的，认识之所以以实践为基础也是因为认识是人类社会的现象之一。但传统体系只在认识论中对实践作一些一般性的论述，而在历史观中只谈论它的具体形式如生产、阶级斗争等。三、对实践的内容缺乏系统的具体的研究和论述。由于第二个缺点，传统体系没有在适当的地方对一般实践作专门论述，在认识论中它只是前提，不是主角；在历史观中，主角是各种具体实践，也不是一般实践，因此，在传统体系中，我们找不到以一般实践作为研究和阐发的对象的"实践理论"。

聂世明同志所著《马克思主义实践观新探》一书是我所见到的我国第一本以一般实践作为研究对象的系统的专著，填补了传统体系的一个空白。它总结了近年来对实践问题的研究和讨论，回答了讨论中提出的一些问题。它对于在现时代条件下发展马克思主义哲学的重要意义是显而易见的。本书分上下两篇，共十一章。第一、二、三、四章对历史上的实践观进行了考察，论述马克思、恩格斯、列宁、毛泽东，对实践观的历史贡献和邓小平实事求是实践观对我国建设有中国特色的社会主义事业的重大意义，批判了现代西方马克思主义对科学实践观的歪曲和修正。第五、六、七、八、九章是本书主体，对实践的各个方面、层次、要素等及其间关系、规律作了系统的全面的论述，

第十、十一章考察了实践观的哲学实质和方法论意义。这里不必系统介绍本书的具体内容，读者翻翻目录就清楚了，我只想谈几点初步的印象。

在强调实践的时候，人们往往把实践夸大到脱离物质的地步，把实践看成宇宙中第一性的最后的东西，这就违背了马克思主义的唯物主义原则。本书不是这样，它始终把实践理论看成马克思主义哲学的组成部分之一，始终把实践理论摆在马克思主义宇宙观的指导之下，不把实践理论等同于宇宙观或本体论，反对实践本体论。我认为作者的这种做法是符合既坚持又发展马克思主义这一原则的。

由于本书对一般实践进行了专门而系统的研究，确实提出了不少新颖观点。例如它对于实践三维结构、本质特征、双向转化规律、实践观的哲学实质和实践观思维方式等问题，阐述不落俗套，颇有个人建树，使人耳目一新，对马克思主义实践观理论的发展有明显的启发作用。

本书不仅具有丰富的翔实的思想资料和历史资料，而且搜集了很多活生生的实例和新鲜的经验事实，用以论证作者提出的观点。加之作者十分注重马克思主义实践观在新时代下的新发展，因而本书具有浓郁的时代气息。

此外，本书行文简明扼要，深入浅出，通俗易懂，生动具体，有较强的科学性、知识性和可读性。本书既是一本有价值的学术专著，也是一本值得向广大读者推荐的通俗读物。

1994 年 2 月于北京大学

《潜意识哲学》* 序一

理论的生命在于面向现实世界。现实世界，不仅包括客观世界，而且包括精神世界。哲学要保持生命力，就需要揭示客观世界和精神世界的一般规律性。所以，揭示精神世界的隐秘部分——潜意识（无意识）的一般规律性，是哲学自身发展的需要，这对于深化主体性及人的哲学的研究，丰富马克思主义哲学具有重要的理论意义。

研究有意识的哲学理论还具有重要的现实意义。弗洛伊德所创立的以潜意识概念为核心的精神分析学自产生以来，经过90多年的变迁，已渗透到西方文化的血液中，影响及于哲学、文学、艺术和社会生活的许多领域。在我国的文化界，尤其在一部分青年人中，也曾出现过"弗洛伊德热"。以马克思主义哲学为方法论，研究有关潜意识的哲学理论，有助于正确评价精神分析学，取其精华，去其糟粕，这不仅对于消除因"弗洛伊德热"而产生的思想混乱，而且对于开展学校和社会中的心理咨询工作，加强社会主义精神文明建设都具有重要的作用。

---

*《潜意识哲学》，范文著，陕西人民出版社1995年4月出版。

我国哲学界对潜意识的研究刚刚起步，虽取得了一些成果，但也存在不少空白。所以，当范文博士在北京大学哲学系期间，提出研究关于潜意识的哲学理论时，我作为他的指导教师是持赞同态度的。范文还曾作为北京大学与英国联合培养的博士生，赴英与一些西方学者就此课题进行了研讨。《潜意识哲学》一书，可以说是国内研究潜意识的第一部较系统的哲学学术专著。

《潜意识哲学》在研究和叙述方法上，坚持逻辑和历史的辩证统一的原则。书中依次评析了历史上的思想家、古典精神分析学派、新精神分析学派、"西方马克思主义"的潜意识哲学理论，把探究潜意识的哲学历程看作是一个从片面到较全面、从低级到较高级多个阶段依次相接的发展过程。在"扬弃"和吸取前人成果的基础上，本书提出了把握潜意识的新的哲学方式——社会实践的视角，并把主体对潜意识王国的探索与对真善美及其自由的追求紧密地结合起来。

《潜意识哲学》对建构有关潜意识的哲学理论本身做了一些开拓性的工作。它从正面较系统地分析了潜意识的本质、属性、形成、机制等一些问题。通过一些具体材料，它仔细探讨了潜意识在认识过程中的不易觉察而又十分重要的作用，分析了潜意识作为社会意识的一部分而对社会发展所起的不可忽视的作用。这些论述拓宽了认识论和历史观的领域，富于独创性，有一定的学术价值。尽管《潜意识哲学》作为初步研究成果，所提出的有些问题还需要做深入研究，也可以商榷，但该著能从一个新的视角去观察潜意识问题，这对于填补我国哲学研究中的这块空白是有益的。

把建设有中国特色社会主义理论与哲学结合起来学习[*]

——《当代中国的唯物辩证法》[**]评介

袁贵仁同志的《当代中国的唯物辩证法——邓小平著作中的哲学思想》是一本从哲学的高度学习、理解和阐述邓小平同志建设有中国特色社会主义理论的优秀著作。本书除第一章为总论而外,其余七章大致按照从抽象到具体的顺序论述了建设有中国特色社会主义理论的七个重要问题,而对每一个问题的论述都是结合着一定哲学观点,确切点说,结合着一定辩证法思想进行的。它既不是一本按教科书模式阐述邓小平同志的哲学思想的书,也不是一本专门阐述邓小平同志建设有中国特色社会主义理论的书,而是从哲学高度阐述了建设有中国特色社会主义理论的若干重要问题,当然这些问题的选择与安排也表现了一定的系统性。这样把邓小平同志的哲学思想和建设有中国特色社会主义理论紧密地结合起来阐述的做法有明显的优点,它可以使二

---

[*] 本文发表于《北京日报》1995年4月13日。

[**] 《当代中国的唯物辩证法:邓小平著作中的哲学思想》,袁贵仁著,北京师范大学出版社2008年5月出版。

者相互支持，相得益彰。具体分析一下，这种做法有以下几个优点。

第一，可以帮助读者更深刻、更准确地理解建设有中国特色社会主义理论中的重要问题。要更深刻、更准确地理解一个理论观点，其有效方法之一就是弄清楚它的哲学根据，也就是运用有关的哲学观点分析它的内容，经过这种分析，其深刻含义就昭然若揭了。例如本书运用目的与手段的辩证法来分析邓小平同志关于社会主义本质的五句话，指出目的与手段是相对的。"解放生产力，发展生产力"是手段，"最终达到共同富裕"是目的，"消灭剥削，消除两极分化"是把二者联系起来的中介，特别是批判了"为了目的，不择手段"的机会主义观点，指出手段有时比目的更重要。这些分析，有助于读者对社会主义本质深入、准确的理解。

第二，可以帮助读者正确理解哲学在建设有中国特色社会主义理论中的重要地位。本书对大量建设有中国特色社会主义理论问题的分析说明，马克思主义哲学是建设有中国特色社会主义理论的唯一科学的指导思想或建设有中国特色社会主义理论的哲学基础。如本书指出，邓小平同志提出的改革也是解放生产力的论断，就是以社会主义社会基本矛盾理论为根据的，没有改革就没有今天，而没有社会主义社会基本矛盾理论也就没有改革的决策和实践。可以说，如果没有解放思想、实事求是的思想路线，或者说，没有马克思主义哲学的指导，也就没有整个建设有中国特色社会主义理论。这一点本书以全部分析作了充分的说明。

第三，可以帮助读者更好地运用建设有中国特色社会主义理论来指导自己的工作。要使建设有中国特色社会主义理论的指导获得真正的成功，就要掌握建设有中国特色社会主义理论的精神实质并把它同本地区本部门的实际结合起来，使之在本地区本部门工作中实际发挥指导作用，要做到这点就有待于哲学的帮助。例如本书认为，建立社会主义市场经济是我们发展经济的唯一途径，我们应毫不动摇地发展我国市场经济，但我们也应该辩证地对待它，不能只看见它的正面效应，而忽视其负面效应。

第四，可以帮助读者充分认识和重视马克思主义哲学在贯彻建设有中国特色社会主义理论中的重要作用，从而真正理解马克思主义哲学对推动我国社会主义建设的伟大威力。近年来，哲学，特别是马克思主义哲学受到冷落，因为"哲学无用"。从直接经济效益来看，哲学似乎确是无用，谁曾听说过只是运用了某一哲学原理而直接增加了多少万元的收益呢？如果这样看待哲学的用途，无用的不仅是哲学，许多基础学科都是无用的；但是，从根本上、长远上看，哲学和其他基础学科的作用之大则是难以估量的。人类的一切活动都受着哲学的有意或无意的指导，以科学的哲学自觉地指导我们的活动就会减少我们的失败，增加我们的成功，就会创造无法计算的社会效益，包括经济效益。本书虽然没有直接用具体事实来论证哲学的实际效益，它的这种把哲学与建设有中国特色社会主义理论结合起来论述的做法使人真切地感到哲学的明显的作用。读过本书的读者会有同感的。

本书观点正确，分析透辟，说理充分，文字流畅，可读性很强，既可以帮助读者深入学习建设有中国特色社会主义理论，又可以帮助读者具体学习马克思主义哲学思想。此外，本书也涉及一些正在讨论的理论问题，如劳动力是不是商品、市场经济本身有无姓"社"姓"资"问题等，作者对这些尚在讨论的问题做了回答，这对读者也是有参考价值的。

建构马克思主义哲学现代形态的可贵尝试*

——评《现代科学的大历史观——唯物史观的现代形态》

黄明理同志的《现代科学的大历史观——唯物史观的现代形态》[①],从题目就可以看出,是要发展唯物史观,而且不是在某些原理上局部发展,而是在总结人类实践和科学的基础上提供一个完整的现代形态。这是一个极其艰巨而复杂的工作,作者的大胆和理论勇气、严肃认真的态度、巧妙的构思和严密的论证都是值得赞许的。且不论作者的观点能否成立,就是这种创造性的探索本身就值得哲学界重视和评说。

本书共分三篇,第一篇是唯物史观史,主要阐明唯物史观怎样在科学技术的推动下创立和发展的过程。第二篇是唯物史观的现代拓展形态,主要阐明"大历史观",即把唯物史观的基本原理从人类社会拓展至整个宇宙,提出宇宙历史的三个基本规律。第三篇是唯物史观的现代拓深形态,主要是把大历史观的原理返回来用于研究人类社会,

---

* 本文发表于《中国社会科学》1995 年第 3 期。

① 《现代科学的大历史观——唯物史观的现代形态》,黄明理著,南京出版社 1993 年 5 月出版。

并提出新的社会形态理论和智能动力观。本书主要的独创性在于第二篇的宇宙历史的三个基本规律和第三篇的智能动力观。可以看出，本书涉及的内容已不限于人类社会历史，而是整个宇宙的历史，它要建立的已不限于社会历史观的现代形态，而是宇宙历史观，即大历史观的现代形态，或者说宇宙观的现代形态。本书作者所探讨的的确是一个重大的理论问题。下面就来谈谈大历史观和智能动力观。

大历史观有三条基本规律，即物质运动和物质结构的矛盾规律，物质结构和物质性能的矛盾运动规律、突现机制和自稳机制的矛盾运动规律。前两条规律是从生产力和生产关系的矛盾运动规律、经济基础和上层建筑的矛盾运动规律引申出来的，这种引申是从局部（社会历史）到整体（宇宙）、从特殊到一般的推理，这种推理在逻辑上属于归纳推理或类比推理，其结论是否正确，还需要实践的检验。作者认为生产力是一种物质运动，生产关系或经济基础是一种物质结构，上层建筑是一种物质性能，便根据现代科学，特别是系统科学作了以上的引申。因此，这种推论以实践和科学的新成就为根据，看来是可以成立的。至于第三条规律是根据自组织理论提出来的，看来也是可以成立的。但是这里有两个问题需作进一步研究。第一，为什么宇宙历史的基本规律是三个而不是两个或四个呢？作者对此没有说明。第二，大历史观同唯物辩证法的关系怎样？在我看来，唯物辩证法或辩证唯物主义宇宙观就是马克思主义的大历史观。这里有一个大历史观的三条基本规律与唯物辩证法的三条基本规律的关系问题：它们是属于不同领域的规律因而可以互相补充，还是用大历史观三规律来取代辩证法三规律呢？作者没有提出这个问题，当然也没有回答这个问题。

智能动力观是不是唯物史观的拓深？能不能取代生产力动力论？作者把大历史观具体化为社会历史观，从人的本质谈起，认为人的内在本质是智能，而劳动、语言、社会关系是其外部体现，四者形成人的本质系统。作者按照人的本能与智能在人类历史中的消长比例把人类社会形态区分为三：以本能为主的社会形态、本能与智能持平的社会形态和以智能为主的社会形态，作者称它们为血缘主导型社会、商品主导型社会和智能主导型社会。作者还在承认生产力的最后决定作用的前提下提出生产力发展的根本动力问题,并认为生产力发展的动力是一个由需要子系统、能力子系统和幸福子系统构成的系统,称之为"生产力发展的动力系统"。经过论证,他认为这个系统本质上是一个智能系统,或称智能主导的系统。这样,作者便把生产力发展的动力归结为智能;而在现代,由于生产与科学技术的关系已从生产—技术—科学转变为科学—技术—生产,科技智能已成为生产力发展的根本动力。这同邓小平同志的论断"科学技术是第一生产力"是一致的。作者还进一步认为,"智能不仅推动了生产力,而且推动了经济基础和上层建筑,即推动了整个社会的发展。"(第345页)

以上是我所理解的黄明理同志所提出的智能动力观的轮廓。作者充分运用了现代科学所提供的材料,对自己所提出的论点作了颇为周密的分析和论证。如果作者的这些论点能够成立的话,一个马克思主义历史观的现代形态就呈现在我们面前了。但在我看来,有三个问题需要作进一步研究。

第一,关于人的本质是智能的论点能够成立吗?人的本质是什么,是十多年来理论界一直在探讨的问题,意见不完全一致,一般都倾向于否定把理性看成人的本质的观点,而赞同马克思的观点,但马克思的观点不止一个,他既说过人的本质是自由自觉的活动或劳动,也说过是一切社会关系的总和,有的同志赞同前者,有的赞同后者,我赞成把二者结合起来,主张人的本质是人在一切社会关系的总和中的劳动或实践,简单讲,即社会生产劳动或社会实践,更简单讲,是劳动或实践。黄明理同志提出了一种新观点。他认为"人的本质是人与一般动物的根本区别所在,是人的根本特性"(第265页),它就是智能,即"人脑处理信息、认识和改造世界、创造物质财富和精神财富的能力"(第266页),因为"人超越一切其他生物而成为'万物灵长'的根本,不在于体力,而在于智力"(第267页)。他还指出除智能而外,劳动、语言、社会关系都是根本区别于动物的特性,都是人的本质的不同方面,但智能是内在本质,劳动、语言、社会关系都是智能的外化或体现，是人的外在本质。

在这些论述中，无疑有不少合理的东西，如作者认为智能等四项都是人的本质的不同方面（实际不止四项），但能否区分为内在本质和外在本质，并以智能作为最根本的东西，以智能来代表人的本质的整体呢？我认为不能。内在外在之分从空间上说有一定道理，如把这种区分理解为主从或本末就难以成立，因为这里有一个问题讲不清楚：智能如果不来自劳动，那么，它来自哪里？作者只说智能是劳动的前提，其实劳动也是智能的前提，二者互为前提，互相作用，很难在时间上分先后，但由于智能是在劳动中形成的，在劳动中变化和发展的，劳动是整体，智能是局部，劳动是根源，智能是产物，所以应该说，劳动比智能更加根本一些。作者在解释智能的最初发生时就是这样说的（第299页），但是作者在一般地谈论智能和劳动的关系时把这种关系颠倒了。费尔巴哈认为人的本质是理性。作者把人的本质归结为人的智能，智能诚然不等于理性，但似乎仍未跳出费尔巴哈的窠臼。

第二，关于三种社会形态的理论能够成立吗？作者把人类社会历史区分为血缘主导型社会、商品主导型社会和智能主导型社会三种形态，从思想实质上看是有道理的，但我认为作者的提法不很妥当。智能作为人的本质的重要方面，同人的本能比较，在猿转化为人时便已居于主导地位，怎能说在古代社会中还是人的本能起主导作用呢？人的动物本能是人的自然基础，是不会消灭的，至于人的社会活动是人的有意识活动，当然不能说基本上是本能活动，把古代社会说成血缘主导型社会也不很妥当，如果说血缘关系在原始氏族社会中起过主导作用的话，氏族社会解体后就很难这样说了。

第三，能够用智能动力观取代生产力动力论吗？唯物史观把生产力的发展看作生产方式和整个社会发展的最后的决定性的动力。历来都有一个问题：生产力发展的动力又是什么？传统的说法是：生产力是由生产关系推动的。这就是说，生产方式的发展是生产力和生产关系互相作用的结果，但生产力是最后的决定性方面。理论界经过多年讨论，认为把生产力的发展仅仅归结为生产关系以及其他外部因素是不够的，不能否认生产力内在矛盾的推动作用。有许多论著都探讨了生产力内部结构及其各个因素之间的相互作用，其中人的因素被认为是最重要的，但其中哪个因素起最后的决定性作用并不明确。对此问题可能有两种回答，一种回答是没有这样的因素，另一种回答是有这样的因素。就我所知，多数论著采取前一种态度，尽管不一定明确讲出来，黄明理同志则采取了后一种态度，并指出这个因素就是智能，而在现代是科技智能。作者运用丰富的科技史和现代科技的材料，雄辩地论证了自己的观点，热情地赞扬了人类智能，特别是现代科技的无穷威力和伟大作用。读来令人饶有兴味，但有些理论问题还需研究。

这里先要弄清楚的一个问题是：智能动力观仅仅适用于现代社会还是适用于整个人类社会？作者的论述是不一致的，或者说是不明确的。作者在专门论述生产力发展的动力的第十五章中认为，19世纪中叶以前，生产力发展的根本动力是体力，19世纪末叶以后则是智能，具体讲，是科技智能。但是，在系统阐述智能动力观的第十六章中，作者则是一般地谈论的。作者是这样提出问题的："经典唯物史观'把社会关系归结于生产关系，把生产关系归结于生产力的高度'"，这反映了19世纪的人类实践水平，"生产力发展的动力问题的揭示，也就基本上把经典唯物史观拓深为智能动力观了"（第345页）。尽管这种"拓深"是由时代的变化引起的，作者在这里却没有明确表示这种拓深只适用于现代，倒是不少结论都是指全部社会史说的。

这里有如下两个问题：一是智能动力观是否适用于整个人类历史？另一是智能动力观是否适用于现代社会？如果对前一问题作肯定的回答，当然就肯定地回答了后一问题；如果否定了前一问题，对后一问题还可能作肯定的回答。因此，对这两个问题需分别作进一步探讨。

我认为，就整个人类社会历史的发展来讲，智能动力观很难成立。这里首先有一个对智能概念的理解问题。作者承认智能"是人脑处理信息、认识和改造世界、创造物质财富和精神财富的能力"（第266页）。这样理解的智能就不仅是认识世界的能力，更主要的是改造世界的能力，这实际就是实践的能力，或者说劳动的能力、生产的能力，因此，说智能是生产力发展的根本动力不过是一种同语反复，等于说人类生产的能力是生产力的动力。唯物史观中的生产力指的不仅是人类生产的能力，而且包含着具有生产能力的劳动者、生产工具和劳动对象，是社会的物质的存在，它的发展是社会发展的最后基础。如果又把它的发展归结为一种人脑的功能，就很难摆脱人本主义历史观的窠臼，这一点前面已经指出过。智能只能说是生产力水平的标志，不能说是生产力发展的根本动力。根本的动力只能是人类社会的生产活动，只能是其中各种因素的相互作用，要从中找出一个因素对其余因素起决定作用，我认为是难以做到的。

那么，能不能说智能，或具体点说，科技智能是现代生产力的根本动力呢？我认为这也是难以成立的。黄明理同志用非常丰富的事实材料论证了现代生产的一个根本变革，即出现了科学—技术—生产这一实践格局，这一格局已经日益成为生产发展的主要途径，并逐渐取代传统的生产—技术—科学的途径。但是，把过去的实践格局写成生产—技术—科学是不全面的，它应是生产—技术—科学—技术—生产，或简写成生产—科学—生产。现代实践格局是否变成了科学—生产—科学了呢？我认为现代社会中，在生产—科学—生产的总过程中包含了许多科学—生产—科学的局部过程，科学—生产—科学并没有取代生产—科学—生产，整个生产领域中生产力的提高仍要依靠广大劳动者的主动性、积极性和创造性的充分发挥，即通过生产—科学—生产的途径来发展生产力，这是基本的途径，对于发展中国家尤为重要。不仅如此，即使科学—生产—科学这一过程本身也必须以现实的生产力水平为基础才能有所作为。科学—生产—科学的格局只是扩展或深化了生产—科学—生产的总体格局，而不是取代了它；生产力是社会发展的最后动力的观点只是被丰富和发展了，而不是被取代了。

《大历史观》是一本严谨的学术著作，作者力图借助于一种新思路来解决马克思主义哲学的现代形态的建立问题，尽管其中有一些问题还需作进一步研究，作者的努力还是很有价值的。那么，它对于建立马克思主义哲学的现代形态有什么启迪呢？

第一,它提供了一个从一种新思路来建立现代形态的范例。它既不是对原有形态进行局部的零碎的修补,又不是把原有形态一脚踢开,另起炉灶,而是力图在马克思主义哲学的基本观点指导之下,从现代社会实践和科学发展新成就所提供的材料出发,按照一种新思路来建构一个崭新形态,这种做法是可取的。

第二,本书的新思路在于把社会历史和自然历史贯通起来,亦即把社会观与自然观贯通起来,形成大历史观或宇宙观。一般讲来,这个思路似乎没有什么新颖之处,辩证唯物主义和历史唯物主义的框架不正是如此吗?但仔细推敲一下就不难发现,除了存在与意识的关系、矛盾规律而外,在其他原理中看不出多少明显的相互贯通之处,没有真正形成"一整块钢铁"。若干教材做了一些努力,但结果并不令人满意。本书的做法有重要参考价值。

第三,作者在拓展或拓深旧的哲学范畴的含义方面做了许多有意义的工作。一般说来,哲学范畴一旦建立起来就不存在过时问题,因为哲学范畴带有永恒性,不会由于时代的发展而被推翻,但是它的含义是会随着时代的发展而发展的,因而必须加以拓展或拓深。例如作者拓展物质概念而提出社会物质概念(指人及其生产资料和生活资料的有机统一),对生产力、生产关系和上层建筑等范畴,根据现代系统论进一步挖掘其含义,提出社会物质的运动、社会物质的结构和社会物质的性能等概念。这种拓展与拓深是否站得住脚当然都可以讨论,但这种探索无论如何是值得重视的。

《马克思恩格斯哲学思想比较研究》* 序

任何两个东西、两个人、两种思想总是既有同也有异的。日常语言中所说的"完全一致"或"毫无共同之处"实际上是不存在的,为了强调同或异而采取这种表述方式未尝不可,但它们绝不是科学的表述方式。事物的同与异总是就某一层次或某一范围说的,总是相对的。因此,不存在绝对的同或绝对的异的问题,问题总是有多大的同或多大的异,就某一层次而言是大同小异还是小同大异。我认为本书作者就是按照同与异的辩证关系来比较马克思和恩格斯的哲学思想的。作者的结论是,马克思和恩格斯的哲学思想是大同小异,即在基本观点上是相同的,在有些观点上,在侧重点上,在论证方法上,在风格上是有差别的。这个结论是符合实际的。

这个结论原本是人们的一种共识,因为马克思和恩格斯两人不仅在革命事业上志同道合,共同从事各种革命活动,而且在理论事业上

---

* 《马克思恩格斯哲学思想比较研究》,朱清启、曹玉文、马云鹏、曹林著,河南人民出版社1995年7月出版。

自青年以来进行了多项合作，合著了多种著作，即使那些各自单独撰写的著作和文章不少也是经过他们之间的互相讨论完成的，以至于他们的全集都无法分开，而不得不编在一起。不知从什么时候开始，马克思和恩格斯的思想被说成是完全一致的，这当然是不对的，这一点用不着论证，因为不会有什么"完全一致"。科学的马克思主义史或马克思主义哲学史显然不能停留在这种"完全一致"的观念上。为了弄清楚马克思主义创始人思想体系，绝不限于自然界。他还指出："所谓客观辩证法是支配着整个自然界的，而所谓主观辩证法，即辩证的思维，不过是自然界中到处盛行的对立中的运动的反映而已。"① 马克思也绝没有把辩证法限于人类社会及其活动之内。他一再申明自己的辩证法是唯物主义的，与黑格尔的唯心主义辩证法截然相反，并明确指出："观念的东西不外是移入人的头脑并在人的头脑中改造过的物质的东西而已。"② 这里"观念的东西"指辩证的方法，"物质的东西"不会仅指人类社会的客观存在吧。不仅如此，恩格斯对自然辩证法的研究，马克思不仅完全知道，而且十分赞赏，他们之间关于自然辩证法的通信可以证明。1873年5月30日恩格斯把他关于自然辩证法的系统想法写信告诉马克思后，马克思第二天回信说："刚刚收到你的来信，使我非常高兴。但是，我没有时间对此进行认真思考，并和'权威们'商量，所以我不敢冒昧地发表自己的意见。"③ 马克思后来把此信交给一位自然科学"权威"肖莱马看了，肖莱马在信上写了一些赞同的旁批。恩格斯的《反杜林论》中有许多自然辩证法内容，对此书马克思是十分赞赏的，从中也可看出马克思对自然界的辩证规律的肯定。这点下面还要谈到。如果说马克思没有着重研究自然辩证法，我想是可以的；如果说马克思否定自然辩证法，并与恩格斯相对立，那是违背事实的。

第三是是否承认人类社会发展的客观规律问题。马克思青年时期

---

① 《马克思恩格斯选集》第1版第3卷，第534页。
② 《马克思恩格斯选集》第1版第2卷，第217页。
③ 《马克思恩格斯全集》第1版第33卷，第86—87页。

曾经是一个人道主义者，以人的本质及其异化与复归来说明人类社会的发展和共产主义的合理性，还没有找到人类社会发展的客观规律，但当他找到了生产力和生产关系的矛盾运动这一客观规律时，他就创立了唯物史观，抛弃了人道主义历史观，虽然他保留了作为处理人际关系的人道主义原则。恩格斯大体上也经历了这一过程，他的《英国工人阶级状况》一书充满了人道主义精神，但他不像马克思那样有一整套人道主义历史观理论，似乎他从来就是一个历史唯物主义者。这不过是他们思想发展过程中的差别，却被有的学者夸大成人道主义历史观与唯物史观的对立。这是与历史不符的。经过我国十多年对人道主义的研究和讨论，人们弄清楚了作为历史观的人道主义与作为处理人际关系原则的人道主义的本质区别，从而弄清楚了马克思、恩格斯与人道主义的关系。人道主义历史观以抽象的人、人性或人的本质来说明人类社会的发展，是一种唯心史观，与唯物史观是根本对立的，而人道主义原则是处理人际关系的起码的原则，是人人都应该遵守的，即使在战争中，在阶级斗争中，在监狱中，从一定意义说也是应该贯彻的。马克思和恩格斯摒弃的是人道主义历史观，至于人道主义原则他们是终身恪守的。

第四是是否承认反映论的问题。坚持和论证认识的本质是反映，是恩格斯的《反杜林论》和《费尔巴哈论》中的重要内容之一，而马克思却没有集中谈论过这个问题，他和恩格斯在早期著作中强调的是实践。前面已提到，这是由于他们早期的著作针对的是旧唯物主义，即直观唯物主义，而恩格斯晚期的著作针对的是唯心主义。这一差异被说成是根本观点上的对立：马克思否定反映论，恩格斯主张直观唯物主义反映论。事实并不如此。被看成否定反映论的主要文献之一是马克思的《关于费尔巴哈的提纲》，因为在其中马克思批评了直观唯物主义仅仅从客体方面看事物，而没有从主体方面看事物，即看不见主体通过实践对事物的作用，但是他批评的是"仅仅"，而不是根本不该从客体方面看事物，即认为单纯直观是不够的，并不是说直观是不对的。接着《提纲》第2条就说实践是检验认识是否与外部世界一致的标准。如果有必要，我们可以从《1844年经济学哲学手稿》、《德意志意识形态》、《资本论》以及其他著作中找出几十条马克思肯定反映论的论断。有的人认为恩格斯的观点同《提纲》是对立的，他们似乎不知道《提纲》是恩格斯第一次在他的《费尔巴哈论》中作为附录公开发表的，而且认为它是"作为包含着新世界观的天才萌芽的第一个文件，是非常宝贵的"。① 还应指出，恩格斯在《反杜林论》、《社会主义从空想到科学的发展·英文版序》、《自然辩证法》、《费尔巴哈论》等著作中对认识和实践的关系有丰富而精彩的阐述，怎能说他的认识论是直观唯物主义的反映论呢？关于这些阐述，本书都有详尽的引证和论述，这里就不再重复了。

总而言之，在一些哲学基本问题上，马克思和恩格斯的观点是一致的，他们的差异是次要的，即大同小异。研究这些小异是必要的，但把它们夸大成为大异，那就过分了。《反杜林论》的哲学篇是恩格斯的哲学思想的系统表述，也可以说是马克思主义哲学的代表作，上述几个基本问题在其中均有明确的回答，马克思与这本书的关系应能说明马克思对恩格斯的全部哲学思想的态度。我们先看一看恩格斯的观点："本书所阐述的世界观，绝大部分是由马克思所确立和阐发的，而只有极小部分是属于我的，所以，我的这部著作如果没有他的同意就不会完成，这在我们相互之间是不言而喻的。在付印之前，我曾把全部原稿念给他听，而且经济学那一编的第十章（《〈批判史〉论述》）就是由马克思写的"。② 再听一听马克思的看法：马克思把《反杜林论》寄给摩·考夫曼，说："这本书对于正确理解德国社会主义是很重要的。"③ 马克思认为这本书能代表德国社会主义的理论，其中当然包括哲学。马克思还说："……不仅普通工人和像莫斯特本人那样的、自以为在很短时期内就能知道一切并学会评论一切的曾经是工人的人，

---

① 《马克思恩格斯选集》第1版第4卷，第208—209页。
② 《马克思恩格斯选集》第1版第3卷，第49页。
③ 《马克思恩格斯全集》第1版第34卷，第322页。

而且真正有科学知识的人,都能从恩格斯的正面阐述中汲取许多东西。"① 这本书"已经在德国社会党中获得了巨大的成功。"② 如果马克思和恩格斯在哲学观点上有原则性的分歧,恩格斯能够自认为代表马克思吗?马克思会高度评价这本书吗?能说他们在哲学观点上是对立的吗?

本书作者对马克思和恩格斯对立论的几个代表人物的观点作了反驳,并用大量材料正面比较了马克思和恩格斯的思想上的异同。专门从事马克思和恩格斯的哲学思想的比较研究的著作在我国还没有过。这样的著作不仅强有力地驳倒了"对立论"的基本观点,进一步阐明了马克思和恩格斯的哲学思想在密切合作和相互促进中不断发展的线索,而且为在今天应该如何坚持和发展马克思主义哲学提供了借鉴。"对立论"者之所以要把恩格斯和马克思对立起来,是因为他们根本反对恩格斯的哲学观点而又不愿意把自己摆到马克思的对立面,最妙的办法就是曲解马克思和恩格斯的思想了。正如上面指出过的,那就是把马克思的哲学思想歪曲为唯心主义,把恩格斯的哲学思想歪曲为旧唯物主义,其"对立"自然就非常鲜明了。当前我国马克思主义哲学的发展,既不能退回到唯心主义,也不能退回到旧唯物主义,而要在坚持其基本观点(唯物主义、辩证法、唯物史观、能动反映论等)的前提下以人类实践和科学新成就为根据把马克思主义哲学发展到一个新阶段。对于这一宏伟的理论事业,我相信本书可以做出一定的贡献。

---

① 《马克思恩格斯全集》第 1 版第 34 卷,第 242 页。
② 《马克思恩格斯全集》第 1 版第 19 卷,第 263 页。

对主体性哲学的全面分析和批判[*]

——读《主体性哲学与文化问题》[**]

谷方同志的新作《主体性哲学与文化问题》是近年来少有的一本对主体性哲学的全面的分析和批判的专著,说它全面,因为它不仅分析和批判了主体性哲学本身的各个方面,而且分析和批判了主体性哲学在文化哲学、美学方面的应用,特别是在研究中国传统文化方面的应用。当然,它还不是最全面的,因为它没有研究主体性哲学在经济、政治、近代史等方面的应用。但是,与同类著作相比,它也可以说是最全面的,因为没有一本分析主体性哲学的书比它更全面。甚至可以说,虽然出现过一些研究主体性问题的书,在此书出版前却没有出现过一本分析和批判主体性哲学的书,更不用说全面分析和批判了。

主体性哲学,从字面上看,是中性的,即关于主体性的哲学,它可以是唯心的,也可以是唯物的。十多年前,李泽厚开始鼓吹主体性哲学并掀起一股研究主体性哲学思潮,至今不衰。这个思潮对于纠正过去教科书忽视主体性,片面强调和夸大客体性的弊病,对于丰富和

---

[*] 本文发表于《文艺理论与批评》1995年第6期。
[**] 《主体性哲学与文化问题》,谷方著,中国和平出版社1994年12月出版。

发展马克思主义哲学，发挥了积极的推动作用，然而不可否认其中唯心的主体性哲学思想也大肆泛滥，成了这个思潮的重要流派之一，甚至成了这个思潮的主流。这就给我国理论界提出了一个任务：清理这些主体性思想，判定它们的是非曲直，肯定其中的辩证唯物主义观点，批判其中的形而上学唯心主义观点。然而由于种种原因，这种评论工作迟迟开展不起来。我国理论界逐渐滋生和形成了一种风气：著书立说，只谈自己观点，不谈别人；或者只谈外国人，不谈中国人；只谈古人，不谈今人；或者，谈今人只能赞扬，不能批评。有个别人对今天的中国人提出了不同看法或者批评，便被视作极"左"、"革命大批判"。谷方同志敢于以李泽厚的观点为代表，具体分析和批判了主体性哲学思潮中这一颇占优势的流派，且不说他的分析和批判有多少科学因素，这种精神就是值得称道的。当然，谷方同志的分析和批判也是可以评论的。今天我只就他对主体性哲学本身的分析和批判谈几点感想，而不涉及文化、美学等问题。

第一，本书对李泽厚的主体性哲学的分析和批判的确是全面而系统的。它首先剖析了这个主体性哲学的本质，这个哲学高举实践观点的旗帜，又自称主体性实践哲学；同人类学挂上钩，又自称人类学本体论。实践观点和人类学是现代西方马克思主义高举的两面旗帜，也是马克思主义理论的重要内容，但并不是举起这两面旗帜的就一定是马克思主义的或科学的，究竟怎样还要看它坚持的是怎样的实践标准和人类学，是怎样的本体论，要看它把什么看成世界的本质。本书作者列举了这种哲学对世界本体的几种说法：人是本体，实践是本体，工具是本体，心理是本体，但唯独不讲物质是本体。可以明显看出，在这几种本体中贯彻始终的就是人的心理活动，或者说，人的主体性。这就抓住了这种哲学的本质：唯心主义本体论。

作者进一步分析了这种哲学如何处理人与世界的关系问题。这个问题实际上：是人类社会与自然界的关系问题，其中包括了主体与客体的关系问题，中国古代叫天人关系问题，西方近代叫作思维与存在、意识和物质的关系问题。没有人，仍然有世界本体，没有人，就没有人与世界的关系，它是人类出现以后对人来说最根本的问题，作者考察了世界本体问题紧接着就来考察这个问题是十分正确的。这种主体性哲学既然否定了世界的物质本质，人与世界的关系从本质上说自然就变成了人的自我关系，人与世界就合而为一了。作者正是在这种意义下批判了主客合一论与自然人化论。

主客合一论从某种意义讲也就是天人合一论。"天人合一"近来被认为是中国传统文化的精髓，得到了极高的评价，与之对立的是"天人相分"，"天人相分"被看成是西方文化的根本精神。这种观点近来已引起了讨论，本书没有涉及。作者对作为主体性哲学的一个侧面的主客合一论的评论是很有见地的。作者指出："主客合一论所主张的对立面之间'真正内在的、具体的、全面的交融合一'是不包含任何差别和矛盾的抽象的同一，是无条件的绝对的同一。这样的同一，在现实生活中是完全不存在的。"① 分与合是不可分的，相互依存的，有分必有合，有合必有分，纯粹的分与纯粹的合都是不存在的，合与分只是在一定条件下其重点有所不同而已。哲学史上二元论者或多元论者把分绝对化而否定合，唯心主义者则把合绝对化而否定分，认为世界归根到底是什么"主体—客体和客体—主体"（费希特的概念）或"绝对理念"（黑格尔的概念）。主体性哲学的这种主客合一论不过是历史上的绝对同一论的翻版而已。

本书作者把主体性哲学的自然人化论看作主客合一论的表现也是合适的。主体是人，客体归根到底是自然界，自然界被人化无疑是主客体的一定程度的统一，问题在于二者是否达到了完全的合一。马克思只是指出自然界的一部分由于人类实践的作用成为"人化了的自然"或"人类学的自然"，即主体性哲学所说的"狭义的人化自然"，而不是所面对的全部自然界。但主体性哲学硬说马克思所说的人化自然是全部自然界，否定了非人化自然，把自然包括在社会之内而不是把社会包括在自然之内。作者根据马克思的论述指出，这绝不是马克思的

---

① 谷方：《主体性哲学与文化问题》，中国和平出版社1994年版，第85页。

思想而是对马克思的歪曲,是从现代西方唯心主义思潮引进的,"用这种'自然的人化'哲学看问题,除了人和人自己所创造的对象以外,什么也没有。"① 这是一针见血的准确的评论。

作者还分析了这种主体性哲学的其他形形色色的组成部分:唯意志主义、从弗洛伊德主义那里引进的本能主义、人生价值观上的个人主义、人生虚无主义,等等。总之,本书对这种主体性哲学的各个侧面作了淋漓尽致的剖析,这在国内是独一无二的。

第二,本书对主体性哲学的分析和批判始终贯彻了科学的态度,一方面坚持以丰富的翔实的材料为根据,另一方面坚持以马克思主义为指导,特别是以辩证唯物主义和历史唯物主义为指导。本书在谈到主体性哲学的观点时都原原本本地摘引了李泽厚本人的原话,而在断定这些观点与西方哲学流派的某些观点一致时也摘引了有关哲学的言论,并进行比较和分析。本书的这一特色勿需多说,读者只要翻开本书就自然明白。至于马克思主义的指导并不表现在作者使用了多少马克思主义的词句,引用了多少马克思主义原著,而在于把马克思主义贯彻于具体的分析和批判之中。例如作者对"人是本体"的分析就表现了作者鲜明的唯物主义立场。作者说:"科学的世界观必须正确回答世界的本质是物质还是精神这个根本问题。而以人作为本体,把人置于物质自然界之外并成为物质自然界的根源,就从根本上否定了物质自然界的先在性。在这种情况下,人实际上取代了神原有的位置,成了世界的创造者。人创说与神创说虽然有区别,但两者具有本质上的一致性。"②

第三,本书对主体性哲学的具体观点没有简单否定,而是一分为二,肯定其合理之处,而经过分析否定其夸大或歪曲之处。这也是一种实事求是的科学态度。这种主体性哲学从根本上说是错误的,但主体和主体性是客观存在的,研究主体和主体性是十分必要的。主体性哲学的错误不在于研究了主体和主体性,而在于歪曲了主体和主体性

---

① 谷方:《主体性哲学与文化问题》,中国和平出版社1994年版,第91页。
② 谷方:《主体性哲学与文化问题》,中国和平出版社1994年版,第9页。

的本质,夸大了主体和主体性的范围和作用,其是非得失应该具体分析。本书作者处处都是这样做的。例如关于"内在自然的人化"问题,作者认为动物的自然属性在动物演化为人的过程中有人化过程,即演化为人的属性的过程,但不同意李泽厚对五种感觉的区分,即认为味觉、嗅觉、触觉的动物性很强,而视觉和听觉是更多地人化了的感觉,是充满了社会性的人的感觉。作者指出:"五官感觉的人化,是猿转变为人的重要标志。它们是同这种转变一道完成的……使五官感觉得以'人化'的决定因素是生产劳动的实践。"① 我认为,作者的观点是正确的,五种感觉之间当然有差别,但以"人化"程度,甚至以"人化"与"非人化"来区别就不合适了。一般说来,作者的分析都是具体的正确的,但有些提法还可以商榷。例如作者认为经过人改造过的东西不一定有社会性,"必须把利用机器的方式同机器本身严格区别开来。前者具有社会性,后者则没有社会性,正如不同阶级和政治集团利用武器去实现不同的社会目的而武器本身没有社会性一样。"② 我认为只能说机器、武器没有阶级性,不能说它们没有社会性,因为它们虽然是由自然物制造的,但已不是纯粹的自然物,而是打上了人类实践的烙印的自然物,即具有社会性的自然物,因为实践总是社会性的。说它们有社会性,不是指它们和人们之间具有社会关系,更不是指机器之间具有社会关系,而是指机器、武器以及一切经过人类实践改造过的东西都打上了社会的烙印——社会生产力水平、社会管理水平、时代性、地域性,等等。否认人造的东西带有社会性是难以成立的。

第四,我认为对十多年来关于主体性问题的讨论应该予以全面的系统的总结,并在此基础上以马克思主义为指导对有关问题作出正面的回答。本书的工作当然是很有意义的,也圆满地完成了作者给自己规定的任务,但从我国理论界来说,实在有必要前进一步。

我国关于主体性的讨论是一次历时十余年、涉及多种学科、卷入众多学者、涌现多种学派的学术活动,是在我国改革开放的大形势下

---

① 谷方:《主体性哲学与文化问题》,中国和平出版社1994年版,第113页。
② 谷方:《主体性哲学与文化问题》,中国和平出版社1994年版,第102页。

和"双百方针"的指引下出现的。它实际上是关于人的大讨论的一部分。与改革开放相适应的讨论最早是关于实践标准的讨论，紧接着是人道主义和异化问题的讨论，后来是关于主体性的讨论、实践唯物主义的讨论、人权的讨论等，所有这些可以用一个问题来概括，那就是人的问题，因为归根结底，实践是人的实践，异化是人的异化，主体性是人的主体性，等等。主体性问题无疑是人的问题中的核心问题之一。西方马克思主义认为马克思主义中存在"人学的空场"，我国的人本主义学派也认为马克思主义见物（唯物主义）不见人，从而推演出唯物主义就是否定实践和主体性的直观唯物主义、集体主义就是否定人的价值和权利的集权主义等结论。这些观点无疑是对马克思主义的歪曲和攻击。马克思主义关于人及其实践、主观能动性（主体性）讲得还少吗？马克思主义讲的人类社会、人民群众、阶级、集体难道不是由一个个的人组成的吗？但是应该承认，由于革命斗争，特别是革命战争的需要，马克思主义更强调研究和处理国家、社会、人民、阶级的问题，而对个人的问题的研究和处理重视不够，对关于人的许多问题缺乏系统的论述。在这场大讨论中，出现了许多错误观点，分析和批判这些观点，像本书所做的那样，是十分必要的。但是，正确的观点是什么呢？这就有必要正面地系统地回答这些问题。不破不立，不立也不破，或者说，不立就不能真破。因此，我主张建立一门以人及其各个方面作为研究对象的科学，即人学，来对人作综合的系统的研究。

本书作者对主体性问题作了严肃的系统的研究，材料翔实，内容丰富，视野广阔，分析细致，相信它的出版会把主体性问题的研究大大推进一步。我还来不及认真地深入地研读它，以上只是我的一些粗浅的片面的读后感，希望得到作者和同志们的指正。

人道主义和人权理论的重大突破[*]

——《人权研究资料丛书》[**]座谈会上的发言

四川人民出版社 1994 年出版发行了《人权研究资料丛书》，这是我国人权建设中的一件大事。在短短几年内我国学者先后编写了《世界人权公约总览》和《总览续编》，《人权研究资料丛书》七卷，近 1000 万字，这在世界上是绝无仅有的。这些资料不仅为我国人权研究和人权建设提供了极大的方便，也表明了我国党和政府、理论界、出版界建设人权的决心。美国 1994 年人权报告在攻击我国之余也不得不承认我国重视人权建设的一些事实，但却没有提到这些资料的出版。今天开会座谈，看来还是很必要的。作为这部丛书中的《西方人权学说》的主编之一，我想借此机会谈一点想法。

在我国，人权问题成为一个理论研究的热点是近几年的事情，但对人道主义的研究 80 年代初就已经热起来了。尊重人权实际上就是一个人道主义原则，人权和人道二者是不可分的。我国人道主义讨论中的一个理论上的突破和重大成就是对人道主义的两种含义作了区分：

---

[*] 本文发表于《马克思主义与现实》1996 年第 1 期。
[**] 刘楠来：《人权研究资料丛书》，四川人民出版社 1994 年出版。

作为历史观的人道主义是唯心史观，应该摒弃；作为处理人际关系原则的人道主义是合理的，应该吸取。马克思批判和抛弃了人道主义历史观，而肯定和吸取了人道原则。不加区分，就会在肯定人道原则时连人道主义历史观也加以肯定，或者在否定人道主义历史观时连人道原则也加以否定，这两种态度都是片面的。就人权而言，我们赞成尊重人权，是把尊重人权看成一个人道原则，而绝不是把人权看成推动人类社会历史的决定因素，如果这样看，那就会陷入唯心史观。因此，对人道主义或人权观含义的这种区分是很有理论意义和现实意义的。这一理论上的突破使我国在人道主义理论研究方面进入了世界先进行列，其意义应予以充分估计。然而，据我所知，对这种区分，我国理论界还有着不同看法，有的人认为这种区分是没有根据的。我今天想说的就是：《西方人权学说》（上）提供的西方启蒙时期思想家的言论足以证明，这种区分是有充分根据的。

启蒙思想家们认为，人是生而自由的、生而平等的，人人都有天赋的自然权利，要反对侵犯人权的行为，特别是要反对暴君侵犯人权的暴行。这些思想可以说是人道主义原则的表现。仅仅这些思想当然不是历史观，但当他们用人权的丧失与恢复、人性或人道的变化、人道原则的消失与复兴来解释人类社会的发展时，他们的人道主义就成了历史观。下面以卢梭的思想为例来说明这个问题。

卢梭的《社会契约论》和《论人间不平等的起源和基础》说的绝不仅是处理人际关系的人道原则，而且是历史观。他认为人类最初生活在自然状态中，"不平等在自然状态中几乎不存在"，但"人们曾经遇到过这样一个局面：自然状态中各种不利于人们生存的障碍，在阻力上胜过自然状态中每个个人能够用于自保的那些力量。这样一来，这种原始状态就再也不能继续下去了。""可是，人们既然不能产生出新的力量来，而只能联合起来运用现存的力量，那就没有别的办法可以自保，只能通过团结形成一股足以克服阻力的合力，用一个唯一的动力推动他们，使他们一致行动。"人们丧失了天然自由，却获得了契约的自由，这就是通过社会契约而产生的国家。"社会与法律的起源就是如此，也可以说应当就是如此。它们把新的羁绊给予弱者，把新的力量给予富人，把所有权和不平等的法律永远规定下来，使一种狡猾的霸占成为一种无可挽回的权利，并且为了某些野心家的利益，使全人类从此以后承受着劳苦、奴役和贫困。"卢梭还比较具体地描述了这种不平等演化的过程，认为"法律和所有权的制定是它的第一个阶段，官职的设立是第二个阶段，最后的第三个阶段则是合法的权力变为专制的权力。因此，贫与富的状态是第一个时期所认可的，强与弱的状态是第二个时期所认可的，第三个时期所认可的则是主与奴的状态，这是不平等的最后阶段，也是其他各个阶段最后结束的阶段，一直到一些新的变革把这个政府完全打碎，或者使它重新恢复合法的制度为止。"这个最后的阶段，"乃是骚乱频仍，重重灾难的时代；而到了最后，一切都被妖魔吞噬了。人民再也没有首领，再也没有法律，而只有一些暴君了。""一到人们能够把他撵下台的时候，他就抱怨暴力了。以绞死或废黜一个暴君为目的的暴动，乃是一件与他昨天处置臣民生命财产的那些暴行同样合法的行动。支持他的只有暴力，推翻他的也只有暴力。"暴君的行为"是与自然相违背的"，推翻他也是"按照自然秩序进行的"，革命是合理合法的，革命的结果是民主共和国的建立。卢梭自己说他的这种说明是"从人性中推出的"①。由此可见，卢梭实际上是把人类社会的发展描绘成人性、人权的异化和恢复的过程，以人性、人权、人道的变化发展来解释人类社会的发展，这不是一种历史观、一种唯心主义历史观又是什么呢？卢梭是一个伟大的人道主义者、资产阶级启蒙思想家，他的思想属于全世界人类优秀文化之列，但他的历史功绩并不能掩盖他的历史观的唯心主义性质，继承他的思想遗产并不意味着全盘肯定他的所有思想。这就需要分析，区分开他的人道主义思想中的人道主义历史观和人道原则。对于整个启蒙时期的人道主义、人权理论以及今天各种人道主义和人权理论，我们都应抱这种分析的态度。

---

① 以上引文见黄枬森、沈宗灵主编：《西方人权学说》（上），四川人民出版社1994年版，第114—124页。

《马克思主义史》* 序

我国马克思主义史的奠基之作

我国第一部《马克思主义史》已由人民出版社出版。全书共四卷，约230余万字，由中国人民大学马列所编著，庄福龄主编。它全面、系统、细致、深入地阐明了150多年来马克思主义从萌芽到形成以及后来曲折发展的全过程。《马克思主义史》是一部理论史、思想史，但由于马克思主义是无产阶级的社会主义革命和建设的理论，即实践的理论，所以本书具有鲜明的理论与实践相结合的特色。本书观点正确鲜明，材料翔实充分，体现了观点与材料相统一的特色。这些特点非常明显，用不着多说。我想着重谈谈以下三个特点：

第一，《马克思主义史》具有极强的整体性。马克思主义是一个具有紧密逻辑联系的整体，但又可区分为三个主要组成部分，因此，人们在阐述马克思主义的思想体系时往往把它分为哲学、政治经济学和科学社会主义来阐述，那么，马克思主义史是不是也可以分为马克思

---

* 《马克思主义史》，庄福龄主编，人民出版社1996年4月出版。

主义哲学史、政治经济学史和科学社会主义史来阐述呢？如果这样做，当然不能说是错误的，事实上我国已出版了不少马克思主义专科史，但如果在一部书里如此分开来写，马克思主义的整体性就很难体现出来了。本书没有这样做，而是一方面按照一些理论观点出现的时间顺序，另一方面按照这些理论观点的重要地位和相互关系，来阐明它们出现与发展的过程。第一卷主要阐述马克思和恩格斯的思想，全卷围绕着两个发现（唯物史观和剩余价值规律）展开，兼及其他思想。第二卷的主题是马克思主义在垄断资本主义初期的发展，它阐述了马克思主义在欧洲各国的传播和发展，兼及各种争论，其中列宁的发展占据着主要地位。第三卷的主题是马克思主义在社会主义胜利中发展，重点是在苏联和中国的发展。第四卷的主题是马克思主义在当代的发展，这个时代是新科技革命和社会改革的时代，也是社会主义在曲折中前进的时代，邓小平建设有中国特色社会主义理论自然成为本卷的重点。四卷这样安排，马克思主义史的整体性就充分显露出来了。

第二，站在20世纪末世界发展形势的高度和马克思主义理论发展的高度来理解和评价马克思主义的历史过程。历史上理论问题的是非得失往往要经过较长的时间的检验才分得清楚，如果仅仅就历史谈历史，就会陷入是非不分，主次难辨的境地。20世纪末的时代冷战已经结束，和平与发展成为时代的主题，但东西之间、南北之间矛盾仍然十分尖锐。马克思主义理论方面，在西方百家争鸣、莫衷一是，在中国邓小平建设有中国特色社会主义理论逐渐形成并趋于成熟，《马克思主义史》正是站在这样的高度来认识和评价马克思主义史上的一切理论的。例如本书有专章评述苏联模式的理论和实践，这是今天理论界争论很大的问题，本书没有回避。本书详细分析了这个模式在经济、政治、文化上的特征和它的形成的主客观条件，指出它对苏联经济力量的增长所起的历史性作用，也分析了它本身具有的严重缺点，特别是评论了斯大林和布哈林在市场经济政策上的分歧。这种分析和评论是公允的，实事求是的，但如果不站在现时代的角度，这些问题是难以弄清楚的。

第三，它是马克思主义史研究，特别是我国改革开放以来马克思主义史研究的综合和总结。国外马克思主义史研究已有上百年的历史，我国起步较晚，但改革开放以来，马克思主义史的研究，尤其是马克思主义专科史的研究出现过不少热点。马克思主义哲学史、政治经济学史、科学社会主义史都有系统研究的大量成果，这些研究不仅吸收了国外研究的成果，而且有不少新的进展，许多成果达到了世界领先水平。但是，在本书出版以前，我国始终没有一本综合的完整的马克思主义史。这不是因为我国理论界不努力，而是因为这个工作本身有很大难度，还因为各个专科史的研究不够充分。本书是集中在三年内写成的，这诚然是由于马列所组织得力和作者的努力，但如果没有马列所各部门学者的长期研究和积累，以及对部门研究成果的创造性综合和总结，像这样一部大型的完整的马克思主义史是难以写成的。本书除了吸收已有的科学研究成果外，也有自己的创造，如对马克思的《历史学笔记》的评述、对刘少奇"巩固新民主主义制度"的评述，都是比较少谈到的。

《马克思主义史》的出版有重要的理论意义和现实意义。出版一本大分量高水平的《马克思主义史》是我国理论界长期以来的夙愿，因为马克思主义是一个完整的理论，它作为一个整体是怎样形成和发展的，需要完整地加以阐明。这个愿望由马列所的同志们出色地实现了，这是对我国理论事业的重大贡献。不仅如此，在这世纪之交，在社会主义和马克思主义由于苏联解体而进入低潮的今天，本书的出版对于树立对马克思主义基本理论的信心和推动马克思主义的进一步发展，在中国对于坚持贯彻和进一步发展邓小平建设有中国特色社会主义理论，也是有积极促进作用的。本书从理论、实践和历史诸方面揭示了马克思主义基本观点是颠扑不破的真理，只能发展，也必须发展，但绝不可能被推翻，马克思主义虽然经历了曲折，终归是会胜利的。全世界的问题只能靠马克思主义科学的指导才能最后解决。

当然，本书也有一些不足之处，如对一些理论观点分析不够，对一些观点站在当代高度评论不够，有的地方主次轻重之间不够协调，等等，希望再版时加以改进。

《胡秋原学术思想研究》* 序

1988年秋天我的夫人刘苏从美国探亲回国,飞机座位与胡秋原先生及其女公子胡采禾女士邻近,一路攀谈,颇不寂寞,但她当时没有告诉我。后来报上报道了胡老为祖国统一大业在台湾和国际上奔走呼号并回大陆商谈,才告诉我这事。我在三四十年代就知道胡秋原先生是一个著名的文化人,他50年代以后的情况就不清楚了。读到关于他的报道,有感于他的胆识与勇气,敬佩之情油然而生。刘苏有幸于旅途中结识胡秋原先生父女,不能不是说一次很有意思的机缘。

1995年《中华心——胡秋原政治文艺哲学文选》出版,当年8月3日在京召开此书首发式暨胡秋原学术思想研讨会,会议组织者李敏生先生邀请我参加。胡秋原先生由于从事祖国统一大业受到台湾的迫害,《中华心》和研讨会的主题正是祖国统一大业的根本指导思想——中华爱国主义,参加这样的会不仅是义不容辞,也是一种荣幸,不巧这个会议同我在郑州的一个会议冲突了。为了赶上北京的会,我带病提前于2日晚乘车回京,准备3日清晨到站后直接赴会。不料途中发

---

* 《胡秋原学术思想研究》,李敏生主编,社会科学文献出版社1996年11月出版。

烧愈来愈高,我只好回家休息。我未能参加这次会议,至感歉疚。后来李敏生先生寄给我全部会议材料,不久前李寿林先生又赠我台北出版的《志业中华——胡秋原学术思想研讨会论文集》,嘱我为此书的大陆版写一序言。论文集的出版是1995年研讨会的继续,能于此序言中谈谈我的感受,也是弥补我的歉疚的一次极好机会。

《志业中华》所阐发的中心思想,是作为胡秋原先生一生政治活动和学术活动的最高结晶的"爱知识,爱自由,爱中国"的思想。胡采禾女士在研讨会的发言中说:"家父曾为《中华杂志》提出'人格、民族、学问'三大尊严。而我从小就认识到家父有三个大爱,就是:

他爱知识和真理;

他爱自由;

他爱中国和中华民族。"

我认为这三种思想都是极可宝贵的思想,是与中国优秀文化传统相通的,也是与有中国特色的社会主义理论的基本思想相通的,发扬这三种思想必将大大推动祖国统一大业,必将在全世界大大提高中华民族的凝聚力。

重视学问、爱知识和真理的思想,无疑是中国优秀文化传统的一个重要因素,"学问"一词就来自儒家经典("学而时习之"、"学而不思则罔,思而不学则殆"、"入太庙,每事问"、"不耻下问",等等)。"五四"时期新文化运动的口号之一就是"科学"。马克思主义的根本特征之一就是它的科学性。邓小平建设有中国特色社会主义理论的哲学基础可以概括为八个字——"解放思想,实事求是",即在认识和实践活动中的科学态度。

重人格、爱自由的思想,一般认为来自西方的资本主义文明,即人道主义,其实在中国古已有之,也是中国优秀文化传统的重要因素之一,孔子所说的"三军可夺帅也,匹夫不可夺志也",孟子所说的"富贵不能淫,贫贱不能移,威武不能屈",都是这种独立人格的写照。马克思把共产主义社会看成自由人的联合体,倡导人的自由而全面的发展,有的人认为马克思主义忽视甚至否定个人的自由实在是天大的误解,只是马克思主义认为资本主义制度中人的自由即使不是完全虚假的,也是有很大局限的,因为在那种制度下资本有了充分的自由,劳动的自由就被大大地限制了。胡秋原先生所谈的独立人格和自由无疑是人人都能享有的独立人格和自由,亦即人民的自由和权利,作为伦理原则,它就是人道主义;作为社会关系原则,它就是民主。"五四"运动时期新文化运动的另一口号——"民主"同胡秋原先生的人格和自由的思想也是相通的。

"爱中国和中华民族"的思想更是所有中国人应该具有,绝大多数中国人实际具有的思想,正是这个思想维系了中华民族几千年团结不散,特别是100多年来备受侵略宰割而不致解体。不仅如此,它也是今天几千万华侨和华裔人士的中华凝聚力的思想基础,是海峡两岸统一起来的思想基础。

毛泽东主席在他的名著《新民主主义论》中指出:新民主主义文化就是民族的科学的大众的文化。这三个特征也可以说是今天社会主义文化的主要特征,它是中华民族的,也是科学的,也是人民大众的或曰民主的。仔细推敲一下,这三个特征与胡秋原先生所倡导"三爱"或三种尊严的思想是一一对应的,是一致的。

胡秋原先生并不自认为马克思主义者,但他的思想中有不少地方是与马克思主义相通的。他所倡导的"三爱"就是这样的思想,是值得大力发扬的。

《马克思劳动主体性思想研究》* 序

人的主体性，确切点讲，人的活动的主体性，包括人的实践活动的主体性、认识活动的主体性、评价活动的主体性，其存在应该是不言自明的，而在"文革"中和"文革"以前，无形中形成了一种观念：主体性（或叫主观性）就是主观主义。相对于这种观念讲，近十多年来我国哲学界对主体性的研究和讨论不能不具有重要的意义。

十多年来对主体性的研究多半限于哲学层次。从哲学层次研究主体性当然是很必要的，特别是在主体性被笼统地否定之后，但这是不够的，主体性在人的活动中是普遍地具体地存在的，是普遍地表现于人的各种具体活动之中，因此，除了一般的研究之外，还需对多种具体的主体性进行具体的研究，这不仅是多种具体活动本身的需要，也是主体性理论研究的需要。本书作者李凯林同志正是基于这种考虑选择了劳动主体性（或曰人的生产活动的主体性）作为他的博士论文的主题。人的活动中最基本的是实践活动，实践活动

---

* 《马克思劳动主体性思想研究》，李凯林著，北京出版社1996年12月出版。

中最基本的是生产活动，可见生产活动的主体性，即劳动主体性，是人的主体性中最基本的主体性。对于这样一种主体性，马克思主义的理论与实践当然不可能不涉及，但一来马克思主义创始人的文献中没有明确地提出过这个问题，而后来的文献中又往往限于谈论劳动积极性。劳动积极性诚然是一种劳动主体性，但绝不是全部劳动主体性，而实践又证明，仅仅着眼于劳动积极性，并不能彻底解决生产中的问题。马克思主义的理论与实践都呼唤着对劳动主体性的全面系统的研究。

本书作者从马克思的劳动异化理论入手来挖掘马克思的劳动主体性思想，这种做法应该说是有根据的，因为马克思所说的劳动异化指的是人在劳动活动中的异化，即人的丧失或人的本质的丧失，其中当然包括了人的主体性在劳动中的丧失。马克思所说的劳动异化是在资本主义制度中发生的，社会主义的实现必然导致异化的扬弃，或者说人的劳动主体性的恢复。按理，苏联和东欧的社会主义实践应该使劳动主体性充分发挥起来。事实是，在苏联和东欧社会主义制度下，劳动主体性虽然一度得到了高度的发扬，但终于受到压抑，甚至导致社会主义事业的失败。问题在哪里呢？本书作者从劳动主体性角度分析了这个问题，指出导致这种结果的原因一是其他主体性取代了劳动主体性，劳动主体性并没有真正发扬；二是没有找到与本国国情相适应的发挥劳动主体性的形式。而中国近十多年来现代化建设成功的重要原因之一，则是采取了适应中国国情的方式来充分发挥人的劳动主体性，这种方式就是社会主义市场经济。因此，无论否定社会主义，还是否定市场经济，都是不利于发扬劳动主体性的。

苏联和东欧社会主义失败的经验教训是一个大问题，可以从多方面加以研究，特别是这一失败和马克思主义的关系问题，更是一个热门话题。有人认为这一失败证明了马克思主义的错误。有人认为问题全在于运用。看来问题并不如此简单。作者没有简单地回答这个问题，而是从劳动主体性的理论和实践这两个方面来探讨其经验教训，自成一家之言。作者的结论不一定都正确，都是可以商榷的，但作者的这一思路是应该肯定的，其结论和论证是有一定根据的，对于深入理解和发展马克思主义，对于深入理解和研究建设有中国特色的社会主义理论是有一定意义的。

意识形态性和科学性的高度结合*
——读许全兴同志的《为毛泽东辩护》**

许全兴撰著的《为毛泽东辩护》一书,现已由当代中国出版社出版。书名《为毛泽东辩护》,显然是针对了那些否定和攻击毛泽东及其理论和实践的观点,但本书的内容不仅是,甚至可以说主要不是为毛泽东辩护,它实际是作者近 20 年来研究毛泽东思想,特别是毛泽东哲学思想各个领域的学术成果的汇集。根据作者的概括,该书 34 篇论文包括七个方面的内容:一、对毛泽东领导中国革命和建设历史功绩及其成功之道的论析;二、对毛泽东思想(主要是哲学思想)的阐述;三、对国内外贬损毛泽东言论的辩证;四、对学术界同仁在评价毛泽东上的不同见解的争鸣;五、对毛泽东与李大钊、鲁迅等人关系作体会式的阐释;六、对毛泽东晚年失误的反思;七、对国外毛泽东研究的述评。

作者自述他在研究毛泽东时遵循着四个指导原则:一、站在党和

---

* 本文发表于《马克思主义研究》1997 年第 2 期。《新民晚报》以《〈为毛泽东辩护〉一书出版》为题,于 1996 年 12 月 26 日摘登。

** 《为毛泽东辩护》,许全兴著,当代中国出版社 1996 年 7 月出版。

人民立场上说话；二、从历史高度权衡毛泽东；三、坚持实事求是的科学态度；四、立足现实，着眼未来，力求创新。这里有两个问题：一、这些原则对不对？二、本书是否贯彻了这些原则？我认为第二、三、四原则是可以得到我国理论界的认同的，而第一个原则则是有争议的。近年来我国理论界出现一些自相矛盾的现象，有的人一方面谈论人的实践和认识的主体性，一方面却要求思想、观点、理论非意识形态化，他们忘记了意识形态性就是一种主体性。有些观点、理论没有意识形态性，而那些涉及阶级关系的观点、理论则不可能摆脱意识形态性，因此，在处理这类观点、理论时，正确的态度不是摆脱自己的意识形态性，而是端正自己的立场，并努力把意识形态性和科学性统一起来。本书作者就是这样做的，他旗帜鲜明地把党性和人民性摆在第一位，又十分强调历史主义的态度和实事求是的科学态度，对此我是十分赞同的，党和人民的立场是可以同观点、理论的科学性统一起来的。本书的四个原则都是可取的，是可以成立的。

那么，本书贯彻得怎样呢？我认为贯彻得也不错。

我与作者有师生之谊，后来又共事近30年。他的性格和文风颇具特色。他的党性是鲜明而坚定的，又喜欢独立思考，只要有真凭实据，他是敢想敢说的。这次系统地翻阅了他的这本论文集，感到确实文如其人，人如其文。他明确提出的这几条原则可以说是他几十年从事理论工作的经验总结，也可以说是他孜孜以求的理论目标，当然会在论文集中体现出来。例如，作者在回答《实践论》和《矛盾论》（以下简称"两论"）是否抄袭了苏联哲学家的著作或李达的《社会学大纲》的论述中，就表现了鲜明的科学态度。作者并不是先入为主地一味为毛泽东辩护，而是尽可能搜求了30年代翻译过来的苏联哲学著作和中国哲学家的著作，把它们的内容和词句同"两论"作了仔细的比较，发现"两论"以及毛泽东的《辩证法唯物论讲授提纲》充分吸收了苏联和中国哲学著作的成果，过去没有注意这点，对"两论"的评价过高，但"两论"从体系到观点绝不是抄袭，而是在原有成果基础上的创新，而且这些创新表现了中国传统文化的特色和中国人民革命斗争的经验总结，没有毛泽东的中国传统文化的素养和领导中国人民革命斗争的经历，"两论"是写不出来的。至于"两论"与《社会学大纲》，作者认为二者并无直接联系，因为毛泽东在1937年夏写作"两论"时没有看到当年5月上海出版的《社会学大纲》。作者对这个问题提供丰富的材料，作了详尽的论证，用力之勤，辨析之深，令人叹服。又如作者的《"斗争哲学"与"和的哲学"》一文颇能体现"立足现实，着眼未来，力求创新"的精神。作者认为不能把唯物辩证法归结为"斗争哲学"，也不能把中国传统哲学归结为"和"的哲学，"企图用一个'斗'字或一个'和'字来概括辩证法的本质皆不可取。重要的是对具体矛盾进行具体分析，从而找到解决矛盾的正确方法。"我认为如此阐释唯物辩证法的本质而不拘泥于毛泽东的片言只语是正确的，也是有重要现实意义的。当然，本书也不是没有任何可以商榷之处。例如作者关于"设置对立面"命题不应否定、哲学就是认识论的观点，都是可以商榷的。

  本书涉及毛泽东及其实践和理论的很多方面，独立地提出了许多富有自己特点而又有充分根据的观点，是一本可读性很强的书。相信它的出版可以推动和深化我国理论界对毛泽东的研究。

关于毛泽东的六本别具特色的书[*]

中国当代出版社 1993 年为纪念毛泽东 100 周年诞辰出版了三本书：《毛泽东与中国现代化》[①]（张文儒主编，以下简称《现代化》）、《毛泽东方法论导论》[②]（李景源主编，以下简称《导论》）和《毛泽东回归人间》[③]（石玉山著，以下简称《回归人间》）。1996 年又出版了三本关于毛泽东的书：《为毛泽东辩护》[④]（许全兴著，以下简称《辩护》）、《毛泽东十四部书览要》[⑤]（胡为雄著，以下简称《览要》）和《诗国盟主毛泽东》[⑥]（胡为雄编著，以下简称《诗国盟主》），虽然离毛泽东 100 周年诞辰已经三年，实际上也是为纪念毛泽东 100 周年诞辰出版的。六本书封面格式都是相同的，像是一套丛书。一般人认为纪念性的书不外是歌功颂德，没有多少价值，没有什么特色，确实

---

[*] 本文发表于《高校理论战线》1997 年第 3 期。
[①] 《毛泽东与中国现代化》，张文儒主编，当代中国出版社 1993 年 12 月出版。
[②] 《毛泽东方法论导论》，李景源主编，当代中国出版社 1993 年 12 月出版。
[③] 《毛泽东回归人间》，石玉山著，当代中国出版社 1993 年 12 月出版。
[④] 《为毛泽东辩护》，许全兴著，当代中国出版社 1996 年 7 月出版。
[⑤] 《毛泽东十四部书览要》，胡为雄著，当代中国出版社 1996 年 7 月出版。
[⑥] 《诗国盟主毛泽东》，胡为雄编著，当代中国出版社 1996 年 7 月出版。

有这种书，但不能一概而论，这六本关于毛泽东的书就别具特色，各有其特殊内容，各有其特殊价值。限于篇幅，下面按顺序作简略评介，只对《辩护》一书多说几句。

鸦片战争的失败和香港主权的丢失使所有中国人产生了一个强烈的愿望：现代化，但各种尝试都失败了，只有全国解放才为中国现代化创造了必要的条件，毛泽东及其战友历史地成为中国现代化蓝图的第一代设计者，这个蓝图的设计和实施是一个复杂的曲折的过程，邓小平建设有中国特色的社会主义理论可以说是中国当代的现代化蓝图，它是在总结毛泽东的现代化理论和实践、成功和失败的经验的基础上创立的，这样，研究和评价毛泽东的现代化理论和实践就具有极其重要的意义。《现代化》一书正是一次有益的尝试。

人们常说，马克思主义哲学是世界观和方法论的统一，但在经典作家的著作中我们找不到专门的系统的方法论论著，甚至集中论述方法的章节或段落也不多，而毛泽东对此却有着特殊的贡献。《导论》把毛泽东有关方法的论述集中起来，加以详尽的系统的评介，不但有益于读者理解毛泽东方法论方面的贡献，也有益于提高读者应用马克思主义哲学的能力。

《回归人间》是一本散文集，是作者90年代初就毛泽东的生平、事业、思想、贡献、失误、人们对他的评价、毁誉，特别是当时兴起的"毛泽东热"发表的系列文章。按作者本意，"回归人间"是指有段时间毛泽东被冷落了，而今回来了，但从文章内容来看，"回归人间"也可指毛泽东被当成人来看待。在过去个人迷信盛行的时候，毛泽东被看成"神"，所以改革开放之初，有人呼吁毛泽东走下神坛，回到人间。但在有的人看来，走下神坛的毛泽东是"魔"，殊不知作为魔的毛泽东并没有回到人间，因为魔也不是人。《回归人间》中的毛泽东是一个人，既不是神，也不是魔，而是有血有肉、有忧愁、有欢乐、有正确、有错误、有贡献、有损失的活生生的现实的人，他创造了历史，但他首先是历史的产物。这种理解不知能否得到作者的首肯，遗憾的是作者石玉山同志已经积劳成疾，不幸逝世了。

从书名看，《辩护》显然是针对了那些否定和攻击毛泽东及其理论和实践的观点，但本书的内容不仅是，甚至可以说主要不是为毛泽东辩护，它实际是作者近 20 年来研究毛泽东思想，特别是毛泽东哲学思想各个领域的学术成果的汇集。根据作者的概括，本书 34 篇论文包括七个方面的内容：一、对毛泽东领导中国革命和建设历史功绩及其成功之道的论析；二、对毛泽东思想（主要是哲学思想）的阐述；三、对国内外贬损毛泽东言论的辩证；四、对学术界同仁在评价毛泽东上的不同见解的争鸣；五、对毛泽东与李大钊、鲁迅等人关系作体会式的阐释；六、对毛泽东晚年失误的反思；七、对国外毛泽东研究的述评。

作者自述他在研究毛泽东时遵循着四个指导原则：一、站在党和人民立场上说话；二、从历史高度权衡毛泽东；三、坚持实事求是的科学态度；四、立足现实，着眼未来，力求创新。这里有两个问题：一、这些原则对不对？二、本书是否贯彻了这些原则？我认为第二、三、四原则是可以得到我国理论界的认同的，而第一个原则则是有争议的。近年来我国理论界出现一些互相矛盾的现象，有的人一方面谈论人的实践和认识的主体性，一方面却要求思想、观点、理论非意识形态化，他们忘记了意识形态性就是一种主体性。有些观点、理论没有意识形态性，而那些涉及阶级关系的观点、理论则不可能摆脱意识形态性，因此，在处理这类观点、理论时，正确的态度不是摆脱自己的意识形态性，而是端正自己的立场，并努力把意识形态性和科学性统一起来。本书作者就是这样做的，他旗帜鲜明地把党性和人民性摆在第一位，又十分强调历史主义的态度和实事求是的科学态度，对此我是十分赞同的，党和人民的立场是可以同观点、理论的科学性统一起来的。本书的四个原则都是可取的，是可以成立的。那么，本书贯彻得怎样呢？我认为贯彻得也不错。

我与作者有师生之谊，后来又共事近 30 年。他的性格和文风颇具特色。他的党性是鲜明而坚定的，又喜欢独立思考，只要有真凭实据，他是敢想敢说的。这次系统地翻阅了他的这本论文集，感到确实文如其人，人如其文。他明确提出的这几条原则可以说是他几十年从事理论工作的经验总结，也可以说是他孜孜以求的理论目标，当然会在论文集中体现出来。例如作者在回答《实践论》和《矛盾论》是否抄袭了苏联哲学家的著作或李达的《社会学大纲》的论述中就表现了鲜明的科学态度。作者并不是先入为主地一味为毛泽东辩护，而是尽可能搜求了30年代翻译过来的苏联哲学著作和中国哲学家的著作，把它们的内容和词句同"两论"作了仔细的比较，发现"两论"以及毛泽东的《辩证法唯物论讲授提纲》充分吸收了苏联和中国哲学著作的成果，过去没有注意这点，对"两论"的评价过高，但"两论"从体系到观点绝不是抄袭，而是在原有成果基础上的创新，而且这些创新表现了中国传统文化的特色和中国人民革命斗争的经验总结，没有毛泽东的中国传统文化的素养和领导中国人民革命斗争的经历，"两论"是写不出来的。至于"两论"与《社会学大纲》，作者认为二者并无直接联系，因为毛泽东在1937年夏写作"两论"时没有看到当年5月上海出版的《社会学大纲》。作者对这个问题提供了丰富的材料，作了详尽的论证，用力之勤，辨析之深，令人叹服。又如作者的《"斗争哲学"与"和的哲学"》一文颇能体现"立足现实，着眼未来，力求创新"的精神。作者认为不能把唯物辩证法归结为斗争哲学，也不能把中国传统哲学归结为和的哲学，"企图用一个'斗'字或一个'和'字来概括辩证法的本质皆不可取。重要的是对具体矛盾进行具体分析，从而找到解决矛盾的正确方法。"我认为如此阐释唯物辩证法的本质而不拘泥于毛泽东的片言只语是正确的，也是有重要现实意义的。当然，本书也不是没有任何可以商榷之处。例如作者关于"设置对立面"命题不应否定、哲学就是认识论的观点，都是可以商榷的。

《览要》对已出版的14种毛泽东著作作了简要介绍和评论。这些著作中有些与其他著作没有重复的篇章，如《毛泽东早期文稿》；有些著作彼此之间有重复，如《毛泽东选集》和《毛泽东著作选读》，但14种都各有自己的特点。《览要》除对毛泽东的著作的出版情况作了综合性介绍而外，分别对14种书——作了介绍，作者把这种以把每一种书作为一个整体来研究的方法叫作"中观式的研究",既区别于研究毛泽东思想体系的宏观研究,又区别于诠释、考证的微观研究。这种著作比较少见,无疑对读者深入掌握毛泽东著作是有价值的。

《诗国盟主》主要包括长文"诗国盟主毛泽东"和"毛泽东诗词注读",文章对毛泽东诗词的格调、内容、成就、水平、地位作了颇为新颖的评说,"注读"对61首诗词作了注解,在众多注解毛泽东诗词的著作中可以说自成一格。"毛泽东与对联"一文论述了毛泽东对对联的喜爱,读起来饶有兴味。

这六本书不是对毛泽东的理论和实践的系统的介绍和评论,却是多角度、多方位、多层次、富有特色的评介,有很强的知识性、科学性、可读性。

对美国人权报告的一个响亮的回答[*]

——读《马克思主义人权观与中国少数民族》[**]

近几年来美国国务院每年发表的《人权报告》总要以中国作为主要的攻击对象,对中国的人权状况进行一番混淆是非、颠倒黑白的诬蔑与诽谤,我国少数民族人权状况是其中一个重要的方面。韩敬教授主编的云南人民出版社于1996年出版的《马克思主义人权观与中国少数民族》在理论与实际相结合的基础上系统地全面地历史地介绍和分析了我国少数民族的人权状况,正面回答了美国人权报告就我国少数民族人权状况所作的攻击。

本书不是一本单纯的我国少数民族人权状况报告,而是一本学术专著。它分成三编,上编的主要内容是马克思主义人权观和中国共产党的民族政策。上编以唯物史观为指导简明扼要地系统地阐明了马克思主义关于人权的基本理论,特别阐发了一条重要原则,即马克思主义人权观不仅在理论上肯定人的基本权利,而且十分强调要为人权的

---

[*] 本文发表于《人民日报》1997年4月22日。
[**] 《马克思主义人权观与中国少数民族》,韩敬、龚友德编,云南人民出版社1996年6月出版。

实现创造必要的条件，否则人权就是一句空话，而一个富强的团结的人民的国家正是少数民族人权状况得以根本改善的关键条件。上编还充分提供了中国共产党及其领导人关于保障民族平等、维护少数民族的各种权利的文件、言论和主张，这些理论和政策正是马克思主义人权观在民族关系问题上的具体体现，也是中国共产党和人民政府在处理民族问题上的指导思想。

中编从六个方面对我国各个少数民族的人权状况作了综合介绍和分析，这六个方面是生存权、政治权、经济发展权、受教育权、医疗卫生与人口发展、传统文化的继承与发展。它采取前后对比的方法，根据翔实而丰富的材料和数据，说明中华人民共和国的成立是各少数民族人权状况得以根本改善的关键，而改革开放又使各少数民族人权状况有了进一步改善。

下编是关于少数民族人权状况的 11 个调查报告，其中 1 个是省的，4 个是自治区的，2 个是自治州的，4 个是自治旗或自治县的。这 11 个报告中的 8 个是由少数民族的学者撰写的。

本书的出版具有很重要的理论意义和政治意义，这可以从三点来说明：

第一，填补了我国人权研究的空白，具有很强的开创性。我国出版物中，一般地研究人权问题的著作较多，研究少数民族人权状况的著作较少，而研究少数民族人权状况的著作都是专题性的，综合性、整体性研究的著作尚付缺如。本书把我国少数民族人权状况作为一个整体来研究，写成一部理论与实际紧密结合的学术专著，提出了一个表现我国少数民族人权状况及其本质联系的思想体系，这是独创性的贡献，丰富了马克思主义人权理论的内容。

第二，为我国人权教育提供了一本优秀的教材，为我国的少数民族人权建设提供了参考和指南。本书向人们提供了我国少数民族人权状况是如何改善的历史经验，也提供了其成就和不足、长处和短处，这就用活生生的事实和同这些事实结合的理论教育人们应该如何发扬长处、改进短处，并引导人们去弘扬成就、弥补不足。

第三，为反驳美国国务院人权报告的诬蔑和攻击提供了一份强有力的论据。本书用确凿的顽强的事实材料极其有力地证明，美国的那些谰言和谎话是站不住脚的。例如美国1997年人权报告诬蔑说，尽管我国政府1996年3月公布的数字说各级政府少数民族干部已达240万，但重要的决策和领导岗位仍为汉人所占据着。本书提供的数字完全可以驳倒这一谰言。我国少数民族的人口占全国人口的8.4%，但少数民族代表在全国人民代表大会代表中历届都超过这个比率，如1988年第7届全国人民代表大会中少数民族的代表占全体代表的14.98%，1993年第8届占14.75%；在全国政协委员中少数民族委员1983年第6届占全部委员的9.07%，1993年第7届占10.66%。本书提供了一个新中国成立以来担任党和国家领导职务的少数民族干部的名单，其中有中共中央政治局委员2人，政治局候补委员1人，中华人民共和国副主席1人，全国人民代表大会副委员长7人，国务院副总理2人，全国政协副主席10人，最高人民法院院长1人，国防委员会副主席1人，共计25人。对照这些数字，能说少数民族干部有职无权吗？

作为一本综合研究我国少数民族人权状况的书，本书也有不足之处，对于这一点，本书作者也作了交代。有的统计数字不够全面；计划中的有些自治州的调查报告由于种种原因只好暂缺；由于国务院新闻办公室于1992年发表了题为《西藏的主权归属和人权状况》的白皮书，本书缺少西藏自治区人权状况调查报告。我认为这些部分在本书再版时都应补上，成为一本更加完整的关于我国少数民族人权状况的学术专著。

《辩证法内部对话》* 序**

诺曼·莱文是当代美国的著名马克思主义研究者,著有多种关于马克思主义的著作。他关于马克思和恩格斯在哲学上有根本分歧的观点在国际上很有名,对我国理论界也有很大影响,《辩证法内部对话》一书集中论证了这一观点。

马克思与恩格斯在哲学思想上的关系问题,或者扩大一点说,马克思主义哲学的发展道路问题,历来存在着意见分歧。一种观点认为辩证唯物主义与历史唯物主义是马克思和恩格斯二人共同创立的,二人的基本观点是一致的;另一种观点认为辩证唯物主义是恩格斯的创造,马克思只承认历史唯物主义,有的人甚至认为马克思的哲学就是实践本体论。作者把第一种观点叫作基本一致观点,把第二种观叫作基本分离观点,把持不同观点的人叫作基本一致派和基本分离派。正如莱文所指出的,历史上曾经两次出现过向恩格斯的挑战,主张恢复马克思的本来面貌,一次是以伯恩施坦为代表的第二国际的挑战,另

---

* 本文发表于《北京大学学报》(哲学社会科学版) 1997 年第 4 期。
** 《辩证法内部对话》,诺曼·莱文著,张翼星等译,云南人民出版社 1997 年 10 月出版。

一次是以卢卡奇、柯尔施、葛兰西为代表的西方马克思主义思潮的挑战。20世纪七八十年代可以说出现了第三次挑战,即范围更广泛的西方马克思学的挑战,莱文正是这次挑战的一个代表,而他的《辩证法内部对话》可以说是这次挑战的一部代表作。这本书根据作者对大量第一手材料的分析,阐明了作者所理解的马克思主义哲学100多年来的发展过程,论证了作者关于马克思和恩格斯的原则分歧的观点。那么,马克思和恩格斯在哲学上有些什么原则分歧呢?作者在《前言》中首先作了简要的概括,然后在正文中作了详细的论证。

作者主要谈到了三个区别,一是马克思把辩证法看成社会分析的方法和人类行动的指南,而恩格斯则把辩证法与自然界融为一体,承认自然辩证法。二是马克思只有历史唯物主义,而恩格斯违背了马克思的思想,建立了辩证唯物主义,把马克思主义歪曲成形而上学的一元论,成为马克思主义的第一个修正主义者。三是马克思和恩格斯对黑格尔的理解不同,在马克思那里,黑格尔哲学是不可分割的东西,马克思继承了黑格尔的辩证法,即关于行动的方法和理论,但也没有放弃他的唯心主义(作者这里似乎有点自相矛盾),而恩格斯则继承了黑格尔的形而上学方面,虽然也抛弃了他的唯心主义。作者从这里引申出了马克思与恩格斯的第四点原则分歧:在马克思,唯物主义是主张人类对于赖以生产其生存条件的生产方式的需要先于人类的其他需要,即社会存在先于一切思维方式和经验活动,而恩格斯的唯物主义则认为有形物体独立于人而存在并为外在于人类的规律所支配。作者申明这两种形式的唯物主义并不互相排斥,但由于它们在某些思想体系中占有不同分量,这些思想体系就大异其趣了。从这些区别中,作者得出的结论是:恩格斯是马克思主义或者确切点说是马克思的学说的第一个修正主义者,应该恢复马克思主义哲学的本身面目。那么,马克思哲学的本来面目是什么呢?

今天我们所理解的马克思主义哲学是辩证唯物主义和历史唯物主义,辩证唯物主义包括宇宙观(含自然观)、方法论(按一般理解,即辩证法,但一般还认为辩证法不仅是方法,还是宇宙观的一部分)

和认识论，历史唯物主义是历史观。在该书作者看来，这不是马克思的哲学，而是恩格斯把马克思的哲学修改和歪曲的结果。其间主要的不同之处莱文虽然谈了四点，实际有二：（一）马克思只有历史唯物主义，没有辩证唯物主义，辩证唯物主义是恩格斯创立的；（二）马克思当然有辩证法，但他的辩证法只是方法，即社会分析的方法和人类行动的指南，而恩格斯却把它看成客观规律的反映，即宇宙观的一部分，搞所谓"自然辩证法"，这不符合马克思的思想。因此，马克思的哲学就是历史唯物主义，而历史唯物主义并不是什么客观历史规律的反映，而是社会分析方法。经过十多年的研究和讨论，我国理论界、多数人都同意辩证唯物主义思想体系主要是恩格斯后来创立的，19世纪40年代创立的只是历史唯物主义思想体系，本书作者提供了大量材料来证明这一点，这同我国多数理论工作者的看法是一致的，但能不能说马克思没有辩证唯物主义思想呢？辩证法无疑是方法，即认识的方法和实践的方法，这在马克思那里是很明确的，他对此的论述也很多，本书作者也提供了大量材料，但能不能说这只是马克思以及黑格尔的观点而不是恩格斯的观点呢？能不能说在马克思看来辩证法只是方法而不是客观辩证规律的反映，根本不存在客观辩证规律，自然辩证法不能成立呢？还有，如果根本不存在客观辩证规律，辩证的方法又来自哪里，而且能应用于认识和实践而有效呢？再彻底一点，我们还可以问：究竟是否存在一个不以人的意识和活动为转移，然而却可以为人所认识和改造的客观世界呢？对于这些问题，莱文都有明确的回答和论证。

在莱文看来，马克思的唯物主义只能停留在社会存在决定社会意识上，他说："马克思认为，既肯定思维来源于存在（感觉和社会先验），又肯定外部世界由概念构成，这二者是不矛盾的。"莱文认为："通过打破精神的客观性和物质的客观性的统治，马克思主义将重新和它原来的思想结合，这个思想就是：世界是人类活动的结果。"正是从这样的观点出发，莱文认为："一方面用辩证法的观点看待自然界，同时又不认为自然界的运动法则本身是辩证的，这是可以做到的。"莱文的观点确是很彻底的基本分离派观点，而基本分离派观点与基本一致派观点的分歧又进一步涉及否定唯物主义与坚持唯物主义的分歧，这就超出了马克思主义哲学范围而进入了一般哲学领域。

在中国马克思主义理论界，基本一致派观点一直占据着绝对的优势地位。改革开放以来，基本分离派观点逐渐受到一些学者的支持和介绍，基本一致派观点受到批评与诘难，两派之间的争论此起彼伏，绵延至今。今天多数学者虽仍坚持基本一致派观点，但也认为辩证唯物主义和历史唯物主义思想体系确实存在不少问题，马克思和恩格斯的哲学观点也并不是没有区别，因此，这两种观点应该互相对话、互相探讨，以求更深入更细致地掌握马克思主义哲学发展的真实过程，进而在现代实践和科学发展的基础上发扬马克思和恩格斯的哲学思想，创造性地发展马克思主义哲学。本书作者说得好："彻底的科学不但要摆脱资产阶级的偏见，而且要摆脱'左'倾教条主义"。马克思主义哲学是彻底的科学，不怕挑战，不怕争论，不回避问题，它在回应挑战中只会发展，而绝不会被推翻。作为基本分离派观点的代表作，《辩证法内部对话》的出版，无疑可以对这场争论，而且可以对马克思主义哲学今天的发展起一定的推动作用。不仅如此，由于这个争论涉及一般哲学，它的出版也会推动我国哲学事业的发展。

《〈自然辩证法〉研究》* 序

关于自然辩证法，我国已经出版的著作很多。这些著作主要有两类，一是对恩格斯的名著《自然辩证法》的解说、辅导、导读，一是对作为一门学科的自然辩证法的系统论述，真正对《自然辩证法》一书进行深入系统研究的著作并不多。林可济同志的《〈自然辩证法〉研究》一书，在我匆匆翻阅一遍之后，给我的突出的印象就是，它确实是一本作者对《自然辩证法》进行了多年认真的科学研究，有自己独立见解的学术成果。我认为本书作为一项科研成果有以下特色。

首先，作者对《自然辩证法》的科学体系提出了自己的理解。《自然辩证法》不是一本系统的著作，而是一堆未完成的手稿和札记，但恩格斯本人是有一个思想体系的，多处谈到过他的想法，虽然他始终没有形成一个明确而又完整的自然辩证法理论体系。作者根据恩格斯的一些提示，从自然辩证法这门学科的研究对象出发，有选择地吸收了前人的研究成果，提出了自己所理解的《自然辩证法》的科学体系，即本书的第五、六、七章，分别是自然认识史、自然界的一般规律和

---

* 《〈自然辩证法〉研究》，林可济著，福建教育出版社 1997 年 10 月出版。

认识规律、自然史（包括各基础学科的哲学问题）。这个体系既包括了《自然辩证法》的全部内容，也比较接近恩格斯研究自然辩证法的思路。

其次，作者没有回避《自然辩证法》出版以来遭遇到的质疑、挑战和反对，而是直截了当地提出这些问题，如实介绍各种不同观点，最后做出自己的分析和结论。在恩格斯的著作中，《自然辩证法》是争论最大的一本。许多自称为马克思主义者的学者认为作为一种理论的自然辩证法是对马克思，从而是对马克思主义的背离，马克思根本没有什么自然辩证法，只有历史辩证法，即唯物史观，自然辩证法以及沿着这条思路出现的辩证唯物主义是恩格斯以及普列汉诺夫、列宁、斯大林强加于马克思以及马克思主义身上的。这种观点不仅在西方广为流行，在我国也有不小的市场。至于在马克思主义理论界以外的西方科学哲学对自然辩证法和《自然辩证法》一直是采取否定甚至藐视的态度，这种状况逼得我国理论界和教育界为了与世界"接轨"，不得不用科学技术哲学这一名称来取代自然辩证法。究竟自然辩证法能否成立？这对于马克思主义哲学显然不是一个局部问题，而是一个生死攸关的根本问题。有些学者对《自然辩证法》的反对采取了比较缓和的态度，认为它仅仅反映了19世纪自然科学发展的水平，今天早已过时了。此外，关于《自然辩证法》还有一系列其他问题。本书作者也用了三章的篇幅来处理这些问题，即第八章谈《自然辩证法》的历史地位，第九章谈它的现代意义，第十章谈当代科学如何丰富和发展了自然辩证法。作者十分令人信服地论证了自然辩证法就是马克思和马克思主义的自然哲学以及自然观与历史观的辩证法统一，反驳了否定自然观或割裂自然观与历史观的统一的观点。特别令人感兴趣的是，尽管西方自然科学界不重视自然辩证法和《自然辩证法》，作者仍然举出了一些著名的自然科学家对《自然辩证法》的高度评价，如日本的板田昌一、宫原将平、比利时的普利高津、中国的钱学森等。普利高津的高度评价具有特殊的意义，因为20世纪下半叶自然科学的最突出的发展就是系统自组织理论的出现，而普利高津是其主要代表之一。

这就是说，恩格斯在 19 世纪下半叶创立的自然辩证法经过 20 世纪上半叶的被冷落，在它创立 100 年后开始为自然科学所理解。作者还提到在 20 世纪的著名科学家中，爱因斯坦对《自然辩证法》的评价不高。对于爱因斯坦与普利高津的不同评价，作者引用了曾国屏同志的解释，即认为爱因斯坦毕生从事的是对物质世界的存在统一性的追求，这就限制了他对恩格斯从哲学上达到的物质世界的演化统一性的理解，而普利高津则从自然科学上架起了从存在到演化的桥梁，从而深刻理解了《自然辩证法》的重要价值。这预示着《自然辩证法》所开辟的事业经过了一个否定之否定之后将步入一条发扬光大的坦途。这是意味深长的。作者不是简单地反驳各种对《自然辩证法》的批评或冷落，而是把这种现象同自然科学发展的历史结合起来考虑，这是科学的态度。

第三，作者对自然辩证法和《自然辩证法》所提出的各种观点和论断是实事求是的。除上述内容而外，作者还对自然辩证法这门学科的研究对象、历史根源以及《自然辩证法》的写作与出版过程进行了考察，提出了许多观点。全书提出的各种论断都是从材料出发，从事实出发，言之有据，平实稳妥。在谈到恩格斯关于自然界的各种观点时，作者总是把它们同现代科学发展水平相比较，一方面说明恩格斯的基本观点的科学性，一方面说明其历史局限。作者说："恩格斯的基本观点不会过时但要发展。"这是完全正确的，足以表明作者的科学态度。

《自然辩证法》并非句句是真理，但它所创立的自然辩证法（自然哲学）是科学的，是不可能被推翻的。如果能把它置于当代自然科学的基础之上加以丰富和发展，并正确地运用它的基本观点来指导自然科学的研究，我国的自然科学将步入空前的繁荣兴旺的状态。我相信，在这个事业中，林可济同志的著作将发挥出它的积极的作用。

关于类哲学的几个问题[*]

——读高清海先生《关于人的类生命、类本性与类哲学》

高清海同志的《关于人的类生命、类本性与类哲学》的文章（下称高文）发表后，引起了哲学界一定的反响，我同高清海同志虽然在观点上有些分歧，但我们都关心人的哲学问题，讨论一下也许对人的哲学问题的研究有所促进。但我对类哲学素无研究，只能就高文提出一些问题向高清海同志请教。

一、关于"类哲学"这一概念

高文在使用"类哲学"一词时，没有明确讲"类"是一般的类还是人这个类，因而也没有明确讲"类哲学"是一般的类的哲学，还是人这个类的哲学，但从题目《关于人的类生命、类本性与类哲学》来看，"人的"显然包括"类哲学"在内，类哲学就是人的类哲学。又从后面区别种本性与类本性来看，类专指人这个类，因而类哲学也是人的类哲学。所以，我们可以认为类哲学是人的类哲学的简称。这样，

---

[*] 本文发表于《世纪论评》1998年第1期。

对于内容接近的学科，我们今天就有了几个概念或术语：人学、人的哲学、人的类哲学、哲学人类学，或者还有其他。读者有权利要求作者对这些含义相近的术语作明确的区分或解释，然而，高文在提出这个术语时没有这样做，颇令人遗憾。

在我看来，人学、人的哲学和哲学人类学是有区别的，因而是可以成立的，而人的类哲学则无必要，因为它无法与人的哲学或哲学人类学相区别。人学包括人的哲学，人的哲学是关于人的哲学理论，即一般理论，是人学的导论，而人学除人的哲学而外，还应包括关于人的比较具体问题的内容，关于人学与人的哲学的关系问题这里不必展开论述。本文主要研究人的类哲学与人的哲学、哲学人类学的关系。人的哲学以人为对象进行哲学研究，哲学人类学以人类为对象进行哲学研究，人和人类是有区别的，人的哲学与哲学人类学当然是有区别的。人的类哲学是以人这个类还是以人类为研究对象呢？如果它是以人类为研究对象，那么，它就是哲学人类学；如果它是以人这个类为研究对象，那么它就是人的哲学，因为人的哲学尽管离不开具体的个人，但它的研究对象不是个人（马克思学、毛泽东学才是以个人作为研究对象）而是人这个类。我们经常说人的哲学的研究对象是现实的具体的人，只是说它是从现实的具体的人那里去获取资料来进行概括，得出关于人的一般性论断，绝不是说它要研究一个个的人，这是不可能的，也是不必要的。其实，一般的科学都是通过具体的事物去研究一般的东西，即研究类，何独人的哲学？所以，人的哲学当然是研究人这个类的，人的类哲学这个名词是多余的。

二、关于种与类、种本性与类本性的关系

高文的核心思想是反对以对物的思维方式来研究人，而主张以对人的思维方式来研究人，前者是人们业已习惯的"物种的观念"（指把人看成具有不同于其他动物的人性的动物），后者是"类的观点"。那么，二者的根本区别何在呢？高文多处谈到这种区别：物的种本性是自然前定的，人的类本性是自为规定的；种依赖环境生存，类依赖

自身生存；种是环境的组成部分，环境是类的组成部分……总之，人的出现"属于生命根本性质的飞跃，由于这一变化，赋予了'生命体'以完全新的本性和特质"。"人的生命所体现的关系，应当看作是内含了种而又超越了种的全新的关系。"如果以上简略的概括没有歪曲高文的思想的话，我想谈几点想法。

（一）高文一开头就强调认识、思维方式的不同，后面又从哲学史的角度比较了两种思维方式的不同，作者把它们概括为"以种为观念方式的哲学（可以叫作种哲学）"和"以类为思考方式的哲学（可以叫作类哲学）"，并具体比较了这两种思维方式的差异。在高文看来，物是种，人是类，过去把人也看成种，所以弄不清楚什么是人。高文把类只用于人，种只用于物或动物，实在令人难以理解。种与类都是表示共同性的概念，这类概念极多，除类、种而外，还有门、属、科、纲、目、级、层，等等，生物分类学有一套规定，但在日常语言中用什么来指哪一个层次，随意性是很大的。人固然可以叫类，但也可以叫种，即人种，人种范围小于人类，物种范围则大于人类。类与种都是相对而言的，赋予类与种的差别的人与物的差别的含义，不一定有多大意义。

（二）就算把类用于人，种用于物，或明确一点，用于动物，那么，种和物的关系是什么呢？或者说，动物和人的关系是什么呢？高文承认人来自动物，但始终不提人仍是动物。动物是大种，人是小种，动物包括人。人确是超越了动物，人与动物有根本区别，但这种讲法是不很确切的，严格讲，只能说人有超越动物的一方面，人与其他动物有根本区别。人并没有摆脱动物界，而且永远也摆脱不了，人永远是有血有肉的生命体。高文并没有否认这些，但含糊其辞，而在许多提法上有夸大、有片面性。例如只讲人超越物的一方面，不讲人没有超越、不可能超越的一面（人毕竟是物，而不是神）；只讲新的一面，不讲旧的一面（所谓全新）；只讲环境是人的组成部分，不讲人仍然是环境的组成部分。环境是人的组成部分、宇宙在人的心中这类提法，如果从某种意义讲，当然也是说得过去的，但是，如果说环境是人的组成部分，人不是环境的组成部分，宇宙在人的心中，人不在宇宙中，那就荒谬了。高文没有这种观点，但从他的话中可以引申出这样的意思，即说环境是人的组成部分是类哲学，说人是环境的组成部分是种哲学；说宇宙在人的心中是类哲学，说人在宇宙中是种哲学，而类哲学高于种哲学。这就把主次颠倒了。在我看来，只能在承认人是环境的组成部分的前提下，承认环境是人的组成部分，因为人的身心都是从环境那里获得生存和发展的资料，从而包含着环境的因素。高文在有的地方就比较全面，例如讲物是自在的，人是自在的和自为的，可惜高文这样全面讲的地方少，而片面讲的地方多。我认为说人不仅是自然物是对的，但不能说人不是自然物，而高文在许多地方都把"不仅"夸大成"不"了。

（三）同理，不能把种本性与类本性绝对对立起来。高文说"'种本性'是自然的自在规定，'类本性'则是人的自为规定"。问题在于类本性是否包含自然的自在规定的因素？类本性能否完全排斥种本性？按高文的理解，种本性即动物的生命活动，这应该是指动物的本能活动，而类本性是实践活动，即马克思所说的自由自觉的活动。实践活动当然不是动物的本能活动，尽管人也有许多本能活动，但这不属于类本性，而是属于人作为动物的种本性。但在实践活动中是否存在人不能随意肯定或否定又必须加以肯定或否定的自在的规定呢？高文没有深一步提出并回答这个问题，而停留在一个是自在的、一个是自为的绝对对立的水平。对实践来说，这是实践能否成功的关键问题，即掌握、服从和运用客观规律问题，人不掌握、服从和运用客观规律，实践必然失败，这是人不能随意而为的。这样，类本性中就包含了被动的自在的客观的成分，承认这一点就是唯物主义。因此，类本性不仅是实践，不仅是自由的，而且是自觉的，即掌握、服从和运用客观规律。

三、关于类哲学与哲学的关系

谈到高文关于这个问题的观点，这就同高清海同志的一贯主张联系起来了。他历来主张哲学就是人的哲学，或现代哲学应该是人的哲学，当然也就是人的类哲学或类哲学，这里不过是通过类哲学再一次重申他的一贯主张而已。一般说来，哲学当然是人的哲学，这是不言而喻的，因为至今我们不知道除人以外还有什么东西有自己的哲学。哲学以及其他一切精神产品都是人创造的，当然是属于人的，即人的。高清海同志说哲学是人的哲学当然不是指此而言，而是另有其深意。他的意思是：哲学就是关于人的哲学，不可能真正存在关于客观物质世界的哲学，因此，本体论，确切点说，物质本体论是19世纪机械论自然观的产物。在这里他再度表述了他的观点。

我关于这个问题的观点已多次发表过，这里不必详述。简单说，我认为哲学不是一门学科，而是一个学科群，其核心是宇宙观，即本体论，而人学或人的哲学只能是这个家族的成员之一，不能把哲学归结为人的哲学，从而以人学来取代哲学。这里我只想分析一下高文的观点和论证。我认为，高文有两个问题值得提出来研究和讨论。

（一）怎么估计中西哲学史两千多年来的成就？高文对哲学史的估计有两个方面，一方面完全否定哲学对认识自然界和人类社会方面的成就，不谈它在改造世界方面的积极作用，另一方面把哲学史的成就仅仅归结为对人的意识，尽管他多次引用马克思的词句作为他的理论根据，但马克思主义哲学在哲学史中的地位和作用问题完全在他的视野之外。在他看来，"哲学，可以说对什么问题都研究过，探讨过，什么角色也都尝试过、充当过，然而到头来好像什么问题也未能真正地解决"，就是说虚度了两千多年，到头来一事无成。但是，哲学在"不得不放弃一个又一个阵地，不得不转换一种又一种思考方式"之后，终于觉悟到"人是哲学的真正的主题和核心的内容"，认识到哲学就是人的类哲学。他说，"如果说'哲学'是人的自我意识理论，那么，达到了类意识的哲学，也就可以看作是'人'的自我意识达到了自觉形态的理论"。因此，"哲学是发展的历史，实质也就是人及其类本质的生成、演进历史的一种理论映照"。

我认为这样评估哲学史的成就是不公平的。哲学也离不开人为的实践史和认识史，它是实践史与认识史的最高概括，又推动了实践史和认识史。其具体过程，在中国和西方略有差异。在哲学的幼年，它同各门学科的界限是不清楚的，它几乎是各门学科的总和，但其中总包括了概括性极高的一些内容，如宇宙观、自然观、历史观、认识论、逻辑学等。在西方，自然观、宇宙观发展得较早、较充分；在中国，政治哲学、道德哲学发展得较早、较充分。在近代西方，正是由于自然科学的发展，认识论才较充分地发展起来。社会科学在近代，特别是 19 世纪才高度发展起来，再加上社会发展的因素，科学的历史观——唯物史观终于诞生，以后，科学的宇宙观和认识论——辩证唯物主义也出现了。哲学一直表现为各个流派，甚至各哲学家的哲学体系，彼此之间共同性很少，远不及实证科学，特别是自然科学。在哲学史上只有一种哲学，即马克思主义哲学——辩证唯物主义和历史唯物主义被作为一门科学来建设，在许多哲学家中有较大的共识，这是因为非马克思主义哲学主要依靠思辨方式，而马克思主义哲学则要求事实和实践的根据，虽然它也使用思辨。对人自身的认识，确实比较晚，首先有人类学在 19 世纪发展起来，但它偏重于研究古代人和人的体质，对现代人和人的社会本质的研究兴起于 20 世纪后半叶，马克思主义者也加入了这个行列，并力图在马克思主义宇宙观和历史观的指导之下总结和概括各种关于人的分支学科的成果，建立科学的人学或人的哲学。可以说，人类的认识史，从而哲学史，确有一个由远及近，即从自然、社会及人的认识过程，但绝不能把这个过程理解为过去的成果一钱不值，人学就是一切。其实，人对自然和社会的认识绝没有结束，不可能结束，也不应该结束。高文对哲学史的评估不仅不符合哲学史本身的事实，而且也低估了人的认识能力以及实践能力，难道人真的不能跳出自己的圈子去认识自然和社会吗？难道人类对自然和社会的认识都是一场虚幻的白日梦吗？这不是高扬人的精神，而是压低人的精神。

（二）哲学的阵地究竟在哪里？高文认为哲学不断转移阵地，漂泊了两千多年，最终才在类哲学中找到了人类的家园、归宿，即人之为人的根本。那么，探寻宇宙的奥秘、社会的本质不是哲学应该坚守的阵地吗？高清海同志曾经讲过，客观世界的领域已经一个个被实证科学占领了，哲学在此已无用武之地，而高文则强调哲学对客观世界的探索是本体论，是种哲学，即旧的物种思维方式，今日在全世界已被抛弃而让位于类哲学。如果这真是全世界哲学的主要趋向，这种趋向必然是会改变的，因为它把人自身看作人的家园，未免太狭窄了、太封闭了，难道地球不是人类的家园？太阳系不是人类的家园？整个宇宙不是人类的家园？高文不否定各种实证科学，没有责备天文学研究遥远的天体和宇宙的起源，没有责备生物学研究生命在地球上的最初的起源和远古的生命体，何独责备物质本体论（宇宙观）研究物质世界及其一般规律呢？在这个世界上，哪一门学科、哪一种知识不是自觉或不自觉、直接或间接地为了人呢？何必一定要钉在人身上才能说是对人的关心呢？高文明确指出人来自动物，动物来自物，我则认为不仅来自物，而且至今离不开、永远离不开这个生我养我育我成我延续我的社会、地球、宇宙，不了解人类赖以出现、生存和发展的社会环境和自然环境，怎么可能弄清楚人或人类自身呢？如果说对社会和自然自有社会科学和自然科学以从事研究，不必劳动哲学的大驾，哲学可以从这里退出了，那么，总有一天哲学将从人或人类这个领地退出去，因为人的一切，包括人的心灵，无不可以直接或间接地进行实证研究。事实上，实证地研究人的学科已经很多，研究人体的已经是一个庞大的学科群，研究人的社会生活和精神生活的学科也很多了，按照高文的逻辑，哲学也将从这里被驱逐出境，走投无路，只好逐渐死灭了。在我看来，不会有这一天，因为无论是就自然、社会或人类来说，乃至就整个宇宙来说，总有一个领域需要一门学科来研究，那就是对整体及其一般规律的研究，它就是哲学，具体说，就是本体论（宇宙观）、自然哲学、社会哲学、人的哲学以及从事各种分支的综合研究的部门哲学（应用哲学）。所以，在我看来，哲学并没有漂泊，哲学在上下求索、左右探寻，在曲折反复中发展和前进。

我对高文反复读过多次，尽量给以客观的理解，但我不敢保证没有误解甚至曲解的地方，坦率陈辞，难免有失言之处，欢迎高清海同志和广大读者批评指正。

《学与思的足迹》 序二

《学与思的足迹》是青年学者周溯源同志近十多年来在各种报刊上发表的文章的汇集，分为五辑，其中第一、二、三辑分别是哲学研究、史学研究、政治理论与工作研究，这三辑是按文章内容来区分的；第四、五辑分别是书评、随笔，这两辑是按文章形式来区分的。如果全按内容来区分，则后两辑可按内容插入前三辑中，另外可把关于文学的文章汇集起来，称为文学研究。如果全按形式来区分，则前三辑可以合为一辑，称为论文。当然，很难说书评、随笔不是论文，本书的若干书评篇幅颇长，有观点，有材料，论证严密，阐发周详，是地地道道的论文。短篇书评，评者论也，又何尝不是论文？至于随笔，之所以称为随笔，也只是由于短的缘故。随笔或有感而发，或借古论今，也都是一些短篇论文。——以上是我翻阅本书清样后对其中文章的内容和形式的理解，当然内容比形式更重要。

从内容讲，本书实际是四部分：哲学、史学、文学和马克思主义理论。由于作者的工作是以史学专业为主，故史学论文的分量最大。

---

* 《学与思的足迹》，周溯源著，东方出版社1998年9月出版。

这些论文当然是作者学与思的结果，而由于作者勤于学，勤于思，学得广，思得深，这些论文就不仅是作者十多年来在前进道路上的足迹，而且反映了十多年来我国人文科学——文史哲在前进道路上的足迹。

我是搞哲学的，对几十年来的哲学研究和发展是比较了解的。近20年来一直流传着一种说法："经济繁荣，哲学贫困。"我颇不以为然。如果把哲学和经济学相比，确可以这样说，但是，什么时候经济学不应该比哲学繁荣呢？如果哲学比经济学还繁荣，那一定是空谈误国的时期。不能要求哲学像经济学那样繁荣，不能把哲学同经济学相比，应该把哲学的今天同哲学的昨天相比。如果把新中国成立后的30年同最近的20年相比，哲学就太繁荣了。新中国成立前当然就更无法同今天相比，那时我在西南联大和北大学哲学，中国人写的哲学著作寥寥可数，报刊上的哲学文章难得一见。近20年可以说是近现代中国哲学最繁荣的时期。但是，由于时间和精力的限制，我对于文学、史学的情况是不太了解的。本书让我大开眼界，使我从中看见了文史哲的繁荣情况，特别是史学的繁荣情况。

本书的论文还可以按写法分为三类：一类是直接阐发作者观点的论文，一类是书评，一类是对某一理论问题的概括和介绍。第一类论文的选题都是学术界当时正在讨论的热点问题，如《自由是什么》、《论历史评价与道德评价》、《怎样看待"理论分歧现象"》、《关于历史创造者问题的新思考》，等等。对这些问题，理论界提出了种种观点，本书作者以马克思主义基本理论为指导，分析这些观点，并从事实材料出发，提出和论证自己的看法，这就推动了这些问题的讨论。例如，作者在对历史创造者问题的各方面作了比较详尽的分析之后得出了五点结论，这些结论我认为是实事求是的、中肯的、全面的，无疑把这个问题的讨论引向了新的深度。

书评是本书的一大特点，不仅第四辑是书评，第一、二、三辑中也有不少是书评。作者不但写了大量书评，而且提出了关于开展书评工作的建议。作者认为图书评论的导向作用非常重要，但书评事业的发展却受到多种因素的限制。为了打破这种限制，作者提出了四点建议。我非常赞同作者的想法。不说别的，单说哲学每年至少出版几百种著作，谁来读？一个人时间有限，除了个别著作，我们只能靠书评来了解它们的内容和价值，但写书评很不容易。一本书少的也有二三十万字，读几十万字的结果不过是写一篇两三千字书评。许多人都视写书评为畏途。我很佩服和感谢周溯源同志的勤劳和奉献精神，写了这么多的书评。在作者，费力大，效果少；在读者，费力小，收获大。本书的书评为读者开辟了一个新世界，我一篇篇读来，真是琳琅满目，美不胜收。读了这些书评我才知道许多有争议的或过去一贯被贬斥的历史人物，如胡适、汪精卫、李后主，我国史学界已经有了比较客观的公正的评价；我才知道我国学者对中国的流放者已作过专门的研究，写出了第一部《中国流人史》；我才知道我国理论界已写出《中国一百个哲学家》，虽然我是搞哲学工作的，竟然也不知道这本书……读了这些使人增长知识、开启心智的书评之后，我还感到一点不足，那就是文集中批评与纠正不良学风或错误观点的书评文章偏少（也许作者以往发过但此次没有全部收入），我想这也是书评能够发挥导向作用的一个重要方面。

第三类文章是对某些理论问题的讨论进行梳理、概括和介绍，例如第一篇文章就是《近几年关于历史唯物主义一些主要问题的讨论情况》，另外还有《关于"国学"研究和讨论中的几个问题》、《对"天人合一"的不同理解》，等等。大家知道，这种对问题讨论的梳理十分必要，它不仅是理论研究现状的真实反映，也是对讨论深入的引导。

总之，本书从一个侧面反映了我国人文科学——文史哲在近十多年来的进展，从这一方面讲，本书不仅是周溯源同志学与思的足迹，而且也是我国文史哲发展的足迹，这样谈，我想是合适的。

1998 年 8 月 20 日
写于北京大学哲学系

《个人权利与社会意识——"个人与社会"关系的新论》* 序

正如作者所说,个人与社会的关系问题是一个永恒而常新的问题。它之所以是永恒的,是因为人自从有自我意识以来,就意识到人只能生活于社会中,总要不断处理自己和他人、和社会的关系;它之所以是常新的,是因为在不同的时代对这个问题有不同的处理方式。正因此,这个问题争论了几千年,至今还在争论。争来争去,不外两种观点:个人本位主义和社会本位主义,或曰个人中心主义和社会中心主义。前者把个人摆在第一位,后者把社会摆在第一位。"拔一毛而利天下不为也","宁我负天下人,毋天下人负我",是个人本位主义的主张;"杀身成仁,舍生取义","先天下之忧而忧,后天下之乐而乐",是社会本位主义的宗旨。谁是谁非呢?新中国成立以来,社会主义集体主义(马克思主义社会本位主义)占优势。改革开放以来,特别是确定以社会主义市场经济作为我国经济体制改革的目标以来,不少人认为集体主义应该让位给个人主义,因为只有个人主义才与市场经济

---

* 《个人权利与社会意识——"个人与社会"关系的新论》,胡一民著,民族出版社 1998 年 12 月出版。

相适应，正如西方资本主义社会所证明了的。在我国理论界还出现了第三种观点：个人本位主义与社会本位主义都是片面的，在社会主义社会中个人与社会相互依存，利益一致，融为一体，高度和谐。这无疑是人们所追求的理想境界，但怎么可能个人与社会在利益上一点没有冲突呢？且不说改造社会，就以改造自然来讲，经常都会碰到需要牺牲个人利益来完成社会利益的情况，这时不仅个人本位主义行不通，个人与社会不分先后的主张也行不通，社会本位主义是唯一正确的选择。抗洪英雄高建成之所以成为英雄，就是因为在这关键时刻，他把他人的安危摆在第一位，把自己的安危摆在第二位，在必要的时候，义无反顾地以自己的生命为代价换取了战友的生存。不管将来的社会发展到多高的水平，在实践中不可能没有风险，不可能没有个人利益与社会利益发生冲突的时候，这种问题只能用社会本位主义来解决。即使在资本主义社会，在有的条件下，社会也要求个人牺牲自己，成全社会的利益。资本主义社会中也涌现过不少这种英雄人物，也赞美和歌颂这种英雄人物。在社会主义社会中，怎么能宣扬个人本位主义，怎么能赞成那种个人与社会不分谁是本位的糊涂观点呢？

我很赞赏本书的观点，它令人信服地论证了社会主义集体主义。它遵循马克思主义的一贯思路，从自然史、社会史谈到集体主义，把集体主义建立在牢固的实践基础和理论基础上。它肯定社会主义集体主义，但并不否认新中国成立后在贯彻集体主义的过程中出现过忽视个人利益、过多地干涉个人生活、压抑个人主动性的现象。因此，它强调在承认集体主义的前提下，尽可能把个人利益与社会利益统一起来。它特别重视集体主义在特殊条件下的特殊表现，使集体主义能够在社会主义市场经济的建立中、在知识经济的逐渐形成中发挥积极作用。本书是一本理论著作，也是作者长期从事实际工作的经验之谈，读者不仅可以从中获得许多知识，而且可以领会许多为人之道。

《辩证唯物主义人生哲学》*序

一个具体的人来到这个世界上不是由他自己选择的,但在他成长到一定年龄以后,怎样度过这一生,却是可以由他选择的,而且他不能不选择,事实上也经常在选择,不管他是否意识到这一点,不管他的选择有多少自觉性。可能有人会说:"我不选择,我随波逐流,得过且过。"其实,不选择就是一种选择。人之所以异于禽兽者甚多,自觉性是其中最重要的一种,选择自己的人生道路就是一种自觉性,就是说,任何一个人都有自己的人生哲学,因此,他的一生,无论是善是恶、是贤是愚、是显赫是卑微、是伟大是渺小,固然与他的社会环境和人生际遇有关,从一定意义讲,也是他本人在他的人生哲学指导下自我选择和自我实践的结果。既然如此,为什么不可以变人生哲学的无意识指导为有意识指导,不可以变不科学的人生哲学的指导为科学的人生哲学的指导,不可以变人生哲学的错误指导为人生哲学的正确指导呢?这些问题正是徐诚同志的《辩证唯物主义人生哲学》要深入论述和解答的一部分问题:什么是人生哲学?什么是科学的人生哲学?

---

* 《辩证唯物主义人生哲学》,徐诚、左言东著,北京出版社1999年12月出版。

如何运用人生哲学？……这些问题的解决有助于一个人愉快、幸福、成功、无悔、充实地度过一生，使他的人生价值充分实现。

徐诚同志深感原有马克思主义哲学教科书缺乏人生哲学部分，1985年开始研究人生哲学，1986年开始人生哲学的教学试验，十年来一直在教学实践和科学研究中以马克思主义为指导探索人生哲学的基本原理，并把他探索的结果写成《辩证唯物主义人生哲学》。粗粗翻阅了一下，我认为这本书有两大特色，一是它的科学性，一是它的实践性。先说它的科学性。

作者以"辩证唯物主义"为马克思主义人生哲学命名，是意味深长的。我国近年来有一种时髦的倾向，即极力把辩证唯物主义与马克思主义分开，即使承认马克思主义哲学是唯物主义，也只承认它是实践唯物主义，不承认它是辩证唯物主义。这种倾向有时颇占上风。作者偏偏要逆潮流而动，我是赞成作者对辩证唯物主义的这种坚持的，而这正是本书的科学性的主要保证。作者把辩证唯物主义看成马克思主义哲学的核心，而把多种部门哲学如自然观、历史观等看作它的特殊部门，其中包括了人生哲学。这种观点符合马克思主义哲学的内部结构和发展历史，也符合人类科学体系的内部结构和科学发展的历史。哲学在古代等于智慧、学问、理论、科学，经过两千多年的演变，哲学的领地几乎被各种科学瓜分殆尽，但还有一个领域没有被占领，那就是范围最大的宇宙和层次最高的存在。如果有谁要来占领这个领域，那么，它就是哲学，故哲学一般叫作宇宙观或存在论（即本体论），它是不会随着科学的分化、交叉和整合而最终消逝的。哲学与其他多种科学，按其对象所占范围之大小和层次之高低构成了一个金字塔式的科学体系。由于历史的原因，哲学一词现在仍不仅用于宇宙观，而且用于层次较高的科学，因而有自然哲学、历史哲学、科技哲学、经济哲学、政治哲学、文化哲学、人生哲学、教育哲学、管理哲学……现在人们把这些哲学称作部门哲学。如果我们承认辩证唯物主义是唯一科学的宇宙观，那么，多种部门哲学也应该是辩证唯物主义的，因为它们所研究的对象都包括在辩证唯物主义所研究的对象之中，辩证唯物主义的原理对这些对象当然是普遍适用的，人生哲学不会例外。正是辩证唯物主义的指导保证了人生哲学的科学性。本书的科学性还表现在其他方面，例如，作者把人生哲学建立于生产劳动观点的基础上，而他所理解的生产劳动，不仅包括物质生产劳动，而且包括人本身的生产劳动和精神生产劳动，这就使人生哲学建立在全面而扎实的实践基础之上。

本书的实践性也是十分突出的。现在许多人都喜欢把马克思主义哲学称作实践唯物主义，但理解各不相同。大致有三种理解：一、实践本体论或实践一元论，认为世界依存于实践，或存在就是实践。二、实践哲学，认为实践是哲学研究的唯一对象。三、实践的唯物主义，认为哲学不仅具有认识世界的功能，而且具有改造世界的功能。我认为这后一种理解是符合马克思和恩格斯的原意的。马克思和恩格斯的原话是："实践的唯物主义者，即共产主义者"，马克思在《关于费尔巴哈提纲》中也说："哲学家们只是用不同的方式解释世界，问题在于改变世界。"这些话都强调了哲学改造世界的功能，即实践功能。马克思还批评直观唯物主义忽视了社会实践对外部世界的改造作用，但他绝没有否定外部世界的客观存在的意思。前两种观点夸大了实践和实践观点的作用，不是科学的态度。本书作者的态度是实事求是的，他强调《辩证唯物主义人生哲学》的实践性，做到恰如其分，可以说是鲜明地表现了实践唯物主义的精神实质。读者只要翻一下目录，就可看出，"正确认识与改造"的提法贯串许多章节，如正确认识与改造人、正确认识与改造人生、正确认识与改造自我，等等，不仅告诉读者如何正确理解人生哲学原理，而且告诉读者如何正确实行这些原理，这是十分必要的。

党的十四届六中全会通过的《中共中央关于加强社会主义精神文明建设若干重要问题的决议》指出："精神文明建设包括思想道德建设和教育科学文化建设，要教育人民成为'四有'人民，教育干部成为'四有'干部，特别要教育好青年，教育好后代。"这就是说，精神文明建设归根到底是人的建设。《决议》又指出："思想道德建设的基本任务是：坚持爱国主义、集体主义、社会主义教育，加强社会公德、职业道德、家庭美德建设，引导人们树立建设有中国特色社会主义的共同理想和正确的世界观、人生观、价值观。"这就是说，思想道德建设有一个哲学基础，那就是世界观、人生观、价值观。徐诚同志的《辩证唯物主义人生哲学》正是对精神文明建设的哲学上的论证。此书的出版，我相信会对我国精神文明建设起积极推动作用。

《市场经济与村镇文化研究》* 序

改革开放以来，我国有两次文化热。一次是80年代的西方文化热，一些人主张"彻底反传统"、"全盘西化"、"西体中用"，以西方自由主义思想来指导中国当代文化建设，其矛头不仅是指向传统文化，而且指向马克思主义，争论的焦点实质是以马克思主义还是以西方资产阶级自由主义来指导中国当代文化建设。另一次是90年代的中国传统文化热，即国学热，一些人主张"复兴儒学"，以儒学为主体，融合中西文化，使复兴了的儒学或曰现代化了的儒学成为中国当代文化的主导力量。这种观点的矛头也是指向马克思主义，争论的焦点是以马克思主义还是以儒学来指导中国当代文化建设。两次文化热涉及的是中国传统文化、西方文化和马克思主义对中国当代文化建设的关系问题，或者说，在儒学、西方自由主义和马克思主义三者中以何者来指导中国当代文化建设的问题。在这场讨论中有许多学者都指出，不能把中国文化传统限于儒学，除儒家外还有其他诸子百家，特别是不要忘记中国劳动人民在生产劳动和革命斗争中所创造的文化传统，尤其

---

* 《市场经济与村镇文化研究》，李宝林等著，河南人民出版社1999年12月出版。

是五四新文化运动以来新民主主义革命和社会主义改革中所创造的文化。无疑，这种观点是很正确的，也是很重要的。

在这一场关于文化的讨论中，学者们发表了上百本专著、上千篇论文。经过热烈的讨论，人们也达成了一些共识。既然中国正在建设的是有中国特色的社会主义，中国当代文化当然应该建设成为有中国特色的社会主义文化，也就是说，应该以马克思列宁主义、毛泽东思想和邓小平理论来指导。中国的儒学或其他诸子百家和西方的自由主义思想都不可能指导中国社会主义文化建设，但这绝不是排斥中国传统文化和西方文化，而是要吸收其精华，使之成为中国当代文化中的重要成分；至于劳动人民在生产斗争和革命斗争中所创造的优秀的文化，当然更不能抛弃。有的学者很恰当地把这些思想概括为16个字：洋为中用，古为今用，批判继承，综合创新。但这只是涉及中国当代文化建设与其他文化的关系，即如何在马克思主义指导下吸收其他文化的精华来建设中国当代文化，而没有涉及中国当代文化建设的根基。借鉴其他文化诚然是中国当代文化建设的重要方面，但不是主要方面，主要方面是根据中国社会主义初级阶段的经济和政治状况及其需要来建设中国当代文化。实际上中国当代文化已在自发地悄悄地随着中国当代经济和政治的变化发展而不断地变化发展着，令人感到遗憾的是从事这种调查研究，总结其中的经验教训，找出问题，提出对策，借以提高建设有中国特色的社会主义文化的自觉性的论著比较少见。在这种情况下，李保林同志主持的国家社科规划基金"九五"重点科研项目"社会主义市场经济与村镇文化建设"的研究和它的最终成果《市场经济与村镇文化研究》的出版，我认为是极其可贵的。

我国人口中绝大部分是农民，离开我国农村的经济、政治、文化建设，就谈不上有中国特色的社会主义建设。改革开放以来，我国农村的经济、政治发生了巨大的变化，与之相适应，农村文化也发生了巨大的变化。特别应该指出的是，我国农村的经济体制改革一开始实际上就是向着社会主义市场经济的方向前进的，尤其是异军突起的乡镇企业始终是在社会主义市场经济的引导下萌芽、成长、壮大和发展的，给予农村文化的影响极其明显和巨大。党中央一贯重视我国农村的精神文明建设，在江泽民同志于党的十五大报告中提出从经济、政治和文化上建设有中国特色社会主义以后，更加关注我国农村的经济、政治、文化建设。1998年党的十五届三中全会通过了《中共中央关于农业和农村工作若干重大问题的决定》，对我国农村的有中国特色社会主义建设提出了具体的要求。就文化建设来讲，任务是很重的。要在我国农村完成与社会主义市场经济相适应的村镇文化（可以说这是中国当代文化的源头活水），还有大量工作要做，其间理论工作者大有用武之地。《市场经济与村镇文化研究》一书为完成这一艰巨任务从理论上作出了自己的积极的贡献。

此书从广泛的调查研究入手，对搜集到的丰富的第一手材料进行了理论上的加工制作，就社会主义市场经济条件下村镇文化建设的新课题，社会主义市场经济条件下村镇文化的主要特征、功能，村镇文化建设的基本准则、有效途径等问题创造性地进行了深入的概括和分析，有材料，有观点，有论证，有问题，有对策。此书真正进入了中国当代文化建设的源头活水，构建了社会主义市场经济条件下中国村镇文化建设的理论框架，丰富了有中国特色社会主义村镇文化建设理论的内容。它的出版，我相信，不仅会大大推动村镇文化建设的研究，也会大大推动有中国特色社会主义文化建设的研究。

1999年11月于北大朗润园

新时期哲学发展的一面镜子[*]
——读《邢贲思文集》[**]

《邢贲思文集》共四卷,已由陕西人民出版社出版。《文集》除第一卷中的两本关于西方人道主义史的专著写于"文革"前而在"文革"后出版外,其余三卷都是作者近20年内写作的。可以说,《文集》是我国新时期马克思主义哲学研究和发展过程的一面镜子。

人们知道,新时期马克思主义哲学的发展有两条主线,一条是如何运用马克思主义哲学来指导我国社会主义现代化建设以及马克思主义哲学在建设实践中的丰富和发展,一条是对马克思主义哲学有关基本问题的阐释、研究和探讨。《文集》第三卷的近50篇论文大体上属于前者,第二、四卷的近100篇论文大体上属于后者。其中包含一些运用马克思主义观点分析和评论西方哲学有关问题的文章,再加上第一卷便形成一组关于西方哲学的论著。这样,《文集》内容可分为三部分:马列主义、毛泽东思想、邓小平理论及其哲学;马克思主义哲学基本问题;西方哲学。

---

[*] 本文发表于《人民日报》2000年1月11日。
[**] 《邢贲思文集》,陕西人民出版社1998年9月出版。

在第一组文章中，作者不仅系统、准确地介绍和阐释了马列主义、毛泽东思想、邓小平理论的基本思想，而且着重论证了它们之间一脉相承的关系和它们对改革开放和社会主义现代化建设的指导意义。其中大多数文章是阐明建设有中国特色社会主义理论的，涉及了许多热点问题，如解放思想、实事求是的思想路线，社会主义初级阶段，社会主义本质，"一个中心、两个基本点"的基本路线，社会主义市场经济，社会主义精神文明建设，等等。许多文章曾产生过广泛的社会影响。

在第二组文章中，作者站在马克思主义的立场和观点上，几乎对真理标准讨论以来有关重要哲学问题的讨论都发表了自己的见解，对推动讨论的深入，发挥了积极的作用。首先是讨论真理标准问题的文章。这是一场关系国家命运的大讨论，一开始作者就旗帜鲜明地投入了这场论战。在这些文章中，作者深入浅出地阐明了马克思主义以实践作为检验真理的唯一标准的观点及其理论意义和实践意义，驳斥了"两个凡是"的错误思想路线及其种种表现。其次是讨论人道主义和异化问题的文章。人道主义思潮的实质、内涵、价值本来是近代思想史中一个十分复杂的问题，它又在马克思主义的萌芽、形成和发展中起过重要的作用，这就使人道主义问题在非马克思主义理论界和马克思主义理论界都成为普遍关注和争论的一个焦点。改革开放前，人道主义问题在我国曾被全盘否定；改革开放开始后，人道主义被理所当然地重新提出，并在80年代初期逐渐形成高潮。在这场争论中，作者坚持马克思主义的原则性，区分了作为历史观的人道主义（认为人类社会的历史是人的本质的异化与异化的扬弃）与作为伦理原则的人道主义。正是这一区分划清了唯物史观与人道主义的唯心史观的界限，同时保留了它的合理因素，从而既避免了对人道主义的全盘否定，也避免了把马克思主义与人道主义混为一谈。第三是讨论人的主体性的文章。主体性的讨论是从人道主义讨论中引申出来的。这里的关键问题不是是否承认人的主体性，而是主体性有没有客观来源的问题。对此，作者明确指出："不能离开客观来源谈主体结构。"应该说，这样看待主体性问题是全面的。第四是讨论实践唯物主义的文章。作者明确反对把实践唯物主义理解为实践本体论和实践一元论,认为马克思和恩格斯并没有把自己的哲学命名为"实践唯物主义",而只是强调过自己哲学具有实践的特征。在作者看来,以"辩证唯物主义"或"辩证唯物主义和历史唯物主义"来给马克思和恩格斯的哲学即马克思主义哲学命名还是最妥当的。此外,作者还就历史发展的客观规律性和主体选择的关系、人的理性与非理性的关系以及其他有关问题发表了自己的见解。

《历史认识的客观性问题研究》* 序一

袁吉富同志曾是我的博士研究生，在写作博士论文的过程中，他付出了辛勤的劳动，经历了艰苦的思索，从而完成了一部具有较高水平的优秀博士论文。他的论文答辩顺利通过之后，我就希望他能够把它早日修改出版，一年多后，为此事我还专门询问过袁吉富同志。现在经过作者的修改，这部论文即将出版了，作为他的导师，我感到非常高兴。

历史认识论在国内是一门新兴学科，它不同于研究历史是什么的历史本体论，而是研究人们怎样写历史的一门科学。这门科学现在已引起学术界的较大关注。在我看来，近些年来学术界对社会科学、人文科学的学科本性和方法论问题的广泛探讨，在某种程度上都可以归结到历史认识论的范畴当中。

马克思主义历史认识论作为唯物史观的重要组成部分，我们应该把它建成为一门完整严密的学科体系，而要做到这一点，首先就需对其关键问题予以深入的探索。那么，历史认识论的关键问题到底是什

---

* 《历史认识的客观性问题研究》，袁吉富著，北京大学出版社2000年7月出版。

么呢？是历史认识的客观性问题。因为这个问题涉及人文社会科学是不是一门科学、是怎样的一门科学以及我们能否认识历史真相等重大的理论问题，也涉及学术与政治的关系这一重大的现实问题。在社会实践迫切需要人文社会科学大发展的今天，袁吉富同志选取历史认识的客观性问题进行专门研究，将会愈来愈显现出其较为重要的理论意义和现实价值。

对于这部著作，我有以下几点具体看法：

一、该著作的思想资料十分丰富，不但有西方的、苏联东欧国家的，而且还有中国的，不像有的著作只讲西方，不讲中国。因而该书对问题所在抓得比较准，即：历史认识的客观性问题之所以复杂难解，是由于它有强烈的主体性。

二、该著作对涉及这个问题的哲学前提（即认识论前提、历史观前提、实践观前提、本体论前提）、历史学前提都有较充分的较确当的交代，为问题的解决打好了思想基础。

三、该著作论述的问题是一个跨学科的问题，即跨越哲学和历史学，应该有丰富的典型的历史事实作为立论的依据和论述的支撑。作者在这方面作了努力，提供了若干对历史事实的分析，但显得不够，这是本书的一个弱点。

四、解决问题的关键在于处理好历史认识的主体性与客观性的关系问题，这是一个正确的思路，它开辟了解开这个难解之谜的正确途径。作者认为认识的主体性有积极的与消极的之分，充分发挥前者的作用而限制后者的作用，就可能获得认识的客观性，也就是说，主体性不一定是认识达到客观性的障碍，而可能是认识达到客观性的促进者、不可缺少的手段。作者循此思路，仔细分析了历史认识如何通过历史认识的主体性而达到客观性。作者指出，检验历史认识客观性的标准归根到底是社会实践，并对作为检验标准的实践所具有的价值属性作了论述，同时作者还承认了史学实践检验的一定作用，这是比较全面的。当然，主体性与客观性的关系问题还可以进一步展开分析。

袁吉富同志是一位具有较大发展潜力的年轻学者，我希望他今后继续发扬勤奋刻苦、勇于探索的精神，为中国马克思主义哲学在21世纪的更大发展多做一些有益的工作。

2000年2月2日
于北京大学朗润园

《是家乡，不是异乡——个人存在的真实性及其限度》* 序

康健同志曾是我指导的博士研究生，在我的印象中，他严于律己，工作努力，勤奋问学，学风严谨，在不离职学习及面临其他困难的情况下，经过三年寒窗苦读，如期完成了学业。这部学术专著就是他在四年前完成的博士论文基础上深化、扩展而成的，作为康健同志的导师，我对此书的出版感到由衷的欣慰。看着自己亲手培养的学生一个个成长起来，在理论建设上日益发挥作用，我感到自己也是在做着一件善莫大焉的事情。

个人与社会的关系问题是一个老问题，马克思主义对此问题已经有过明确的回答，这就是集体主义。但过去在集体主义的理解和实行中，都存在着某些不容忽视的片面性，特别是由于当前对外开放和经济体制的转换，个人与社会的关系问题在理论上更加成为一个热点，在实际生活中也成为越来越尖锐的一个矛盾，在这样的情况下提出这个问题，对过去的理论进行反思，对现实的社会情况和思想情况作出

---

* 《是家乡，不是异乡——个人存在的真实性及其限度》，康健著，中央编译出版社2000年10月出版。

新的理论概括，对有争议的问题提出自己的看法，仍是十分必要的。因此，这部著作无疑具有一定的理论意义和实践价值。

这部著作搜集了大量翔实的历史和现实思想资料，并从现实背景和理论历史两个大的方面，在理论上作出了新的概括，勾画了历史上关于个人与社会的关系的思想脉络，挖掘了这一问题的本质和矛盾所在，从而为这部著作在内容上的展开和推进提供了比较充分的思想前提。

这部著作从个人存在的真实性在于他的社会性，进而引出对个人与社会的现实关系的新的理解，从个人与其社会本质和个人与社会集体这样的双重意义上，从"同源"、"共生"、"互动"这三个层面上进行了分析，在这种"共生论"理解的基础上，最后得出社会本位论的新形态是新集体主义的结论。这部著作既反对片面夸大个人的个人主义（原子主义、个体主义），又反对片面夸大整体的整体主义（有机主义），既反对表现为个人主义和整体主义共同立场的实体化理解，又反对使得个人与社会的相互关系归于取消和抽象化的功能化理解，主张在社会本位论前提下的个人与社会的共生论，或者说是以这种共生论的理解来对社会本位论进行了扩展和新的解释。在论证过程中，这部著作把个人与社会的关系区分为不同的理论层面，即不仅在价值论层面上研究个人与社会的关系问题，而且在存在论和历史观层面研究它，认为这一问题的解决有赖于从价值论到存在论，坚持价值论和存在论的统一，从而使这个问题的研究达到了哲学的高度。

这部著作贯彻了马克思主义的思想指导，在新的时代条件下进一步发扬和发挥了马克思主义，特别是马克思关于个人与社会的关系问题的基本观点，在此基础上又有新的创造，在诸如：问题的价值论意义和存在论意义、实体化和功能化的错误理解、关系的社会本质与社会集体的双重含义、个人存在的真实性及其根据、共生论本身的三个层面以及新集体主义的构想等观点的概括和表述上，都颇有新意，不乏深刻之处，而且富于启发性。当然，由于理论主题的复杂性，其中所涉及的某些理论问题没有充分展开，例如关于共生论本身的理论分析，给人以意犹未尽的感觉，还有再发挥的余地。

  康健在理论上勇于独立思考，无论在基础理论问题上，还是在重要的现实问题上，常常能够提出自己的见解，我希望他继续发扬这种精神，在理论建设上有所建树，为哲学的发展和繁荣作出自己的贡献。

2000年10月5日

于北京大学朗润园

《认识的反思》* 序

田心铭同志完成了他的 50 多万字的著作《认识的反思》，要我写一序言。我虽然没有撰写过关于认识论的专著，但自我从事马克思主义哲学的教学与研究工作 50 多年以来，一直关注认识论问题的研究和讨论，也零零星星地发表过一些论文，断断续续地参加过一些争论，便欣然答应下来。这已经是几个月以前的事。几个月来，我陆续重点地阅读了这本著作，虽然不是逐字逐句，但主要内容我大体上也掌握了。在这过程中，我仿佛跟随作者经历了一次认识论领域中的探险，一道道难关，都被作者凭借着马克思主义哲学的智慧一一跨越了。我的总的印象是：这是一本论述马克思主义认识论的系统著作，但它并不是像一般教科书那样按照问题的逻辑顺序简单地正面解说自己的观点，而是随着内容的展开提出尚未解决的有争议的难题，一一加以细致深入的分析，然后对难题作出实事求是的解答，使人感到极强的针对性、论证性、可读性和说服力。不妨举几个例子。

认识论是什么，或者说，认识论与哲学的关系是什么，是第一道

---

* 《认识的反思》，田心铭著，人民出版社 2000 年 12 月出版。

难题。大家知道，认识论无疑是哲学，但哲学是不是等于认识论至今仍然存在着分歧。作者认为有的人说哲学就是认识论，是指哲学具有的认识论功能，这是对"认识论"一词的广义的理解，如果作狭义的理解，把哲学研究的对象限于认识，那就把哲学的其他部门取消了。我认为作者的观点是正确的，哲学包括许多部门，其核心是世界观，有的人把哲学归结为认识论，其结果必然会否定世界观。作者不同意这种观点，而采用了钱学森院士的"科学技术体系"，把认识论定位为世界观与思维科学的桥梁，即十大部门哲学之一的认识哲学，并从而合理地处理了辩证唯物主义与认识论的关系：辩证唯物主义是认识论的本体论（世界观）前提，而由于辩证唯物主义也是一种认识，认识论就成为论证辩证唯物主义的基石。

认识的本质是什么，这在今天也仍然是一个争议颇大的难题。过去曾有人认为认识的本质是选择而不是反映，反映论是直观唯物主义，早已过时了。今天盛行的观点是：认识是创造、创新。创新，这是今天中国社会发展的关键，是时代的课题，知识要创新，科技要创新，制度要创新，当然认识必须包含创新。但如果把创新同反映对立起来，像80年代把选择与反映对立起来那样，以创新论取代反映论，那就会把创新引上邪路。本书作者坚持了马克思主义认识论的一贯的观点：认识的本质是能动的反映。作者认为马克思主义反对直观唯物主义对能动性的忽视或否定，并不反对其反映论，主张认识是能动性与反映性的统一。这是完全正确的，能动的反映论没有过时，也不会过时。主体的能动性不仅包括主动性、积极性，也包括选择性、创造性。作者明确地指出，认识的能动性要求人们在实践中勤于思索、勇于开拓创新，反对因循守旧、墨守成规。这种观点是能动的反映论，不是消极的被动的反映论。这就是说，认识的创新必须以正确的反映为基础，如果把认识的本质规定为创新，就排斥了反映；如果把认识的本质规定为能动的反映，当然包含创新，因为创新是能动性的构成因素，新的认识就是新的反映。

今天没有人否定马克思主义哲学可以称为实践唯物主义，但如何理解实践唯物主义存在着很大争议。一种观点认为实践唯物主义就是以实践作为整个感性世界的基础的世界观，亦即实践本体论或实践一元论。这样，实践唯物主义就同辩证唯物主义对立起来了，因为辩证唯物主义主张物质本体论或物质一元论。另一种观点认为实践唯物主义是以实践为对象的哲学，即实践哲学。把马克思主义哲学等同于实践哲学，就排斥了辩证唯物主义世界观。第三种观点认为实践唯物主义标明了马克思主义哲学的一个本质特征——实践性，同辩证唯物主义和历史唯物主义是完全一致的。作者对实践本体论持鲜明的否定态度，认为它不是真正的实践唯物主义，并给那种以强调实践为特征的唯心主义取了一个名字——实践唯心主义。这个名词是作者的始创，创造得好，对于那些过分强调实践，把实践拔高到超越自然界的"优先地位"（马克思语）的观点是一贴清凉剂。列宁早就有过在实践问题上有唯物主义与唯心主义之分的思想，指出过马赫主义、实用主义都是强调实践的唯心主义，但他还没有创造"实践唯心主义"这个名词。我想我们的哲学家们对实践的重视难与列宁相比，列宁对实践的清醒态度应该使我们也清醒一点。

作者对真理的客观性和主观性的分析令人信服。过去人们只谈真理的客观性，从不谈真理的主观性，似乎真理的客观性与主观性是绝对对立的，完全不相容的。感谢改革开放以来关于人的实践和认识的主体性（实即主观性）的讨论，人们开始实事求是地对待主观性。作者显然汲取了这方面的成果。作者认为客观性不仅属于外部世界，也属于真理；同理，主观性也不仅属于错误，也属于真理。主观性是一切认识的共性，即正确的认识和错误的认识的共性，而不是区别真理性认识（真理）与错误认识的标准。这种分析是实事求是的，破除了过去把主观性等同于主观主义的偏见。

是否有些真理具有阶级性，这个问题在五六十年代曾经有过争议，而"左"的教条主义在"文化大革命"中又把真理的阶级性推向极端，甚至以阶级性来作为区分真理与谬误的标准，认为一切真理都有阶级性。这种观点在真理标准讨论后理所当然地受到了批判，但很多人又走向了另一个极端，认为一切真理都没有阶级性，认为真理既然是客观的，它本身就没有阶级性；如果承认某些真理有阶级性，就是承认这些真理是以阶级性为标准来规定的，某些通行的哲学教科书都持这种观点。本书作者不回避问题，不怕沦为"少数派"，坚持某些社会科学的真理有阶级性的观点。但作者不是简单重复已有的观点，而是提出了巧妙的论证。例如作者认为区别真理的标准（与客观实在相符合）是对一切真理说的，而有阶级性是对部分社会科学真理说的，二者怎能混为一谈呢？其他论证，这里不再赘述，请读者自阅。这些论证对我都是很有启发的。

  以上只是几个例子。此外作者对于认识规律体系的构想，关于真理与错误的关系、错误的价值、绝对真理的界说、真理的具体性与抽象性、真理一元论的观点以及其他许多问题的论述，都提出了自己独特的见解和精彩的分析。古话说："尝鼎一脔，他可知矣。"从以上几个例子已可大体窥见本书的全貌。本书既坚持了马克思主义认识论的基本观点，又反映了时代的变化，特别是20年来马克思主义哲学的研究和发展。本书的观点无疑会引起一些争议，对认识论问题的论述也不能说是十全十美的，例如价值观在以实践检验真理的过程中究竟起什么作用，本书虽有所涉及，但缺乏系统的论述。但是，无论如何，本书不愧是改革开放20年来马克思主义认识论研究的有重要学术价值的理论著作。我相信它的出版必将对广大读者和哲学界有不少的启迪，故把我阅读此书时的一些感受写成序言，以供参考。

2000年7月于未名湖畔

从艾思奇的《大众哲学》再版谈起[*]

艾思奇的《大众哲学》第 1 版发行于 1934 年,至今已 66 年了,最近由中国社会出版社经过适当的修订再版发行。这是一本通俗的阐明马克思主义哲学——确切点说——辩证唯物主义基本观点的著作,新中国成立前曾发行 32 版,其中第 4 版和第 10 版有较大修改。这本书在三四十年代对传播辩证唯物主义的基本观点和引导广大青年走上革命道路,发挥过巨大的作用,当时的进步知识分子差不多都受过它的影响。笔者本人 60 多年前就读过此书,深深地被它所吸引。它不仅使我初步知道了什么是哲学,引导我后来终身从事哲学工作,而且引导我倾向进步,并进一步倾向革命,倾向马克思主义。

这次《大众哲学》出版的是第 1 版,除了增加了少量注释而外,还作了少量的增删,其中改动较大的是删去第 1 版的第 18 节(关于形式逻辑),以第 10 版的第 13、14、16 节取代了第 1 版的第 14 节。这样修订的目的在于不仅向读者提供一本发挥过巨大作用的历史著作,而是出版了一本适合现代读者需要和阅读习惯的现代读物。这是一种

---

[*] 本文发表于《人民政协报》2000 年 12 月 8 日;《新华文摘》2001 年第 3 期;《常青的〈大众哲学〉》(红旗出版社 2002 年 4 月出版)。

尝试，如获得成功，《大众哲学》将发挥更大的现实的影响，并为哲学的普及工作提供了一个成功的样板。

我参加了这本书的修订工作，这个工作使我产生了一些想法。我首先想到的是，一本通俗的马克思主义哲学著作为什么会有如此巨大的影响呢？我认为第一是因为他所传播的是马克思主义的科学世界观——辩证唯物主义。科学的世界观是历史观的前提，世界观和历史观是价值观和人生观的前提，它把青年引向进步、引向革命是顺理成章的。其次是因为这本书适应了当时革命的需要，即适应了青年们在外有强敌侵略、内有激烈斗争的条件下，迫切要求科学思想的指导的需要。只有马克思主义哲学才能担当起这一任务。第三是因为这本书的学风与文风对青年产生了强烈的吸引力，使他们对马克思主义哲学心悦诚服，愿意以它指导自己的行动。这本书的风格同艾思奇同志的为人治学十分相似。它坚持摆事实、讲道理的学风，以理服人而不是以势压人；书中提供了大量日常生活中和科学中的生动活泼的材料并加以深入浅出的分析论证，而不是板着面孔，专门从事抽象的思辨与演绎；语言和概念通俗易懂，而不是深奥晦涩。今天看来，60多年前的著作不可能没有过时的地方，但从总体上看，它的内容和形式都具有永恒的价值，正如历史上的经典著作具有永恒的价值一样。列宁在20世纪20年代曾在《论战斗的唯物主义》一文中，主张重版18世纪唯物主义无神论者的著作，发挥它们的战斗作用。今天我们重新印行60多年前的《大众哲学》，它也会发挥它的积极作用，向广大青年传播马克思主义世界观，提高广大读者的理论思维能力。

其次我想到我国的科普工作。我们都认识到科普工作的重要性。许多第一流的科学家都亲自撰写科学普及读物，但可惜这个科普只是自然科学的普及工作，而哲学社会科学的普及工作，则比较不为人所重视。重印《大众哲学》会启发我们的思想，提高对哲学社会科学的普及工作的认识。我认为哲学家有两个重要任务，一是研究哲学，发展哲学；另一个就是传播哲学，以科学世界观——辩证唯物主义武装人。高校中的教学工作诚然是传播工作，但只限于学校，对广大社会读者传播哲学工作则一直不受重视，社会科学的普及工作现状也是如此。哲学社会科学的普及工作并不容易，《大众哲学》是一个成功的榜样，它的重新出版会对我们的哲学以及社会科学的普及工作产生很大的启发和推动作用。

《人民主人翁——邓小平理论的主题词》序*

我的一位青年朋友向我推荐一部书稿，并说该书作者有意请我作序。当我听到该书的书名是《人民主人翁——邓小平理论的主题词》①，就感觉这是个好题目。人民主人翁是一个耳熟能详、尽人关注的问题。但是把它作为一个课题，特别是作为邓小平理论的一个专题进行系统研究，目前尚未见到。本书的作者确实抓到了一个重大的、需要从理论上说清楚但理论上还没有说清楚的问题。

在认真阅读了部分书稿之后，我发现，本书的作者们比较好地完成了他们的使命。我们知道，人是地球上唯一的自觉的主体，人在自己的行动中是追求解放和自由的。从古代的以人为中心的希腊文化，到中世纪后的"文艺复兴"，再到近代的"启蒙运动"，思想家、革命家们孜孜以求的目标就是人类主宰自己的命运——做主人翁。但不无

---

* 本文曾以《人民主人翁——一个有意义的课题》为题，摘登于《光明日报》2002年10月3日。

① 《人民主人翁——邓小平理论的主题词》，刘福寿等著，红旗出版社2001年1月出版。

遗憾的是，由于历史和阶级的局限，他们的思想虽都发出过闪耀的光芒，但终究不是指引人类驶向自由彼岸的灯塔，唯有马克思主义全面系统而且科学地论证了人类的彻底解放，以历史唯物主义为其哲学依据，为人类找到了实现自由人、真做主人翁的正确途径，这就是发展社会生产力、进行共产主义革命和完成人的全面发展等。马克思恩格斯创立的这些处在观念形态上的理论，后来得到了列宁、毛泽东等无产阶级革命家的实践的确证。中国人民在本世纪上半叶，继俄国革命之后，在中国共产党的领导下，经过20多年的浴血奋斗，终于推翻了压在自己头上的"三座大山"，翻身做了国家和社会的主人。人们以为目标已经实现了。但是，这只是部分实现，视部分为全部，错误便由此而生。从50年代末期直到"文革"，人民感到，在社会生活的不少方面，自己越来越不像主人翁。一穷二白，贫困落后，物资匮乏，凭票供应，文化荒芜，读书无用，计划统制，权力集中，政治运动，内斗不止，抓"革命"保险，抓生产危险，等等，这些东西怎么也和主人翁联系不到一起。邓小平第三次复出，成为党的第二代领导集体的核心之后，从理论到实践，力行拨乱反正。在主人翁问题上，邓小平告诉人们，人民主人翁的实现是一个长期的渐进的过程，以政治、经济和文化的全面发展为条件，我们现在只能算是实现主人翁的"初级阶段"。今后我们要走的路还很长，其根本任务是发展社会生产力。同时，还要深化体制改革，加强民主法制建设和精神文明建设，发展科学教育文化事业，提高全民族的思想道德和科学文化素质等，人民主人翁的实现与这个发展过程是同步而行、相互促进的。显而易见的是，邓小平的这些观点实现了对马克思主义基本理论的回归和发展，矫正了我们已经形成的幼稚和肤浅的认识。

以上是本书的作者们为我们提供的一个思路。我认为，这个思路符合马克思列宁主义、毛泽东思想和邓小平理论的基本观点，而且本书脉络清晰，不乏新意，不失为邓小平理论研究和人学理论研究中的一部值得称许的新作。

当然，不能认为本书已经十全十美了，我读后感到还有不足之处，或者说，关于人民主人翁这个题目还可以作进一步研究。本书的一大优点是紧密结合我国实际，不回避一些尖锐的现实问题，例如有些企业职工下岗了，还是主人翁吗？对这些问题，本书作了合情合理的分析，论证了这些员工的主人翁地位。但是，这种主人翁地位也是部分的。如果把部分看成全部，忽视它的历史局限性，人民的主人翁地位也有可能削弱，甚至丧失。因此，如何在现有基础上加强人民的主人翁地位，激发全国人民的主人翁意识，自觉地为建设有中国特色社会主义和实现中国的社会主义现代化而努力奋斗，就成为一个值得深入研究的有重大意义的课题。我寄希望于本书的作者们！

总之，人学研究，源远流长；邓论文献，浩如烟海。本书的作者们选取了人民主人翁这样一个重大题目，锁定目标，深入挖掘，埋头劳作，终有所获。这种做学问的精神值得提倡。但愿本书的作者以及更多的人们，在这个领域里，披荆斩棘，辛勤耕耘，有更多的新人新作出现。

是为序。

2000 年 11 月 10 日于北京

《邓小平哲学思想与深圳实践》 序言[*]

邓小平理论是马克思主义同当代中国实践和时代特征相结合的产物。在当代中国，只有邓小平理论而没有别的理论能够解决社会主义的前途和命运问题。邓小平哲学思想是邓小平理论的一个组成部分，并且是这个理论体系的基础和精髓。我们学习邓小平理论，不仅是要学习和掌握邓小平的政治、经济、文化、社会等各方面的有关观点，更重要的是要学习和掌握他的哲学思想，学习他观察问题和处理问题的立场、观点和方法。只有这样，才能对邓小平理论的各方面内容融会贯通，把握其内在联系；只有这样，才能在运用邓小平理论于指导实践中达到预期的目的。

邓小平哲学思想是深邃而丰富的，是当代中国精神的精华。它是对中国和世界社会主义革命和社会主义建设经验的概括和总结。其主要内容有：解放思想和实事求是相统一的辩证唯物论；矛盾论和系统论相统一的唯物辩证法；尊重实践和尊重群众相统一的辩证唯物主义认识论；发展生产力和解放生产力相结合的解决社会基本矛盾论；改

---

[*] 《邓小平哲学思想与深圳实践》，余其铨主编，中央文献出版社 2002 年 1 月出版。

革与开放相结合的社会主义生产力发展动力论,等等。在这些重大的理论中,解放思想、实事求是的理论是邓小平哲学思想的核心和精髓。邓小平虽然没有写过哲学专著,但他的哲学思想渗透和融化在他研究新情况和解决新问题的实践之中。所以,理论界的一些学者,把邓小平哲学思想概括为实践的哲学或行动的哲学,虽然有简单化之嫌,但也是言之成理的。总之,邓小平哲学思想是对马克思主义哲学、毛泽东哲学思想的重大发展和创新,在马克思主义哲学发展史上有着不可磨灭的贡献。

深圳经济特区从建立、发展到取得其辉煌成就,都是在邓小平的亲切关怀下及邓小平理论的正确指导下取得的,也就是深圳的各级领导和人民正确地运用邓小平的哲学思想,认真处理改革开放中的各种错综复杂的矛盾而取得的。邓小平理论之花,结出深圳丰硕之果。当然,深圳的实践经验不但为建设有中国特色社会主义作出了有益的探索,同时也为邓小平理论的建立和发展提供了丰富的实践素材。我们在写作此书的过程中也尽力把深圳经验升华为理论,为全国的改革开放提供宝贵的启示。

一个伟大的民族,任何时候都不能没有理论思维。正是科学的理论思维,才能指导一个民族的解放和振兴。在当代的中国,邓小平哲学思想就是中华民族最科学、最正确、最丰富的理论思维。目前,国内从不同侧面来研究邓小平哲学思想的著作已出版不少,但是,比较全面的从理论与实践相结合,特别是与改革开放的实践相结合来研究邓小平哲学思想的专著则甚少。本书可以说是为数不多的从事这样研究的著作之一。在我们看来,要认真深入研究邓小平哲学思想,非从我国改革开放的实践入手不可。

我们认为本书与其他有关专著相比,有以下几个方面的特点。

第一,本书试图从新的视角来认识和思考邓小平哲学思想及其丰富内涵。邓小平有没有哲学思想?他的哲学思想是经验主义、实用主义还是辩证唯物主义和历史唯物主义?邓小平还在世时,就有不少人提出过,并进行很长时间的论争。哲学是一切文化的核心,又是文明成熟的标志，作为当代中华民族精神生命体现的邓小平理论，没有其哲学思想的存在，是不可思议的。本书打破了以往教科书的框框，提出了超常规的看法，认为由一些特定的哲学范畴、命题，按一定逻辑构造的体系，当然是一种哲学理论，是传统的哲学模式。但是，有的不是以专著的形式表述，而是把哲学的立场、观点和方法娴熟地运用于现实问题的分析和理论的表述之中，是不是哲学理论？我们对此作出肯定的回答，认为它也是一种形式的哲学理论。邓小平哲学思想就是属于这一种形式。我们研究邓小平哲学思想时，就是从渗透在他的各种著作、论文和讲话中的深邃、睿智的哲学思维中去掌握和体会他的哲学观点的，邓小平的一些讲话、著作，正像马克思的《资本论》既是一部经济学的著作，也是一部哲学著作一样。我们认为，从这样的视角来认识和研究邓小平哲学思想是科学的，也是合乎情理的。

第二，在各章节中，阐述邓小平哲学思想观点时，总是与马克思、恩格斯、列宁、毛泽东的有关观点联系起来考察，作比较研究。这样就可以看出，邓小平哲学思想与马列主义、毛泽东哲学思想是一脉相承的统一的科学体系，任何割裂或否定它们之间的内在联系的观点都是错误的。另一方面也可以看出，邓小平是在怎样的情况下，如何发展和创新马列主义、毛泽东哲学思想的。

第三，本书对邓小平哲学思想的研究不是静态的罗列，而是采取动态分析的方法。也就是说，我们在研究的时候，注重的不是材料、观点的堆积，而是采取理论联系实际的原则，抓住重大的理论问题，从时代特征、观点的运用、实践的检验等方面，探究其理论的实质和意义。深圳的改革开放的过程，就是邓小平理论与深圳具体实践的结合过程。面对中国的社会主义现代化的现实，如何坚持社会主义方向，如何发展社会主义生产力，如何正确处理好改革开放过程中各种复杂的矛盾，等等，这就是要坚持和正确地运用邓小平的哲学思想。我们在每一章中，力求贯彻理论与深圳改革开放和建设的实际相统一的原则。科学地把握邓小平哲学思想的精神实质。

邓小平哲学思想博大精深，深圳改革开放实践丰富多彩，希望以后有更多的哲学工作者，不仅深圳市的哲学工作者，而且全国的哲学工作者，从事这方面的总结，写出更多有理论深度的专著，在进一步改革开放的社会主义实践中，发展和繁荣马克思主义哲学。

1999 年 12 月客居深圳大学时

继承艾思奇的事业[*]

——《哲学大众化第一人——艾思奇哲学思想研究》序[**]

《哲学大众化第一人——艾思奇哲学思想研究》(云南人民出版社出版)的作者把书稿摆在我面前,索序于我,我翻阅之后深感欣喜和荣幸。

这是一本很有特色的书,我感到它有几个明显的特点。

第一,它提供了艾思奇的生平与思想的最翔实最完整的第一手材料。艾思奇是云南人,他后来的主要活动虽在外地,然而由于艾思奇夫人王丹一同志把艾思奇的藏书及其著作和手稿赠送给云南省图书馆收藏,加上艾思奇故居纪念馆的大量珍贵材料,云南学者就拥有了关于艾思奇的全部的第一手材料,得天独厚,这是其他地区的学者无法获得的条件。作者们充分利用了这个条件,按照时间顺序,从艾思奇的家庭、童年写起,记述了他一生的活动和思想,提供了许多鲜为人知的材料。

---

[*] 本文发表于《云南日报》2002 年 5 月 28 日。
[**]《哲学大众化第一人——艾思奇哲学思想研究》,马汉儒主编,云南人民出版社2002 年 4 月出版。

第二，本书虽然是按时间顺序记述了艾思奇的活动和思想，但并不是一本小艾思奇传记。它可以说是艾思奇的哲学思想发展史，梳理了他的哲学思想的发展轨迹，概括了他在哲学上的创造性贡献，评价了他的理论是非，从而摆正了他在20世纪马克思主义哲学在中国传播和发展中的位置。艾思奇无疑首先是一个共产主义战上，其次才是一个哲学家。他不是一个在学院里工作的学者，而是紧密结合革命斗争需要从事学习、宣传、研究、论战、建设和发展马克思主义哲学的，但他仍是一个职业哲学家，而不是一个政治活动家。本书分为三编，分别评述了艾思奇的三个时期（1937年到延安以前、抗日战争和解放战争时期、新中国成立后）的哲学思想。作者认为第一个时期是艾思奇成为马克思主义哲学家的奠基时期，对宣传和捍卫马克思主义哲学作出了重要贡献，为马克思主义哲学通俗化开辟了一条道路。第二个时期是艾思奇作为马克思主义哲学家的形成时期，他的理论视野扩大了，理论内容丰富而深化了，其主要理论贡献在于循着普遍真理与中国实际相结合的途径来探索马克思主义哲学的中国化。第三个时期是作为马克思主义哲学家的艾思奇的哲学思想进一步发展的时期，他在把马克思主义哲学的通俗化与系统化、战斗性与科学性、普及与提高、坚持与发展结合起来上作出了重要的贡献，特别是《辩证唯物主义历史唯物主义》可以说是中国式的马克思主义哲学教科书，影响甚大，培养了新中国成立以后成长起来的几代马克思主义哲学工作者。作者还指出，由于"左"的政治路线的影响，艾思奇的哲学思想在这个时期也有一定的偏颇和缺憾。我认为本书对艾思奇的哲学思想的功过是非的评价是实事求是的，公允的。

第三，本书从艾思奇的哲学思想发展史中反映了马克思主义哲学在中国的传播和发展，艾思奇不是在中国传播马克思主义哲学最早的一代人，但最早传入中国的马克思主义哲学只是唯物史观，辩证唯物主义的传入是在20世纪30年代。艾思奇可以说是最早在中国传播辩证唯物主义的主要代表之一，自此以后的30多年间，他同马克思主义哲学结下了不解之缘，成为马克思主义哲学在中国传播和发展的主要代表人物之一。从本书所作的论述可以看出，艾思奇始终是马克思主义哲学的坚定信奉者，执著地运用马克思主义哲学的基本观点来分析和解决中国革命和社会主义建设中提出的理论问题，同各种反马克思主义的哲学观点进行顽强的斗争，但他没有自己的独特的哲学体系，像当时一些非马克思主义哲学家那样。他对马克思主义哲学的贡献就在于他宣传、捍卫、丰富和发展了马克思主义哲学，也就是说，他的贡献已融入马克思主义哲学在中国的发展洪流之中。为什么会这样呢？这是因为马克思主义哲学是一门科学，同时又是中国共产党领导革命和建设实践的思想武器，不是个人的一家之言。归根到底来讲，任何哲学家的思想都是他所处时代的产物，都是与他所处的时代息息相关的，但由于过去哲学家一般是在学院里和书斋里建构自己的哲学，他们的哲学是脱离人民的实际斗争的，具有超时代的假象，一个哲学家往往就有一个哲学体系。艾思奇不是这样的哲学家，他的哲学思想与革命斗争和建设实践紧密相连，革命斗争与建设实践既是他的哲学的源泉，又是他的哲学的归宿，所以他的哲学思想发展的阶段与中国革命和建设的阶段是完全一致的。

艾思奇的事业是坚持、宣传、捍卫和发展马克思主义哲学的事业，是中国人民的整个现代化事业的组成部分。马克思主义哲学事业今天遇到了挑战，挑战就是机遇。今天马克思主义哲学工作者可以从《哲学大众化第一人——艾思奇哲学思想研究》中吸取有益的经验教训、智慧和勇气，来继续和发扬艾思奇的事业。

总之，此书是20世纪马克思主义哲学在中国传播和发展史研究中的重要成果，它的出版对于在新的世纪弘扬和发展马克思主义哲学将发挥重要的推动作用。

义利统一　义先于利[*]

——读黄亮宜著《社会主义义利观》^{**}

义利观问题是改革开放以来的理论热点之一。黄亮宜教授主持的国家项目《文化建设中"义利统一"的价值导向研究》的最终成果《社会主义义利观——面向21世纪的价值选择》实际上涉及利义观的各个方面，可以说是在20多年来利义观讨论的基础上全面地回答了有关利义观理论与实践的主要问题。本书内容丰富，难以一一评论，下面只就受到普遍关注的几个问题谈谈我的意见。

首先一个问题是义利观能不能成为一门科学。义与利都是价值范畴，是相对于人而言的，离开人便无所谓义与不义、利与不利，义与利均具有极强的主体性。因此，有人便把义利观与科学对立起来，认为义利观不属于认识之列，不可能成为一门科学。这种观点夸大了义和利的主体性，从而否定了义利观的客体性，否定了对义利关系进行科学研究的可能和义利观成为科学的可能。其实，义、利和义利关系诚然有主体性，但也有客体性，义利观也并非无是非正误可言，它是

---

* 本文发表于《人民日报》2002年6月22日。

** 《社会主义义利观》，黄亮宜著，河南人民出版社2001年12月出版。

完全可以作为科学来研究的。即使是纯粹的精神活动，也是可以作为科学研究的对象。如果义利观不可能成为科学，关于义利观的讨论就毫无意义了。《社会主义义利观》明确指出，社会主义义利观是科学的义利观，我是完全赞同这一观点的。

其次是利与义的区别问题。义与利在儒家思想中是对立的，不能统一的，要利就要舍弃义，要义就要舍弃利，二者不可得兼。孔子说："君子喻于义，小人喻于利。"孟子说："王何必曰利，亦有仁义而已矣。"在儒家那里，"利"有比较明确的含义，即个人的物质利益，亦即私利，但"义"的含义则十分抽象，十分含糊。儒家谈到义的地方甚多，其含义很不统一，《中庸》把"义"界说为"宜也"，与什么宜呢？与儒家的道德规范、道德标准相宜，而儒家的道德规范是很多的，因而"义"的含义就无法统一了。义属于道德领域，利属于经济领域，不了解道德领域与经济领域的关系，把二者割裂开来，甚至对立起来，在马克思主义诞生以前是很常见的，不仅中国古代如此，西方近代也如此，只有在马克思主义指导下才能理解二者的共同之处和区别之处。《社会主义义利观》在近20多年义利观讨论的基础上，运用马克思主义来分析义与利的含义，以社会整体利益与个体物质利益来界说义与利，这样，义与利的区别就不是对立的两类事物的区别，而是同一类事物间的区别，即整体与部分的区别。这就是说，义与利都是利益，不过义是社会整体利益，利是个体物质利益，每个人的物质利益不过是社会整体利益的一分子，虽然社会整体利益不是个体利益的机械总和。如此理解，可以看出儒家思想并不排斥个人利益，例如孟子谈到生命与义二者不可得兼时才主张舍生取义，其中包含了对个人物质利益（生存）的承认，他并不主张二者在任何时候都是不可得兼的。因此，本书认为儒家主张先义后利是合理的，其偏向在于把先义后利夸大成了重义轻利，甚至在有的地方以义来否定利，从而把义与利完全对立起来了。这种分析是实事求是的，深刻的。

第三是义与利的联系问题。义与利的区别清楚了，它们之间的联系就清楚了。人们已经差不多达成了共识：义与利的联系就是义与利的统一，因为整体社会利益与个体利益的统一是非常明显的。但是，怎么统一呢？谁是基本方面呢？当二者发生矛盾时，孰先孰后呢？分歧就出来了，分歧不仅存在于人们之间，而且存在于社会制度之间，这就是集体主义与个人主义之间的分歧。这里所说的集体不是小团体，而是社会，小到一地一国的社会，大到人类社会。人所共知，社会主义国家是主张集体主义的，资本主义国家是主张个人主义的；在社会主义国家内，特别是由于社会主义市场经济的出现，主张个人主义的人也有日益增多的趋势。《社会主义义利观》十分明确地做了回答：物质利益是整个人类社会的基础，义利是统一的、义先于利，但不像儒家那样重义轻利，也不像西方个人主义那样利先于义。这就是说，义与利（公利与私利）是统一的，并重的；当义与利发生矛盾时，义先于利；既反对重义轻利，也反对利先于义。我认为这是对义利关系的正确处理。从一定意义讲，社会主义建设就是力图使义与利日益统一起来，共产主义社会就是公利与私利高度统一的社会，也就是马克思所说的"自由人联合体"或"自由王国"。所谓"高度统一"是与共产主义以前社会相比较而言，不是绝对统一。人类社会的发展只能以义利绝对统一为目标，并日益接近这个目标，不可能最终达到这个目标，因为私利总有与公利冲突的时候。

第四是义与利的普遍性与特殊性问题。义与利是两个抽象概念。对于抽象概念，非马克思主义思想家总是喜欢肯定其抽象性或普遍性而否定或忽视其具体性或特殊性，而马克思主义理论界在改革开放之前则多强调其具体性或特殊性，其中包括阶级性。这样，义与利的阶级性便成为20多年来理论界的分歧热点之一。对于这个问题，《社会主义义利观》也作了妥善的处理。本书避免了过去片面强调阶级性的偏向，但也绝没有忽视义与利的特殊性和阶级性。例如本书对儒家义利观的分析和评价就做到了这一点，一方面指出其整体利益优先，强调仁政礼治、强调崇义尊德等原则与社会主义义利观有共同之处，另一方面又指出其维护封建统治、割裂道义与功利、轻视物质利益等阶级的局限性和时代的局限性。我认为这是科学的义利观应具有的全面性的品格。

第五是社会主义义利观的科学体系问题。正如书名所表明的,本书提出了一个以 21 世纪价值取向为重点的社会主义义利观的科学体系。按照我的理解,这个体系可以分为两大部分,第一部分是社会主义义利观的理论的、历史的和现实的前提,共四章;第二部分是体系本身,共五章,包括社会主义义利观的内涵、基本原则、社会效应、形成机制和前景展望。虽然不能说这个体系已经十分完备,但有中国特色社会主义义利观的基本内容都有了,它可以使人对中国当代义利观有一个比较全面系统正确的理解。这是一种难能可贵的有益的理论创新。

人们生活从一定意义讲无日无时不在处理义利关系问题,我相信本书的出版不仅澄清了许多理论问题,推动了中国社会主义义利观,亦即马克思主义义利观的发展,而且对建设有中国特色社会主义的实践也具有重要的参考的价值。我国目前正在落实党中央发布的《公民道德建设实施纲要》,本书的出版对此也会有一定的积极作用。

科学性与实践性的统一[*]
——读《马克思主义是发展的理论》[**]

中共中央编译局编辑出版的《马克思主义是发展的理论》是一本别开生面的马恩列文集，精心策划，极具匠心。它由两编构成，第一编是多篇完整的论文，第二编是语录，而每一编都包括三个主题：一、马克思主义的基本理论；二、马克思、恩格斯、列宁对基本理论的态度；三、他们对基本理论的新发展。编选的资料限于1845年以后所写，即不包括马克思和恩格斯成熟以前的论著。我还来不及认真细读，大致翻阅之后，深感这个专题文集确能鲜明地表现出马克思主义理论是发展的、一脉相承的，又是与时俱进的。下面谈几点感受。

第一，从本书内容可以看得出来，本书首先把马克思主义理论看成科学，认为它的首要的基本特点，它与非马克思主义理论根本区别之处，就是它的科学性。

本书语录第一部分第一个小标题是"马克思主义是科学的理论和完整的世界观"，所摘录的言论都是说明这一点的。这一部分的后面几

---

[*] 本文发表于《马克思主义与现实》2002年第5期。
[**]《马克思主义是发展的理论》，中央编译局编，中央编译出版社2002年7月出版。

节说明了马克思主义理论的其他基本特点,如阶级性、客观性、人民性等。我认为这种理解是符合马克思、恩格斯和列宁的原意的。这同我国当前的一种流行观点不一致。

现在,不仅有许多人,而且有许多教材,都采取了这样一种提法:"实践的观点是马克思主义哲学的首要的基本的观点"。这种提法的用意是要强调实践的重要意义,强调马克思主义及其哲学的实践性。毫无疑问,实践观点确实是马克思主义的基本观点之一,是它与非马克思主义理论的根本区别之一,但实践的观点是不是首要的观点呢?我始终认为马克思主义及其哲学的实践性必须以科学性为前提,而实践观点必须以物质观点(或唯物主义观点)为前提。本书第一编的《关于费尔巴哈的提纲》,重点批判了费尔巴哈不理解实践的重大意义的直观唯物主义,但马克思并未根本否定唯物主义,认为直观性只是他的哲学的一个"缺点",同时他也指出黑格尔由于以唯心主义为前提只是抽象地发展了"能动性"(实践性)。后来在《德意志意识形态》中,马克思和恩格斯在谈到实践是"现存的感性世界(地球,并非整个宇宙)的基础"时,又特别指出要承认"外部自然界的优先地位"。

本书的大量资料,不管是整篇的还是摘录的,都是以说明唯物史观与唯心史观的最根本的区别在于前者是科学的,后者是反科学的;马克思主义的社会主义理论与前马克思主义社会主义理论的最根本的区别也在于前者是科学的,后者是空想的。马克思主义是革命的、批判的,亦即实践的,绝不是空谈,绝不是教条,但马克思主义的实践也绝不是自发的实践、盲目的实践、随心所欲的实践,而是有前提的,即有科学理论指导的实践,有客观规律性认识指导的实践。列宁说过"生活、实践的观点应该是认识论的首要的和基本的观点",认识论是一种哲学,但哲学不全是认识论,说实践观点是历史观、是认识论的首要的基本的观点,都是可以的,因为实践是人类社会的基础,也是认识的基础;但是,说实践是宇宙观的首要的基本的观点,则不妥。因为实践不是宇宙的基础,实践在宇宙中实在是微乎其微的。当然,说实践是宇宙观的基础是可以的,因为实践是认识的基础,而宇宙观是一种认识。

总之,笼统地讲实践观点是马克思主义哲学的首要的基本的观点,是不确切的。列宁有一句名言:"马克思主义之所以万能,就是因为它正确"。本书首先强调马克思主义的科学性,这是非常正确的。

其次,本书从马克思主义的科学性出发,引申出马克思主义的实践功能,即指导人们认识世界和改造世界的功能,以及科学性与实践性的密切关系。这是本书的第二个主题。

一切科学都来源于实践,因而能反过来作用于实践,即作为方法指导实践,这就是科学的主要功能。科学指导实践,也就是接受实践的检验,科学经过实践的检验就会变化,正确的东西将被坚持,过时的东西将被剔除,不完善的东西将日益完善,科学的内容会愈来愈丰富,愈来愈深入,甚至出现新的科学、新的理论,这就是理论创新。科学的创新并不是新的理论完全推翻旧的理论、取代旧的理论,像改朝换代那样,而是一个积累的过程。一门科学一旦形成,就不会被根本推翻,而且会被发展。

马克思主义作为科学当然不会例外,它的基本原理将一脉相承,它的具体内容将与时俱进、日新月异。

正如恩格斯所指出的:"第一个时代的理论思维,从而我们时代的理论思维,都是一种历史的产物,它在不同的时代具有完全不同的形式,同时具有完全不同的内容。"例如生产关系必须与生产力相适应这一原理,是整个人类的历史所检验过的,是推不翻的,但它的具体内容确实因地因时而千差万别,西欧19世纪下半叶的情况与上半叶不同,俄国的情况与西欧的情况不同。本书用大量具体的事实来说明,马克思和恩格斯自己在不同时代如何改变或补充自己的观点,列宁又如何改变或补充了马克思和恩格斯的观点,证明了马克思主义确实是发展的理论。

第三,本书虽然没有涉及中国,但马克思、恩格斯和列宁的言论已足够启发我们,使我们认识到在中国,不但毛泽东思想是马列主义在中国新民主主义革命和社会主义改造、建设中的发展,邓小平理论、江泽民的"三个代表"重要思想也是马列主义、毛泽东思想的发展，而且它们也都是一脉相承的。俄国走的是俄国的社会主义道路，中国走的是中国的社会主义道路，不仅社会主义是一脉相承的，社会主义的具体形式应同各国国情相适应也是一脉相承的，既然要同国情相适应，它们又是不同的，也就是说是发展的。

毛泽东已经对有中国特色社会主义进行过探索，虽然经受了挫折和曲折，但邓小平正是一脉相承地继承了这种探索，终于取得了成功，创立了科学的邓小平理论，极大地发展了毛泽东思想。进入21世纪后，我国进入了全面建设小康社会、加快推进社会主义现代化的新的发展阶段。国际局势正在发生深刻的变化。世界多极化和经济全球化的趋势在曲折中发展，科技进步日新月异，综合国力竞争日趋激烈。正是在这种形势下，江泽民同志提出了"三个代表"的重要思想。我认为江泽民同志之所以特别强调中国共产党要始终代表中国先进生产力的发展要求、中国先进文化的前进方向和中国最广大人民的根本利益，就是因为这三者是21世纪，特别是21世纪上半叶必须完成的三大主要任务。这三个主要任务完成好了，中国社会主义现代化任务就可以保证完成了，这正是对邓小平理论的继承与发展。

创立一门新学科的可贵尝试[*]

——评单培勇著《中国国民素质史论纲》[**]

单培勇著的《中国国民素质史论纲》一书,已于2002年3月由当代中国出版社出版。本书是国内第一部系统研究中国国民素质学的学术专著。出版后,引起了学术界的重视,反映甚佳。

我以为,这本书的首要价值就在于:它是创立一门新学科的可贵尝试。在当代哲学社会科学领域的研究中,"人"这个主题显得日益重要突出,因此我们经常讲社会现代化首先是人的素质现代化。诚然,随着社会的发展,人学必将成为一门主要学科。目前,关于人的研究主要有三个特点:(1)人的问题已成为一切科学(包括精密科学和技术科学)所关注的普遍问题;(2)在对人的研究中不同学科和不同的研究方向趋向于综合系统,趋向于系统研究人的发展;(3)对人的科学研究越来越分化,各个学科的专业化加强,从而分化成一系列部门性的学科。国民素质学可以说是人学的一门分支学科或部门学科,但它也是综合许多学科的有关因素的结果。《中国国民素质学论纲》一

---

[*] 本文发表于《河南师范大学学报》(哲学社会科学版)2003年第1期。
[**] 《中国国民素质史论纲》,单培勇著,东南大学出版社2009年8月出版。

书，在整合哲学、历史学、心理学、社会学、人口学、遗传学、优生学等近 20 门学科的理论因子的基础上，对国民素质诸问题进行比较系统的研究，初步建立了中国国民素质学理论框架，跨出了决定性的一步。

在这个理论框架中，以下几点应予以重视。

第一，本书规定了特定的研究对象。指出：一个国家在一定历史时期的社会经济、政治的发展水平都是由一定量和质的国民及其活动所决定的，即最终取决于国民素质水平的高低。由此，本书认为，国民素质学是以一定社会发展阶段上的国民素质为研究对象的，它是一门研究国民素质现象及其规律的科学。应该说，本书规定的研究对象是相当明确的，这就为建立中国国民素质学这门新兴的学科在必要性和可行性上提供了充分的根据。

第二，本书建立了系统的研究体系。本书认为，国民素质问题具有历史性、辩证性、先天性和后天性、综合性和内化性等特征。由此，在本书的整个理论体系中，紧扣提高国民素质现代化水平这一主题，始终贯穿着"历史性和辩证性统一、先天性和后天性互补、个体性和社会性结合"三条红线，展开对国民素质系统性、规范性和现代性的研究。（1）以概念性解释、廓清为开端，首先阐明，中国国民素质学研究的对象、任务、方法及建立中国国民素质学的意义；（2）在阐述人性与人的本质、个性与人格及素质意义的基础上，对国民素质结构进行科学的分类，建立科学的国民素质结构体系；（3）寻找历史方位，挖掘中国传统文化中关于人的素质思想，从历史发展中考察中国国民素质演变形态，分析中国国民素质特质的形成及原因；（4）以主客体之间关系的辩证分析为出发点，论证国民素质与经济和社会发展的辩证关系，着力探讨中国国民素质演进与发展法则、国民素质运行法则及国民个体整体素质提升法则，从中找出国民素质与经济和社会发展之间内在的本质联系；（5）从实处落脚研究提升国民素质现代化水平的路径，分三个层次即基础方式与途径、个体方式与途径、社会方式与途径来阐发对社会转型期国民素质现代化水平提升方略的思考，为社会转型期调整国民素质结构、提升国民素质现代化水平提供理论指导。

第三，本书还提出了不少创新观点和独到见解。本书首次提出国民素质文化概念，并对此概念进行科学的界定，论证素质文化对国民素质发展的重要影响；本书还提出与素质教育相对应的国民素质学习观念，认为国民素质学习与素质教育相比较主要有四个方面的特征，即主体性、对应性、转化性和终身内化性。本书依据马克思关于生产力是人们应用能力结果的思想，提出国民素质是主体能力生产力的观点。这些观点都具有独创性和启发性。

第四，本书的另一个明显特点是论证力度比较强。作者所提出的观点，都是在对国内相关问题研究成果进行清理与总结的基础上，力图进行历史论证、理论论证和实践论证。譬如关于国民素质概念的界定，国民素质结构的分类，中国国民素质的生成、发展及演变形态，国民素质与经济、社会发展的辩证关系，中国国民素质提升法则的研究，等等，都进行了具有说服力的论证，具有较强的历史感、现实感和规范性。

初步建立的中国国民素质学框架，难免有不够完善之处。如对国民素质的分类和各类的具体元素以及它们之间的结构都还有需要进一步推敲之处；对西方的国民素质思想的挖掘，及中西方国民素质比较研究也嫌不够；对某些概念揭示得不够明确。根据作者的基础和成就，以及学术研究的执著精神，相信作者通过修订会使该书更加完善。

《东方智慧之光》* 序**

季羡林先生为本书写的题词"弘扬东方文化，促进中日友好"，不仅是对池田大作先生的言论和行为的恰当的评语，也是对本书的恰当的评语。

本书作者蔡德麟教授20世纪80年代以来对池田大作先生的著作进行过研究，在担任深圳大学校长期间曾邀请池田大作先生到深大讲学，并聘请他为名誉教授。蔡德麟教授也几次应邀到日本创价大学讲学，并接受名誉博士学位。本书就是蔡德麟教授在这些中日文化交流过程中做出的理论成果。这些成果的主题有两个，一是弘扬东方文化，一是促进中日友好。属于第一个主题的有《东方人道主义的当代智慧》、《池田大作的进步的现实主义的宗教理念》、《池田大作历史观述评》，属于第二个主题的有《历史的丰碑——池田大作为中日邦交正常化所作的贡献》、《池田大作与中国领导人的友谊》。当然，这两个主题不是截然分开的，而是互相交错和互相渗透的。

东方文化内容丰富，博大精深，本书不可能涉及它的一切领域。

---

* 《东方智慧之光——池田大作研究论纲》，蔡德麟著，清华大学出版社2003年9月出版。

** 《光明日报》2003年12月17日以《〈东方之光〉评介》为题摘登本文。

本书只涉及历史观、人学、宗教观等几个领域。在这几个领域中，作者都分析了三个方面：传统的东方文化、池田大作的观点和作为一个马克思主义学者的作者本人的观点。这三个领域是东方文化和马克思主义的重要领域，池田大作传承了这些领域的精华而有所发展，作者以马克思主义为指导加以评析，颇能收到推陈出新之效。例如作者把东方人学思想（主要是中国传统人学思想）概括为四个方面：关于天人关系的思想、关于人际关系的思想、人性论思想和理想人格思想，这种概括我是十分赞同的，它既表现了中国传统人学思想的普遍性，又表现了其特殊性。作者以这样的理论框架为线索评述了池田大作的人学思想，不但使人有一个系统的理解，而且使人易于掌握池田大作的人学思想的精华。作者还以这样的系统理论为基础重点介绍和分析了池田大作的佛法人道主义，指出它不仅继承了东方人道主义的精华，而且在今天形势下有其积极意义，它是以民众为主体的人道主义，是以和平为目标的人道主义，这是符合今天世界人道主义思潮的主流的。

中日友好与世界和平的理念是东方文化的内容之一，无疑是应该弘扬的。本书作者用将近一半的篇幅通过介绍池田大作所作的对中日邦交正常化的贡献和他与中国历代领导人的交往，高度评价了他关于中日友好与世界和平的思想。池田大作认为"中国历来不具有侵略性"，这是符合中国历史的论断。鸦片战争以来，中国是一个备受侵略的国家，深知被侵略之苦，所以中国历代领导人都反复重申中国爱和平、不称霸的心愿。上世纪60年代池田大作还认为像中国这样一个历史悠久的"巨大的国家"，恢复它在联合国的地位、同它建立正常关系"是实现世界和平的关键"，并为此进行了不懈的努力。池田大作敢于同日本国内的右翼势力进行面对面的斗争，表现了大无畏的胆识，这大大推动了中日关系正常化和中日友好。后来历史的发展也证实了池田大作的主张，中日关系正常化30年来，中日友好不仅日益巩固，而且不断发展。相信在新的世纪里，中日友好必将排除各种干扰而不断加强。

总而言之，弘扬东方文化，促进中日友好的主题通过对池田大作的理论与实践的评价在本书中得到了生动的充分的体现。

《马克思主义哲学的返本与开新》* 序

曹玉文教授是我国知名的马克思主义哲学史专家,他大学毕业后从事马哲史的教学、研究和组织工作30多年,发表了大量马哲史的论著,特别是有关恩格斯的论著,担任过中国恩格斯学会副会长、中国马哲史学会理事等社会职务,对我国马哲史理论事业作出了重要的贡献。他不幸英年早逝,使人痛惜!

我和他有30多年的交往,知道他不仅在马哲史领域有广泛深入的研究,而且在马克思主义哲学理论方面也进行过独创性的研究,并取得了相当可观的成果,但知道这一情况的人甚少。现在呈现在读者们面前的这本书是曹玉文教授的遗著,它才比较完整地代表了他的学术贡献。从本书中我们不仅可以更加深入地了解作为马哲史家的曹玉文教授,而且可以了解作为马克思主义哲学家的曹玉文教授。这本书分为上篇和下篇,上篇是他的马哲史代表作,阐发了马克思主义哲学史上出现的若干重要著作和重要原理,其中包括了对现代西方马克思主义哲学的评论;下篇是他的马克思主义哲学代表作,论述了他提出的

---

* 《马克思主义哲学的返本与开新》,曹玉文著,北京大学出版社2003年9月出版。

社会发展新理论。这个理论是他深入研究和反复思索马克思提出的许多概念和观点，根据人类社会发展的实际材料，经过独创性的分析和综合制订出来的。这个过程长达 20 多年。这个新理论不一定很完善，但绝不失为马克思主义社会发展理论的一个新出现的学说。本书上篇标题是《返本——解读与阐释》，下篇标题是《开新——发展理论》，这正是绵延不绝的中华文明的精华所在——承先启后，继往开来。

立足"笔记"文本，发掘现实价值[*]

——读《人类境遇与历史时空》[**]

在新世纪，中央作出了实施马克思主义理论研究和建设工程的部署。在此之际，中国人民大学出版社推出冯景源教授积数年之功而写成的《人类境遇与历史时空——马克思〈人类学笔记〉、〈历史学笔记〉研究》，是很有意义的。

冯景源教授是我国研究马克思哲学思想及其历史最完整、最深入的学者之一，十几年前出版过《马克思异化理论研究》和《新视野——〈资本论〉哲学新探》的专著，现在又完成了关于马克思的晚期著作中的哲学思想的专著，对马克思《人类学笔记》、《历史学笔记》作了系统而全面的考察、分析和研究，涉及人类学、历史学、民族学、社会学、经济学、政治学、法学、哲学等领域。本书提出的富于创新性的观点和所做的论证，都具有重要的理论意义和现实意义。

本书内容分为两大部分：第一部分根据马克思《人类学笔记》、

---

[*] 本文发表于《中国人民大学学报》2004年第5期，系根据作者为《人类境遇与历史时空》所作序言改写而成。

[**]《人类境遇与历史时空》，冯景源著，中国人民大学出版社2004年3月出版。

《历史学笔记》(简称两个《笔记》)考察了唯物史观理论体系的问题;第二部分论述了两个笔记对建设中国特色社会主义理论的意义。

贯穿第一部分的中心思想是:唯物史观自 19 世纪 40 年代产生以来,直到马克思逝世,在马克思的思想中始终是一个"艺术整体",尽管它在几十年间经历了一个完善与发展的过程,但马克思在思想上并不曾产生过对唯物史观的动摇或困惑甚至放弃。这个思想是作者通过对两个笔记的深入而客观的研究与分析得出的。学术界对《人类学笔记》曾给予了较多关注,对《历史学笔记》则显得研究很不够,成果尤其少,作者所做的努力非常难能可贵,大大增强了其观点的可信度。作者在进行深入开掘两个笔记的思想资源、阐发其现代意义的过程中,作出了三点理论创新和理论贡献。

第一,区分了社会发展规律和某一社会所经历的具体道路。我国理论界一般不区分社会发展规律与社会发展道路,有的论者在探讨马克思晚年跨越"卡夫丁峡谷"理论时,提出社会形态"依次演进"还"灵不灵"的问题,社会发展有"东方道路"和"西方道路"等论点,就是这方面的表现。作者则认为,在社会形态发展理论上,马克思早期与晚期侧重研究的问题有所不同,早期主要针对唯心史观、形而上学历史观和空想社会主义,着重对市民社会物质基础的研究,抽象地提出"亚细亚的、古代的、封建的和现代资产阶级的生产方式"。而在中期和晚期,马克思针对"经济决定论"、"历史哲学"等观点,着重对不同的历史和国际条件的研究,探讨不同国家和民族社会发展的具体道路。马克思在两个笔记中,分别就以上的生产方式,像《资本论》论述资本主义生产方式如何孕育、发展和灭亡一样——论述了前资本主义生产方式。这一研究表明,五种社会形态演变是人类的社会发展规律,不是每个民族或国家必须"依次演进"的具体道路。比如说,氏族社会向奴隶社会的发展,其典型形态是古希腊;奴隶社会发展的典型形态是古罗马;封建社会的典型形态是意大利;资本主义的典型形态是英国。马克思五种社会形态理论提供的观点,是人类历史的"类规律",依据这样的规律,可以看出每一个民族或国家发展到何种程度。至于这个民族或国家如何发展，这要靠国内、国际的条件来决定。对于前者，一般靠宏观的判断就可以了解；对于后者，则要靠微观的实证研究才能得到理解和说明。

第二，指出了不仅社会制度是可以跨越的，生产力也是可以跨越的，人类社会的跨越式发展是一种带有普遍性的现象。以往理论界一般认为生产力发展是一个"自然历史过程"，是不能跨越的，因为生产力是在继承前代成果的基础上发展的。在作者看来，这种理解是极其偏颇的。在唯物史观的"艺术整体"中，生产力的发展有两种形式：一种是自发的或封闭的发展；另一种是开放的跨越式的发展。马克思在其早期和晚期都论述过生产力的跨越式的发展。在制定唯物史观的《德意志意识形态》中，马克思就论述过美国独立后生产力的发展就是以跨越形式进行的；论述了古代迦太基这一奴隶制强国是如何跨越发展生产力的；在英国的历史上，生产力的跨越发展曾促使完整封建制度的形成。马克思晚年论述的关于俄国农村公社的跨越发展，又是一个生产力跨越发展的例证。以上材料说明生产力的跨越发展不是偶然的现象，它在人类社会各形态中都出现过，它是唯物史观"艺术整体"的重要内容。

第三，论证和强调了马克思研究社会历史的实证方法与逻辑方法的互补与辩证结合。实证方法是从具体到抽象的方法，逻辑方法是从抽象到具体的方法，我国理论界一般都认为马克思同时采用了这两种方法。本书作者的贡献在于论证了二者的互补性和它们在不同时期对历史研究的不同作用。作者认为，在马克思那里，无论是其早期还是晚年，史学研究上的这两种方法都是"互补"的，只是侧重的方面不一样。在早期和中期，针对各种不同的历史观，为了阐述历史的客观规律性，马克思历史观的研究侧重在逻辑方法的运用上；在晚年，马克思史学研究的任务，是为各不同发展阶段上的民族或国家的社会发展提供理论依据，具体地说，就是使这些民族或国家摆脱"经济决定论"和"历史哲学"的羁绊，采取不同的形式，进行跨越式的历史发展。体现"从后思考"逻辑方法的《资本论》是为工人运动提供指导;同样,在两个笔记中以实证方法提供的历史跨越理论,则是为后进民族或国家提供社会发展的指导。逻辑方法与实证方法的辩证结合,就是在唯物史观一般理论的指导下,实证地研究本民族或国家的国情及所处的国际条件,具体选择自己的社会发展道路。

本书第二部分则在第一部分的基础上论证了唯物史观这一"艺术整体"对中国革命运动,特别是对建设中国特色社会主义理论的指导意义。

根据本书第一部分的论证,作者认为,作为一个"艺术整体"的唯物史观是一个放之四海而皆准的普遍理论,而各民族各国家所经历的发展过程则是它的表现。就中国社会来讲,毛泽东思想、邓小平理论都是它的特殊表现,即特殊理论,唯物史观与中国特色理论之间的关系不是"西方理论"与"东方理论"(特殊与特殊)的关系,而是普遍与特殊的关系,这就使人可以准确地理解"建设中国特色社会主义"中的"特色"。同样的道理,中国社会在社会制度上的跨越是社会发展普遍规律的特殊表现,而不是什么"东方理论"的跨越;中国社会在生产力上的跨越不仅是可能的,而且是必然的,中国生产力完全可以打破在发达国家后面亦步亦趋、蹒跚而行的局面。马克思研究历史的方法包含了与时俱进的理论品质,这使马克思列宁主义、毛泽东思想、邓小平理论、"三个代表"重要思想一脉相承成为一目了然的事情。不仅如此,如此理解的唯物史观是与时俱进的、开放的科学理论,对于我国全面建设社会主义小康社会,以及将来建设更高级的共产主义社会,具有不可缺少的指导意义。

对于作者在本书中提出的对马克思的唯物史观的理解,我是非常赞同的。虽然不能说它已完全解决了理论界关于马克思的唯物史观的争论,但至少对于抓准争论的关键,增强人们对唯物史观的科学性的理解,推动唯物史观的发展,必将发挥重要的促进作用。

《科学方法中的十大关系》序二[*]

方法是人们为了达到一定目的（认识或变革客体）所选取的手段、途径或活动方式。科学家们在长期的研究工作中积累了许多宝贵的经验，需要我们从认识论和方法论的层面加以认真梳理、研究和总结。孙小礼教授和他的学生们在本书中从十对关系范畴的角度着重探讨自然科学与社会科学共同的思想方法，无疑是一项新的尝试。

孙小礼教授长期以来从事科学方法论方面的研究。1986年，她主持了国家自然科学基金项目"自然科学方法与社会科学方法的比较研究"，最终成果是《方法的比较——研究自然与研究社会》。90年代初，她主持了原国家教委高等学校哲学社会科学"七五"规划项目"自然辩证法通论"，主编了三卷本的《自然辩证法通论》（《自然论》、《方法论》和《科学论》），是《方法论》分卷的主编和主要作者。作为此项工作的延伸，1998年，她又主持了教育部人文社会科学博士点基金项目"自然科学方法论与人文社会科学方法论的比较研究"，其成果是《新视野的方法论》一书。

---

[*] 《科学方法中的十大关系》，孙小礼主编，学林出版社2004年5月出版。

2001年,她向国家社会科学基金会申请了"科学方法论的范畴研究"这一研究项目,希望在上述工作的基础上将多年来对科学研究方法论的思考进一步提升和系统化。她提出了科学方法论的十对重要关系范畴,希望以它们为主线来梳理自然科学与社会科学研究中应该思考和处理的各种基本关系。这项研究成果就是她和她的学生们奉献给读者的这部书。

与以往的研究成果以及其他有关科学方法论的著作相比,本书有如下特点:

首先,在写作风格上,本书不追求纯粹的哲学分析,因为科学方法论不仅是哲学界应当关心和探讨的问题,而且更重要的是要面向从事实际研究工作的科学家以及未来的科学家。科学家是科学研究的主体,他们在实际研究活动中积累了许多研究经验,对研究方法也有很多亲身体会。如果科学方法论的研究能够启发他们对研究方法的进一步思考,必将对科学研究事业产生积极的影响。因此,本书的基本定位是贴近科学,面向教育,给科技工作者和大学生提供一部方法论读物。为此,本书的作者们力求避免长篇抽象的理论论证,也不追求大而全,希望通过分析科学史上的著名案例以及著名科学家关于研究方法的经验,来提升人们对科学方法论的认识。

其次,在内容安排上,本书打破自然科学与社会科学的界限,把社会科学研究方法纳入了科学方法论的研究范围。为此,本书用了相当篇幅讨论经济学和社会学的方法论思想,强调社会科学的重要地位,促进自然科学与社会科学的融合,既顺应了国际科学实践和科学发展的潮流,又符合我国"科教兴国"战略的需要。早在80多年前蔡元培先生就提出了"沟通文理"的主张。1999年布达佩斯世界科学大会则明确指出:"科学知识的迅速积累及在共同议程中把自然科学与社会科学融为一体的必要性正在对科学研究和教育产生重大的影响","必须破除自然科学和社会科学之间的传统壁垒"。因此,在某种意义上说,本书也是为了"沟通文理",打破自然科学与社会科学之间的壁垒所进行的一个尝试,希望所讨论的内容也能引起社会科学工作者的关注和兴趣。

　　最后，本书对于建设和发展完整的科学的方法论学科具有积极的推动作用。本书没有给自己提出建设和发展完整的科学的方法论学科的任务，但客观上确实能起这种作用。我们在日常用语中常常不区分方法和方法论，当我们讲哲学既是世界观又是方法论时，实际是说哲学既是观点又是方法，即一般思想方法。严格讲，方法是方法，方法论是理论，是以方法作为研究对象而建立起来的学科。特殊方法论的论著，即研究特殊方法的论著已很多，特别是研究自然科学方法的论著，但方法论或一般方法论，则似乎还没有很好建设起来。其中难题之一就是融合自然科学方法论和社会科学方法论为一个整体，成为涵盖自然科学和社会科学的方法论。本书提出了十对跨越自然科学与社会科学的方法论范畴，即一般方法论范畴，为进一步建设和发展完整的方法论范畴体系作出了贡献。

　　方法的重要性已得到了人们的公认，方法论，作为关于方法的科学理论，其重要性远不如方法那样得到人们的公认，在许多人心目中，方法论与方法是一回事，方法就是方法论。我相信经过像孙小礼教授这样的方法论学者们的坚忍不拔的努力，科学的方法论将会十分完整地建设起来，并强有力地引导我国科学事业和建设事业蓬勃发展。

《蜀光中学校史》* 序

蜀光中学自1924年建校以来，已经走过了整整80年的历史过程，其间它从一个规模狭小、设备简陋的初级中学，发展成为一个校舍齐全、设备先进的完全中学；从一个中国民主革命初期的普通初中，发展成为一个中国社会主义时期的著名中学；从一个地方中学，发展成为国家级示范性普通高中。

80年来，蜀光中学为祖国培养了五万多名各行各业的人才。他们不仅遍布祖国各地，而且远及世界各国，为家乡、为祖国、为世界作出了巨大的贡献。从他们中间还涌现了大量的杰出人物，其中有革命烈士、政治活动家，有科学院和工程院的院士，有各种科学家、专家、学者，有各种艺术家、作家、表演家，有各种体育健将，还有各行各业的建设者、管理者，以及在各种岗位上默默无闻的无私奉献的工作者和劳动者。

还应指出，蜀光中学也培养了教师们。蜀光中学前后有教师数以千计，他们在教学工作中得到了成长和发展。他们或者成为终身的优

---

* 《蜀光中学校史》，四川人民出版社2004年9月出版。

秀教师，或者成为各行各业的优秀工作者和专家、学者。

蜀光中学80年来的诞生、成长、发展的过程以及它所做出的辉煌业绩，翔实地、详尽地载入了这本校史中。

为什么蜀光中学能够获得如此巨大的发展，做出如此辉煌的业绩呢？其原因无疑是多方面的。

首先一个原因是中国社会的发展。没有80年来中国社会的发展，就没有蜀光的发展。蜀光是中国社会发展的产物，是中国社会发展的组成部分。蜀光的发展是中国社会发展的一种反映，中国社会发展是蜀光中学发展的大环境和根本原因。

其次一个原因是学校的上级领导、学校的领导、全体教师、学校员工和全体学生抱着振兴中华、发展教育、培养人才、服务社会的思想，努力工作、努力学习，才使学校工作兴旺发达、蒸蒸日上。

当然还有其他原因，这些原因读者自己可以从校史中去探索，我只想就一个原因谈谈我的看法，那就是校训"公能"在蜀光中学发展过程中所起的作用。

很多学校都有校训作为全体师生员工的行为准则，但实际上不一定起什么作用，往往形同虚设。但是蜀光的校训"公能"自提出以来数十年深入人心，历届学生对之印象深刻，其言行深受校训影响。"公能"校训原是老教育家张伯苓于1934年为南开中学规定的，1938年他担任蜀光中学董事会的董事长后，又把"公能"规定为蜀光中学的校训，并由新任校长喻传鉴书写"尽心为公，努力增能"八个大字嵌于墙上。校训并不仅是一句口号，喻传鉴校长在他提出的《三年改进计划》（把蜀光初级中学改为完全中学的计划）中具体规定了落实"公能"的一系列措施，包含了对学生进行德、智、体、美、劳的全面发展的"公能"训练，这同我们今天讲的全面素质教育在一般理解上确乎没有什么区别。"公能"可以说是对这种素质教育的最扼要的概括，最易于为人们所掌握和理解，最便于人们身体力行。

中国很早就有了把人的素质区分为公德和能力两个方面的做法，《周易·乾》载："子曰：'君子进德修业。'""德"是品德，"业"是业务、事功，即能力。《礼记·礼运》说："选贤与能"。"贤"是品德好，"能"是业务好、能力强。孔子把人的好品质区别为仁、智、勇，仁是德行，智是理性、智力，勇是品德，也是力量。孔子教人六艺，其内容与今天的德（礼）、智（书、数）、体（射、御）、美（乐）、劳（射、御）相当。后来韩愈说："师者，所以传道、受业、解惑也。"（《师说》）这三方面就是品德、专业和二者问题的解答。张伯苓提出的校训"公能"正是抓住了人的素质的这两个最基本方面——品德与才能，这是最简洁的概括。张伯苓当然不能以一个中性概念如德、品德作为校训，便以"公"来代表好品德，这也正是抓住了品德的精髓。所谓道德或品德，诚然有对己的问题，但更根本的是对人，是处理人与人之间的关系，如果世界上只有一个人，根本就没有道德问题，也就无所谓对己的问题。如何处理公私关系是伦理道德关系的核心，因此，中国传统道德把"公"（把整体利益放在个人利益的前面）、"仁"（爱人）摆在突出的地位，提倡"天下为公"、"世界大同"、"先天下之忧而忧，后天下之乐而乐"、"天下兴亡，匹夫有责"，等等。这种观点贯彻了中华民族的全部历史。特别应该指出的是，张伯苓是现代民主主义教育家，毛泽东是无产阶级革命家，但他们对人的素质的概括表现出了高度的一致。

毛泽东1942年的《在延安文艺座谈会上的讲话》中谈到了衡量文艺作品，也是衡量文艺工作者品质的两个标准，他把一个叫作政治标准，一个叫作艺术标准，前者是为什么人的问题，方向问题，后者是怎样为人问题，艺术水平问题。他指出二者是有区别的，不能混为一谈，"我们的要求则是政治与艺术的统一，内容和形式的统一，革命的政治内容和尽可能完美的艺术形式的统一。缺乏艺术性的艺术品，无论政治上怎样进步，也是没有力量的。因此，我们既反对政治观点错误的艺术品，也反对只有正确的政治观点而没有艺术力量的所谓'标语口号'式的政治倾向。"[①] 后来毛泽东把对艺术工作的要求扩大为对

---

① 《毛泽东选集》第3卷，人民出版社1968年版，第870页。

一切工作的要求，称之为政治与业务或红与专，他说："红与专、政治与业务的关系，是两个对立物的统一。一定要批判不问政治的倾向。一方面要反对空头政治家，另一方面要反对迷失方向的实际家。政治和经济的统一，政治和技术的统一，这是毫无疑义的，年年如此，永远如此。"[1] 毛泽东所谓"政治"是广义的，即立场、方向、品德、目的，用一个时髦名词，即价值取向或价值观，他认为政治这个名词是会永远使用的，但内容会变化。换言之，它是一个高度抽象的概念，指任何人的活动都不会没有的价值观或价值标准。而"专"、"业务"、"技术"指的是才能、能力、手段、方法，这是任何人的活动所不能没有的另一主要方面。正如轮船在大海航行，要从此岸达到彼岸，有两样东西缺一不可，一个是舵，一个是发动机。

改革开放以来，人们最喜欢使用的概念是德与才，叫做"德才兼备"。"德"指的是好的品德，即美德；"才"是能力。例如陈云说："德才兼备，才干固然要有，但德还是第一。"[2] 邓小平说："要注意培养人，要按照'革命化、年轻化、知识化、专业化'的标准，选拔德才兼备的人进班子。"[3] 邓小平提出的"有理想，有道德，有文化，有纪律"的"四有"新人，也可以概括为德才两个方面。上世纪90年代教育界研究热点之一的全面素质教育和江泽民多次谈到的人的全面发展，都可以最后概括为德与才两个方面，而各种好的品德中，"公"是主要的品德，马克思主义称之为社会主义集体主义，二者缺一不可，只要一个方面，或只强调一个方面，都是片面的。

当然，不能否认在不同时代、不同地域、不同视角、不同立场，德与才的具体内容会有所不同，甚至有很大的不同，但不能否认德与才的共同性，也不能否认各种公与能的共同性。以上的说明的主旨在于论证德才兼备或立足公能是中华民族几千年来培养和选拔人才的共同优秀传统，也是贯穿于蜀光中学两个时代推动蜀光中学不断发展的

---

[1] 《毛泽东选集》第3卷，人民出版社1968年版，第351页。
[2] 《陈云文选》第3卷，人民出版社1995年版，第359页。
[3] 《邓小平文选》第3卷，人民出版社1993年版，第380页。

主要的精神动力。尽管中国的社会制度有了根本性的变化，蜀光中学的性质也因之发生了变化，"公能"校训始终在推动学校蓬勃发展，在推动广大学生茁壮成长。

前面已提到，当张伯苓把"公能"规定为蜀光校训时，"公能"训练就已具体贯彻于学校的教育计划之中，"公能"思想就已经深入人心。因此，当我所在的高中1942届毕业时，就留下了"公能台"；初中1942届毕业时，留下了"公能路"，作为纪念。后来许多老师和学生回忆起在蜀光的经历时，都要谈到"公能"校训对他们的影响和作用。最突出的例子就是百岁老校长陈著常，他在90岁诞辰之际写的《我与蜀光中学》一文，总结了他在蜀光无论是作老师还是作领导，十多年的经验集中到一点，就是实践"公能"校训。他把这个经验概括为16个字，那就是他的学生们深为赞颂的"立足公能，严格要求，勤奋学习，全面发展"。老校长陈著常百岁华诞纪念文集《期颐之光》中最突出的主题就是"公能"校训，使这本书几乎成了一本"公能颂"。

事实告诉我们，关于"能"，没有争议，没有谁反对人都应有能力；关于"公"，争议一直不断，特别是改革开放以来，由于实行社会主义市场经济，集体主义（公）遭到许多诘难，有的人认为应该以个人主义取代集体主义成为主导的价值观。但是蜀光中学的发展证明，"公能"校训始终发挥着积极的作用。它不但在民族解放斗争年代和人民解放斗争年代发挥了积极的作用，不但在社会主义改造和建设年代发挥了积极的作用，而且在改革开放年代也发挥了积极的作用。我们有充分的根据肯定，在全面建设社会主义小康社会的历史阶段，"公能"校训仍然是蜀光中学教育事业向前发展的精神动力。因此，在热烈庆祝蜀光中学校庆80周年之际，在反思过去80年的历史和展望将来的前景之际，蜀光中学一定会继续大力弘扬"公能"校训，使广大的蜀光学子把"公能"二字深深地永远铭刻于心并身体力行。

我充分相信，蜀光中学将在整个教育工作中，坚持老一代教育家们为蜀光中学铸就的优良传统,结合祖国社会主义现代化建设的要求,把"公能"校训具体贯彻在全面素质教育之中,为祖国培养更多更好的德智体全面发展的优秀人才。

《人的建设论》* 序

研究人的建设，无论是对于人学理论的丰富与发展，还是对于当代中国社会的改革与建设都有重要意义。

在丰富理论的意义上，人的建设是人学体系的组成部分。"人"是一个非常明确的、非常清楚的研究对象，但奇怪的是我们过去却没有建立起对人作整体研究的人学。把人和动物区别开来的、带有根本性的属性是人的实践活动。人的实践活动既包括以外部世界为对象的改造活动，也包括以自身为对象的构建活动。应该说，一个时期以来我们对以外部世界为对象的实践活动的规律研究得比较多，而对以自身为对象的实践活动研究得很不够。唯物史观里有些关于人的论述，但是谈得比较多的是杰出人物的贡献和作用，对于一般的人没有进行专门的论述，对于在特定的社会条件下人如何在认识运用规律的基础上进行自我完善论述不多。在此意义上，可以说研究人的建设是人学面临的一个自我建设课题。

在指导实践的意义上，我们迫切需要加强人的建设理论研究。社

---

* 《人的建设论》，牛献忠著，党建读物出版社 2004 年 10 月出版。

会进步需要与其基本内容相一致的主体条件，要求人通过完善自我具备足以承担起这一使命的素质。物质文明、生态文明、精神文明和政治文明建设归根到底都是人的建设。物质文明建设的核心是人认识和改造自然能力的提高，要求作为生产力系统中能动要素的主体具备能够创造和掌握现代工具进行生产的能力；在处理天人关系时要求明确的生态意识和保护生态平衡的能力；在生产关系层面要求作为经济关系的承担者具备依照市场经济规则进行生产和交往的市场活动能力。精神文明建设的主、客体是人和人的精神世界，要求作为思想文化关系承担者的主体具备参与科学文化活动的必要道德素质和科学精神。政治文明建设实质上是人们认识、实现、维护和发展人的权利的过程，要求作为主体的人具备实行民主政体必需的政治素质。主体条件的改善不是一个自发的过程，我们必须本着社会和人自身的客观要求去自觉地进行主体条件的改善。在这方面，我们可以做的事情很多：深化对人的问题的认识，把握运用人的建设规律；完善有关制度，解决主体条件不平衡问题；增加投入，改善优化人力资源结构，等等。我们这样一个世界上人口最多的发展中国家，面临的最大问题和解决问题的根本途径都在人。应该说，我们在这方面的潜力是巨大的，有待于我们去开发。在此意义上，可以说研究人的建设是人学面临的一个时代课题。

在这本书中，牛献忠同志作了一个有益的尝试。他以历史唯物主义为基础，借助国内外哲学和社会科学有关人的问题研究成果，提出了"人的建设"概念并进行了理论阐释。这里"人的建设"把人放在现存的关系中来认识、理解和把握，以现实的个人、两种生产再生产、人的教育培训和人才的选拔、使用、流动等制度及其运动规律为研究对象。书中通过纵横比较研究分析了当代中国人和社会的发展状况，阐明了"人的建设"在促进人的全面发展与社会进步中重点应该解决的问题，并从理论与实践的结合上提出消除制约当代中国人的全面发展障碍的可行对策和方案。这里把"人的建设"概念内涵界定为"按照社会和人的需求对社会主体——人自身的改造完善活动"。它的外延包括协调两种生产再生产，加强和改进人的教育培训以及完善人的选拔、使用和流动有关制度等三个主要方面。"人的建设"动力既来自于个人、群体和国家社会的需求，也受生产力发展和社会经济形态矛盾运动所制约。作者沿着历史与逻辑的线索，概括归纳出"人的建设"活动的"四个特点，三条规律，四种尺度"，即：人的建设具有对象的主、客体统一性，活动的社会性和阶级性，过程的长期性、实效性，作用机制的复杂性等特点；人的建设必须与物的建设相互协调，以精神建设为核心，服从、服务于国家和社会的发展；人的建设要坚持人的尺度、物的尺度、利的尺度和美的尺度。书中还根据"人的建设"理论框架从一般意义上，按照人的生产、培养、选拔、使用、流动和自由全面发展的次序，通过历史和现实、国内与国外的比较研究，探索了"人的建设"在促进人的全面发展和社会进步中的作用和规律，并针对当代中国这些方面面临的一些突出问题从理论与实践结合上尝试进行了"人的建设"方法论研究。书中面对新的实际，对马克思"人的自由全面发展"思想的逻辑线索和基本内容、前提条件、实现途径以及历史趋势等几个方面进行了解说。同时，还根据国际组织和国家发布的统计数字，从正反两个方面在时代背景下辨证分析了我国一个时期以来特别是改革开放以来人的发展状况，提出了目前以及今后一个时期我国"人的建设"实践应当重点解决的三个方面问题：注重改善主体条件，提高社会生产力水平；尊重发扬人的个性，营造鼓励创新的制度环境；提高与环境协调的能力，实现人、经济和社会的可持续发展。

牛献忠同志在攻读博士研究生期间表现出了对人的理论和实践研究的兴趣，并选择《人的建设论》作为博士论文的题目。他在论文开题前曾经征求过我对论文提纲的意见，我认真地对提纲进行了审阅并提出了自己的建议，希望他能够在完善人学理论的实践形态方面做一些探索。在论文的写作过程中，他曾经就论文中的一些问题多次征求并听取了我的意见。牛献忠同志毕业后一直在组织人事部门从事政策研究和人才规划工作，使他有机会掌握很多第一手资料，为问题的深入研究积累了很多素材。更重要的是他结合工作坚持在这一领域不断地探索，经过努力使文章中的一些观念已经被采纳并转化为政策措施。像牛献忠同志这样把理论研究与实践活动紧密地结合起来，既推动了理论，又推动了实践，这是符合马克思主义的认识路线和建设路线的。

他希望我为他的论文出版作序。我写了这些，是为序。

《当代中国马克思主义政治文明论》序

邹吉忠同志的新作《当代中国马克思主义政治文明论——邓小平江泽民制度建设思想研究》[①]以其名称表明作者是把江泽民提出的政治文明论作为邓小平关于中国特色社会主义制度建设理论的继承与创新来研究的,这使本书在目前众多论述政治文明的论著中具有显著的特色。

本书共有十章,可分为三部分,第一章是总论,第二至八章系统地论述了邓小平的制度建设理论,最后两章系统地论述了江泽民的政治文明理论。第二部分的七章分别论述了制度的本质与类型、制度的来源、制度的社会功能、制度的机制、制度(体制)的改革与创新、制度的建设等,每一章都包含了两方面的内容,一方面是马克思主义制度理论的基本观点,一方面是邓小平关于制度建设的理论观点。第三部分的两章论述了江泽民的政治文明论是邓小平的制度建设理论的

---

* 本文以《政治文明论研究的新收获》为题发表于《学习时报》2004 年 3 月 25 日。

① 《当代中国马克思主义政治文明论——邓小平江泽民制度建设思想研究》,邹吉忠著,河南人民出版社 2004 年 12 月出版。

继承、发展与创新。作者认为在江泽民那里,邓小平的制度建设和体制改革理论已进展到政治文明建设的新思路,这一方面是对邓小平的制度建设思想的全面继承,另一方面又是对邓小平制度建设思想的全面创新。作者这样把政治文明建设与制度建设联系起来考察,就鲜明地突出了政治文明建设在整个中国特色社会主义建设中的重要地位。

作者具体考察了江泽民从邓小平制度建设理论转移到政治文明论的过程,认为经过1989年的政治风波和1989—1992年的调整之后,江泽民就逐渐意识到单纯政治体制改革已不能满足中国社会发展的要求,并在此基础上萌发了政治文明的思想。江泽民最初是把经济建设、政治建设和文化建设三者并列,后来又把"讲政治"作为"三讲"的重要内容,最后提出了政治文明的概念。大家知道,制度建设和体制改革包含经济的、政治的、文化的制度建设和体制改革,那么,政治的制度建设与体制改革同政治文明建设有什么联系和区别呢?为什么从政治制度建设和体制改革到政治文明建设是全面创新呢?它们之间的联系也就是它们之间的继承关系,这是易于理解的,因为江泽民的政治文明论包含了,也就是继承了政治制度建设和体制改革。其区别则在于单纯的政治制度建设和体制改革停留在理论观点和决议上,而政治文明建设则是一个由民主理念外化为客观存在的、漫长持久渐进的培育和发展的过程。我认为作者的这种理解是否准确当然还可以作进一步研究,但作者所提出的问题确实是存在的,对这个问题的研究是有重大理论价值和实践意义的。

我认为作者所提出的问题也就是一种制度或体制的真正建立或形成的问题。中国特色社会主义现代化建设中,制度的建设具有非常重要的意义,然而也具有很大的难度。大家知道,改革开放就是从制度上或体制(具体层次的制度)上为社会发展提供强大的动力,例如建立社会主义市场经济体制就可以大大推动整个社会的发展。但是要建立健全的成熟的社会主义市场经济体制谈何容易。可以说,从改革开放以来,我国经济体制就在向社会主义市场经济体制转移,1992年党的十四大报告更明确提出社会主义市场经济作为我国经济体制改革的目标。从1978年到现在已经20多年了，但一个诚信守法、公平竞争、运转顺畅、健全完善的社会主义市场经济体制仍远未形成。我国建立民主政治制度的历史就更长了，如果从1898年维新运动算起，至今已有100多年。中华人民共和国的建立使我国真正开始了民主政治制度的建设，50多年来走了一条曲折前进的道路，今天一种具有中国特色的社会主义民主政治制度的模型已经出现，但要形成人民充分当家做主、管理者一心一意为人民服务、公正清廉高效的民主政治制度还有很长的路要走。

社会制度的形成为什么如此困难呢？这是因为制度归根到底是人与人之间比较稳定的关系，是看不见摸不着的，然而是客观存在的。一种制度最初可能只是人们思想中的、口头上的或文字上的（成文的宪法、法律、规章等），就是说主观的，它要成为真正的制度就必须是普遍存在于人们的实践中的关系，至少是多数人实践中的关系，即为多数人所遵守。因此，制度的形成过程实际是把主观理念在成百万、成千万、成亿国民中外在化、客观化的过程，其难度是不难想象的。如果一种制度还停留在主观世界里，就很难说它已经形成了。有的国家的宪法对政权转移的民主方式规定得很具体很完善，然而真正转移时仍然要通过政变甚至流血的方式才能实现。这说明它的民主制度没有真正形成。但有的国家里，不管国家元首具有多高多大的政治和军事权力，只要它的民主制度真正形成了，政权的转移都能平静地实现。但是，这种不可捉摸的实实在在的制度绝不是自发地形成的，而必须长期地坚持不懈地加以建设，使人们普遍地认同和遵守，至少使多数人认同和遵守。我国社会主义市场经济体制、社会主义民主政治制度以及其他各种制度、体制都在坚持不懈的建设之中。

我国的制度建设与体制改革，包括经济的、政治的法律的、文化的、教育的、科技的等制度建设和体制改革，其发展是不平衡的。经济的制度建设与体制改革进展较快、成效较著，但政治的制度建设与体制改革则进展较慢、成效较差，成为制约整个社会制度建设和体制改革的瓶颈，也是制约中国特色社会主义现代化建设的瓶颈。作者把政治文明建设摆在这一时代条件下来理解和阐释，是非常正确的。可以说，政治制度建设是政治文明建设的核心，政治文明建设是整个中国特色社会主义制度建设的关键，因此，充分地开展对政治文明建设的研究，无论是对中国特色社会主义建设理论，还是对中国特色社会主义建设实践，都会发挥积极的推动作用。

《矛盾问题新探》* 序

案头上的这部书稿校样，是王永祥同志研究矛盾问题的论集。他是在20世纪60年代初、"文革"前北大哲学系毕业的，先在中国科学院哲学社会科学部（中国社科院的前身）读研究生，后来辗转去了河北社科院。他一直在研究辩证法史，出版有中国和西方两本同一思想史的专著。这本论集也是他多年研究辩证法问题的结晶。

矛盾理论是辩证法的核心。它是马克思主义哲学和无产阶级世界观及其方法论中的重要组成部分。这个问题似乎早有定论，又有比较成熟和定型的成体系的教科书。但是近20年来，矛盾理论受到了多种质疑，甚至否定。如有的人认为矛盾理论是一分为二，但一分为二是不普遍的，应该用一分为三、一分为多取代它。面对这种从根本上否定矛盾的理论，如果要循着原来的思路——矛盾理论是辩证法的核心进行研究，其难度是可想而知的。但学界不能回避而必须回答新中国成立以来围绕矛盾理论发生的一系列问题，特别是这些问题还往往与政治问题相牵连，这就更增加了研究这些问题的难度。所以至今回想

---

* 《矛盾问题新探》，王永祥著，河北人民出版社2005年5月出版。

起从20世纪50年代到60年代中,围绕综合经济基础论、思维与存在的同一性及"一分为二"与"合二而一"问题的争论,依然还令人心存余悸。当然,"文革"之后就不同了,现在学术争鸣的氛围更加宽松,以前那种在政治上"抓辫子"、"打棍子"的事,基本上已经绝迹,而且谁想再搞那一套,也是很不得人心的。

这本论集所收入的,是王永祥同志从20世纪80年代以来发表的研究矛盾问题的系列论文和论著的章节。这些论文尽管如他所说还有言不尽意之处,但也已较充分地体现了他在矛盾理论上的创意。例如,他有关矛盾学说发展三种形态的观点,矛盾自身发展有三个阶段、特别是矛盾潜伏阶段的观点,矛盾同一性有一个变化过程和变动体系的观点,关于矛盾"对立性"问题的观点,关于变与变化内外因问题的观点,以及关于社会基本矛盾和马克思主义东方社会理论的观点,都有自己独到的和带有创见性的观点。他的这些观点,当然也是一家之言,人们可以赞成,也可以反对,这都属于学术上正常的论争。而且,无论是他的这些观点,还是与之相反的观点,不管谁对谁错,都体现着当代学界对矛盾问题的最新探索。因此从这个意义上说,将本书命名为《矛盾问题新探》,是非常适宜和名副其实的。

对王永祥同志的这些文章,过去也看到过一些,但并未细读,这次他请我写序,也未来得及详加推敲。但略为通读后,上面所列创新点,可以说确有令人耳目一新之感。在此不可能将其一一推介,仅对变化的内外因问题作一说明。在这篇文章中,他批评"传统内因根据论"仅把一事物自身的内部矛盾视为"内因",实际上是对矛盾的解构,以至最终完全否定了事物的内因;在他看来,正确的观点是,要把该事物与周围具有本质关系和进行物质变换的诸事物,视为内在的矛盾统一体,从而把此矛盾诸方面的斗争看作内因,这样才能揭示出事物发展的真正内因。他如此界说内因,不仅有新意,而且有深意。过去区分内外因,着眼于空间,他则着眼于本质,这个问题很有研究价值。除此之外,其他各篇文章,也都蕴有新意,可以说作者在本书收集的全部文章中,都不乏创新性观点提供给读者。所以,要想全面了解书中的创新点,就应去深入品读这本书的全部文章。

我十分赞同王永祥同志对待矛盾理论的基本态度。前面已经提到,对矛盾理论是辩证法的核心这一观点,有些人采取怀疑甚至否定的态度,其中颇多误解,最主要的误解是认为矛盾理论否定一分为三、一分为多,人们似乎忘记了矛盾的展开就是一分为三,而一与多、整体与部分这两对范畴也是矛盾的表现。正如王永祥同志所指出的,矛盾理论确有许多问题需要深入研究。他不是一否了之,而是深入矛盾理论,殚精竭虑地加以系统地研究,补充之,丰富之,纠正之,完善之,使之更加完整、更加严密、更加科学。我认为这是正确的态度。本书就是这种态度的充分表现。

王永祥同志在北大上学期间,我曾给他们班级讲过列宁的《哲学笔记》,后来在学术研讨会上又曾多次见面。对他的学术观点有些了解,但了解得不深,这次读了他的论集,才有了进一步的深入了解。这本论集的创新意识和创新观点给我的印象很深,它启发人们对矛盾问题还应认真进行再思考、再探讨,故此我愿意向学界推荐,以有助于对矛盾问题研究的推进。

2004年国庆节于北大未名湖畔

马克思主义、人道主义
与人学学科建设*

——兼介绍《人学理论与历史》**

《人学理论与历史》是北京市社会科学"九五"规划中的一个重点项目,是一个人学学科建设的重点工程,它的最终成果是三本书:《人学原理》、《西方人学观念史》和《中国人学思想史》,它们分别由陈志尚教授、赵敦华教授和李中华教授主编,现在已由北京出版社出版。

为什么我们要这样来进行人学的学科建设呢?

人学作为一门学科在我国过去是没有的,它的出现始于20世纪80年代初关于人道主义和异化问题的讨论,在讨论过程里,人们才逐渐意识到人学学科建设的必要。从那次讨论以后,出版了多种《人学原

---

* 本文发表于《高校理论战线》2005年第7期;《中国特色社会主义研究》2005年第4期(8月11日)。

** 《人学理论与历史》三卷本,黄枬森任编委会主任,其中《人学原理卷》由陈志尚主编,《中国人学思想史卷》由李中华主编,《西方人学观念史卷》由赵敦华主编,北京出版社2004年12月出版。

理》、《西方人学思想史》、《中国人学思想史》、《世界人学思想史》的专著,论文就更多了,但是把人学原理和人学思想史结合起来做一个整体研究,这在人学发展史上还是第一次。为什么要这样做呢?为了说明这个问题,我认为有两个层次的问题要谈一下。一个层次就是为什么要建设人学学科?第二个层次就是怎样建设人学学科?要说清楚这些问题,有必要追溯一下马克思主义与人道主义的关系。

一、马克思主义是由人道主义演变而来的

人道主义的发源地是文艺复兴时期的欧洲,它最初是资产阶级的意识形态,即民主主义的理论基础。启蒙运动的思想家们用人道主义来反对封建统治和论证民主主义。他们认为,为什么要用民主主义取代封建专制呢?因为民主主义才是符合人性的,即人道主义的,而封建专制是违反人性的、反人道主义的。空想社会主义接过了人道主义论据,认为资本主义制度中资产阶级统治工人阶级,这种制度也是违反人性的、反人道主义的,只有社会主义才是符合人性的、人道主义的。这种以道德原则来论证社会主义的学说,就是空想社会主义,或曰伦理社会主义。

马克思主义的创始人马克思和恩格斯也经历过从民主主义转变为空想社会主义的过程。他们都曾经是新黑格尔派的成员和激进民主主义者,在1842年前后由于革命形势和费尔巴哈的影响,他们在哲学上从唯心主义转向唯物主义,但这种唯物主义只限于自然观,而在历史观上他们仍然是唯心主义者,即人道主义者。而在政治上他们已从民主主义者转变为社会主义者,那时即使空想社会主义者,他们的人道主义已不同于民主主义的人道主义。就马克思来说,他的人道主义不是人的理性异化论,而是人的劳动异化论,这就是马克思在《1844年经济学哲学手稿》中所表述的劳动异化论,这种理论认为人类社会的历史发展过程是人的本质的异化和异化的扬弃的过程,但人的本质不是启蒙思想家所说的理性而是劳动,因此,这个过程就是劳动的异化和异化的扬弃的过程,劳动异化的扬弃就是公有制取代私有制,即社

会主义取代资本主义。这样,马克思虽然以人的劳动代替人的理性作为人的本质,但仍然是用人道主义方法来论证社会主义,未摆脱唯心史观,仍然停留在空想社会主义的水平。不过这种观点已突破精神性的理性而过渡到物质性的实践——劳动,这就为他从唯心史观架起了通向唯物史观的桥梁。因此当他和恩格斯发现了生产活动中生产力和生产关系的矛盾是人类社会发展的基本矛盾时,唯物史观诞生了,科学社会主义出现了,他们不再需要劳动异化论了。这实际上意味着马克思主义的诞生,其标志是《关于费尔巴哈的提纲》和《德意志意识形态》,时间是1845年,主要内容是哲学(唯物史观)和社会主义理论,作为它们之间的中介的经济理论(剩余价值理论)尚处于萌芽状态。马克思主义的基本观点于1847年在《哲学的贫困》中问世,于1848年在《共产党宣言》中作了系统的表述。

由此可见,马克思主义的诞生也就是马克思和恩格斯从人道主义历史观转向唯物主义历史观,从空想社会主义转向科学社会主义的过程。显然,马克思和恩格斯已不再是一般的人道主义者,那么,能否说他们是反人道主义者呢?换句话说,从他们的思想转变过程来说,显然他们的理论已不再停留在人道主义,那么,能否说他们的理论是反人道主义呢?具体分析起来,他们反对的、抛弃的只是人道主义历史观,而不是处理社会生活和人际关系的人道主义原则或人道原则。

人道主义最初是针对封建等级制度提出来的,也就是承认任何具体的人都是人,在人格上无高低贵贱之分,都有人的尊严,都是平等的,因此,我们应该尊重人,尊重人所享有的基本人权,平等待人。后来,启蒙思想家用这样的观点来论证资产阶级民主革命,并进而用这种观点来说明人类社会的历史,于是人道主义就成了历史观。空想社会主义的历史观,包括马克思的劳动异化论,属于人道主义历史观的范围。唯物史观的出现突破了人道主义历史观,但不意味否定人道主义伦理原则。马克思和恩格斯在发表《共产党宣言》以后强调无产阶级阶级斗争、无产阶级革命和专政,揭露和批判资产阶级所宣扬的自由、平等、人权和人道主义的虚伪性和局限性,但他们从来没有抛弃人道原则，绝不能说他们是反人道主义者。但是，他们本人没有从理论上明确地区分人道主义的这两个方面，这就为后来在马克思主义与人道主义的关系问题上的不同观点埋下了争论的根苗。

二、马克思主义史中三次影响深远的人道主义思潮

马克思和恩格斯逝世后，马克思主义的传播和发展的主流是强调以唯物史观为指导从事无产阶级革命运动，在苏联和中国的革命过程中对人道主义进行了笼统的批判，没有从理论上区分人道主义历史观和人道主义伦理原则，也发生过一些违反人道主义的现象。但在马克思主义的队伍中也有人坚持以人道主义作为指导思想并取代唯物史观的地位。最早表露这种人道主义倾向的是卢森堡，但影响不大，真正形成思潮并有深远影响的有三次。

第一次是由卢卡奇开辟的西方马克思主义的人道主义思潮。卢卡奇于1923年出版的《历史和阶级意识》一书在《1844年经济学哲学手稿》于1932年公开出版之前提出了"物化"概念，其内容与马克思的"劳动异化"理论基本一致，对人类社会历史和无产阶级的历史使命作了人道主义的阐释，实际上恢复了与唯物史观相反的人道主义历史观。卢卡奇本人后来虽然作了检讨，但这一思路为霍克海默、哈贝马斯、施密特、马尔库塞、弗罗姆、列斐弗尔、萨特等人所发扬，形成了西方马克思主义中影响最大的人道主义思潮。他们坚持马克思主义就是人道主义，人类社会历史就是人的本质的异化和异化的扬弃的历史。他们尖锐批判列宁主义，反对苏联的社会主义制度，认为社会主义公有制是劳动异化的根源。由于第二次世界大战法西斯的残酷的反人道行为，这股思潮在西方曾获得广泛的传播，产生了深远的影响，至今不衰。

第二次是以赫鲁晓夫为代表的苏联人道主义思潮。斯大林逝世后，赫鲁晓夫为了反对和全面否定斯大林，抛弃马克思主义的基本理论，高举人道主义旗帜，提出一切为了人、一切为了人的利益的口号，宣扬全人类利益高于一切。这种抽象宣扬全人类利益的人道主义，不但

违背了马克思主义和列宁主义的基本理论,也与当时冷战局势格格不入,使赫鲁晓夫本人陷入尴尬的自相矛盾之中。但由于赫鲁晓夫身居苏联共产党最高领导人的地位,苏联理论界也掀起了一股强大的人道主义思潮,人道主义成了一切理论工作的主流。这股思潮也适应了西方人道主义思潮,以至于赫鲁晓夫下台后苏联人道主义思潮仍居意识形态主导地位,马克思主义哲学演变成了宣扬抽象的人、人性和人道主义为出发点、中心和目的的哲学。戈尔巴乔夫的"新思维"的核心也是这种抽象的人道主义。抽象的人道主义的泛滥后来成为苏东剧变的思想根源之一。

第三次是20世纪80年代初在中国掀起的人道主义思潮。由于赫鲁晓夫对斯大林的批判和对人道主义的宣扬受到了中国的抵制,由于中国强调的是阶级斗争理论,西方和苏联的人道主义思潮当时对中国没有发生直接的影响。"文化大革命"结束后,特别是经过真理标准问题的讨论,解放思想、实事求是的思想路线逐渐恢复,"双百方针"得到认真贯彻,在批判"四人帮"罪行和拨乱反正的过程中,人道主义问题作为一个重大理论问题提了出来。由于它所具有的马克思主义史和国际思潮的广泛和深刻的理论背景,由于"文革"中反人道行为的惨痛教训所引起的对批判人道主义的反思,人道主义思潮在80年代初期呈现出汹涌澎湃的强大声势。中国理论界一致认为过去在理论上全盘否定人道主义是错误的,应该拨乱反正。但人道主义在马克思主义中应处于什么地位,或者说,它与马克思主义的关系怎样,却出现了原则性的分歧。当时一种观点认为,马克思主义就是人道主义,宣扬所谓现代的科学的人道主义,主张人是马克思主义的出发点、核心和归宿,人类社会的历史就是人的异化或人的本质的异化和异化的扬弃的过程。这种观点以青年马克思的人道主义,尤其是《1844年经济学哲学手稿》中的人道主义作为他们的最强有力的理论根据。他们所依靠的根据和提出的观点与西方马克思主义人道主义实际完全一致。另一种不同的观点则认为,对人道主义既不能全盘否定,也不能全盘肯定,而应有分析地具体对待。马克思主义包括人道主义,但不等于或归结为人道主义。用抽象的异化理论来解释社会历史和现实是与唯物史观的基本理论背离的。马克思主义应用辩证的历史的观点看待各种人道主义理论。这两种观点在80年代初进行了针锋相对的争论,争论在1983年纪念马克思逝世100周年时达到高潮。此后争论渐趋沉寂,但分歧并未消解,至今仍然存在。

这场争论在人道主义史中造成一次重要的理论突破,即在总结历史上对人道主义的理解的基础上,区分了人道主义的两种含义或两个方面,一是作为处理社会生活和人际关系的基本原则的人道原则,即人人平等的原则,一是作为历史观的人道主义,即认为人类社会的历史是人的异化和异化的扬弃的历史观。这两种内涵实际存在于历史上各种人道主义观中,但都没有明确地区分,往往被混为一谈。有的人由于否定人道史观而导致否定人道原则,有的人则由于肯定人道原则而导致肯定人道史观。只有中国80年代关于人道主义和异化问题的争论把这两方面明确地区分开了,这在人道主义史上具有划时代的意义。这种区分导致科学的人学在中国的诞生。

三、中国的人学在人道主义争论中诞生

中国传统文化中无疑有丰富的关于人的思想,马克思主义理论中也有很多关于人的思想,但在中国80年代以前一直没有人把人本身作为一门学科的对象来研究,没有从整体上研究人及其规律的人学。20世纪下半叶西方思想界和苏联理论界均已提出人学研究的任务。由于他们不区分人道主义的两个方面,他们所说的人学,与人道主义在实际上无明显的区别。在他们看来,人学当然就是人道主义的,人道主义之外也没有什么人学。这种观念在中国也颇流行。笼统否定人道主义的人们也认为人学与人道主义是一回事。在改革开放前的中国马克思主义理论体系中有一些论述杰出历史人物的内容,但没有人学,因为既然人学被等同于人道主义,当时的理论界就不会接受在马克思主义理论体系中单列一门人学。改革开放以后,赞成人道主义的人也把人道主义等同于人学,当然也认为没有必要建立不同于人道主义的人

学。把人学与人道主义区别开来，建立对人作整体研究的人学，是从区别人道主义的两个方面的观点引申出来的。

前面已经谈到过，把人道主义区分为人道原则和人道史观的实际上是马克思和恩格斯，正是他们把人道史观和人道原则区分开来，并否定人道史观、保留人道原则，才从唯心史观转向唯物史观、从空想社会主义转向科学社会主义，创立了马克思主义。他们在人类历史上第一次把历史观变成科学，其中就逻辑地蕴涵了把人学变成科学的可能性。但马克思和恩格斯后来的理论工作由于革命的需要主要集中在以唯物史观为指导研究人类社会的各个方面的问题，研究如何改造人类社会。他们关注的理论焦点是阶级、民族、无产阶级革命和人民革命、无产阶级专政、人类解放等群众性问题，而不是人学问题。因此，在后来马克思主义的理论队伍中，除了人道主义流派而外，很少有人专门谈论人学的理论问题。中国80年代人道主义讨论区分了人道主义的两个方面才解开了这个结，提出了把作为整体的人作为科学对象来研究、建设科学的人学的问题。这可以说是中国人学研究的理论前提，同时还有实践的前提。

改革开放调动了人的主动性、积极性、创造性，理论界日益关注人的各个方面，人的主体性、人的实践、人的才能、人的权利、人的品质、人的个性、人的教育、人的管理、人的使用等，日益成为理论研究的生长点。党中央把"以人为本"作为科学发展观的一个原则、宪法明确宣告"国家尊重与保障人权"以后，人学研究的必要性更加突出。这些基于人的实践而出现的人的微观的局部的研究呼唤着对人的整体的宏观的综合研究，即人学研究。因此，人道主义争论逐渐停息以来，理论界很多人士都发出了应该建立和建设作为一门学科的人学的呼声。但是，人学是什么？如何进行人学学科建设？人们的看法颇不相同。

四、人学学科建设的正确途径

人学学科既然是一门学科，就应该作为一门科学来建设。

有一种颇为流行的观点认为马克思主义或马克思主义哲学就是人学，人是马克思主义的出发点、核心和归宿，人是马克思主义哲学研究的唯一对象，马克思主义哲学不研究人以外的东西，不研究与人无关的东西。这种观点把世界观（本体论）、自然观排斥于马克思主义哲学之外，把人学与哲学完全等同起来，这不是取消人学，就是取消哲学，这对哲学与人学的建设与发展显然都是不利的。这会把人学学科建设引上歧路。

人学以其对象与其他学科区别开来，它必须有自己的明确的对象。顾名思义，人学的对象只能是人，正如生物学的对象是生物、经济学的对象是经济现象一样。人学有了明确的对象，就有了人学学科的可靠的起点。从人出发，我们有两条建设人学学科的途径，一条是现实的，一条是历史的。前一条途径就是充分地尽可能完备地吸收各种人的科学的成果，从而总结和概括出关于人的观点和理论；另一条途径就是要梳理和分析历史上的人学思想和理论，吸收其中合理的科学因素。人学学科建设的这两个途径不是互相分离的、各不相干的，而是互相结合的、互补的。下面分别谈一下这两条途径。

就第一条途径来讲，我认为应该区别人学和人的科学。人的科学是关于人的各个方面、各种属性或者各个领域的一些学科，是人学的分支学科，而人学是对人进行总体研究、综合研究的学科，人的科学不等于人学。那么，总体研究、综合研究怎么进行呢？从归根到底来讲，这种研究还是实证性的研究，因为人都是有血有肉的具体的人。但这种实证性研究不能仅靠人学工作来进行，主要得依靠各种人的科学。研究人体的有人体解剖学、生理学、体育学、医药学等，研究人的社会生活的有经济学、政治学、法学、历史学等，研究人的精神生活的有心理学、认识论、美学等，研究培养人、管理人、教育人的有人才学、教育学、人事学等。人的科学是一个很庞大的学科群或科学群。人学工作者也可以直接对人进行实证性的研究，但是人是非常复杂的、多方面的，要对人进行全面的实证性研究，必须依靠各种实证性的人的科学。这就跟我们经常讲的哲学要依靠对自然知识和社会知识的综合概括是一样的道理。但是我们仅仅这样做，而忽视或者蔑视历史上关于人的丰富的思想资料，这是不对的。我们的研究不能完全是白手起家、从零开始。我们的历史，不管哪个国家的历史，都给我们积累和遗留了丰富的人学思想资料，我们应该充分地利用这些资料，从这些资料里去吸取营养，来建设我们现代的人学学科。这就是第二条途径，即历史的途径。历史上的人学思想不一定是完全正确的，但是它作为一个思想库，是丰富的，是宝贵的。所以，这第二条途径也是非常必要的。

这两条途径结合起来进行，才能够对人学的学科建设起到很大的推动作用。我们这个想法得到了北京市哲学社会科学规划办公室的大力支持，在"九五"期间，《人学理论与历史》作为北京市重点项目立项，经过几年的努力，最终成果又得到了北京市社会科学理论著作出版基金办公室的大力支持，又在北京出版社的支持下以精美的装帧出版。

这部书分为三本，一本是理论，两本是历史，这种区别只有相对的意义，没有绝对的意义。现代的人学理论也是在历史的过程里提出的，人学的历史就是人学理论的历史。但这三本书也各自有其特点。

陈志尚教授主编的《人学原理》的撰写过程中我是具体参加者，在他的主持下，这本书的撰写过程也是他所指导的研究生人学讨论班的教学过程。这本书的作者部分是教师，部分是研究生，作者们轮流向讨论班报告自己执笔的初稿，经过讨论再作修改。撰写过程是一个精心组织、精心写作、精心讨论、认真修改、认真统稿的过程。这本书所探索的问题是比较多的，除了人们谈得较多的人与自然、人与社会、人的本质等以外，还阐述了一些人们谈得比较少的一些问题，比如人的个性、人的自由、人的素质、人的发展规律等。这本书提出了一些新的观点，有不少新的内容。全书共17章，不能说已经很完美了，但可以说是很丰富的。

赵敦华教授主编的《西方人学观念史》，取名"观念史"是有其特殊意义的。作者不像一般思想史那样按时间、人物介绍人学思想的演变，而是把西方人学思想概括为九个人学观念，把它理解为人学观念演变史。作者把西方人学思想的演变同哲学以及整个思想文化联系起来研究，把古希腊以来西方人学观念概括为宗教人、文化人、自然人、理性人、生物人、文明人、行为人、心理人。作者认为世界文化的发展将来还会演变出新的人学观念。这种概括对于西方人学思想发展的逻辑、发展的规律提供了一种独特的理解，颇有新意，具有启发性。

李中华教授主编的《中国人学思想史》的特点是内容丰富，资料详尽，提供了从远古中国到清代主要学派或主要代表人物的人学思想。这本书把中国人学思想史的发展分为三个时期，认为中国人学思想产生与形成于先秦时期，西汉至唐代为中国人学思想的拓展与演变时期，北宋到清为中国古代人学思想的复兴与高涨的时期，并相应地分为三编。作者力图突出中国人学的特色，指出中国人学包含五个层次，就是关于自然属性的理论、生物属性的理论、社会属性的理论、智能属性的理论、道德属性的理论。这是中国人学的特色，也是中国人学对世界人学的贡献。全书大体上是围绕这些问题展开的。

总的来说，这三本书各自都通过上述两条途径来研究科学的人学，但《人学原理》以第一条途径为主，而《西方人学观念史》和《中国人学思想史》以第二条途径为主。我们认为，两条途径结合起来，会使人学在学科建设上跃上一级新的台阶。我们是按照这种设想来做的，但是在我看来，设想是一回事，设想的实现是另外一回事。我们是尽力了，但是我们原来的设想究竟做到没有，或者做到多少，我觉得我自己没有把握作出判断。我认为这个任务很艰巨，而且我们的努力还是不够的，只是做了一次初步的新的尝试。希望通过这次活动，能够把人学的学科建设推进一步。在我看来，要达到比较成熟的程度，还有很长的路要走。但是，我相信在一代一代学者们的坚持不懈的努力下，人学的研究会日益发展、日臻完善。人学作为一门学科，也将在现代化建设中发挥它的巨大的作用。

思想逻辑与历史逻辑的统一[*]

——读韩庆祥《思想是时代的声音：从哲学到人学》[**]

马克思主义哲学在中国目前处于三岔路口，关键是如何对待辩证唯物主义。在我看来，主要有两条思路，一条是基本抛弃辩证唯物主义，另辟蹊径，以另一种主义取而代之；一条是基本肯定辩证唯物主义，并以之作为理论前提，采纳已有的思想资料中的合理因素，努力回应时代的要求，构建马克思主义哲学新形态。这后一条思路大体又可分为两条，一条是更多地着眼世界形势的发展，力图把马克思主义哲学同某一西方当代哲学流派结合起来；一条是更多地着眼于对当代中国时代与实践发展的哲学思考，以思想的方式传递我们这个时代，力图把马克思主义哲学同中国现实结合起来。这样，尽管在具体论述中，学者们之间还有许多意见分歧，我们仍可以看出三条明显不同的思路。现在呈现在读者面前的这本书《思想是时代的声音：从哲学到人学》，可以说是属于第三条思路即用哲学思想的方式关注时代与现实的一部代表作。

---

[*] 本文发表于《人民日报》2005年11月6日（摘登）。
[**] 《思想是时代的声音：从哲学到人学》，韩庆祥著，新世界出版社2005年7月出版。

本书分为三篇：马克思主义哲学、马克思主义人学和能力问题的哲学研究。它是一个逻辑结构，体现了从抽象到具体的逻辑关系；又是一个历史过程，体现了作者思想发展的时间顺序。全书体现了逻辑与历史的统一。因此，从这本书可以看出，一个学者在我国改革开放从青年到中年所走过的学术轨迹，也可以看出一个中年学者所形成的学术思想体系，从而对作者有一个比较完整的理解。本书学术研究的风格与特征，是注重用学术的形式表达哲学思想，用思想的方式关注我们这个时代和现实，用对现实问题的哲学研究成果推进哲学基础理论发展。

从第一篇可以看出，作者虽然更多地以马克思主义人学研究者为学界所知，但它并不忽视，反而特别注重对哲学基础理论和哲学体系的研究。他主张"物质—实践本体论"，对辩证唯物主义、实践唯物主义和历史唯物主义作出了他的理解和区分，他的这些观点不管你是否赞同，但他主张"辩证唯物主义研究的是作为整体的世界自身（自然和历史）的内在联系、运动和发展变化的一般规律"，这就为他的整个思想体系提供了一个坚实可靠的理论基础。

第二篇的主要内容是人学。作者关于人学的最著名的论点是：当代哲学的主题形态主要是人学。这一论点曾被某些学者误解为人学在当代已经取代了哲学的地位，人学就是哲学，作为本体论的哲学不再必要了。从这本书可以明显看出，作者并没有以人学取代哲学，而是认为人学由于时代的发展，已成为当代哲学的重点。在本书中，作者对哲学（本体论）的科学体系和人学的科学体系都提出了自己的见解，二者之间有密切的关系，但显然不是可以互相取代的。

第三篇的内容可以说是人学的一门分支学科，即对人的素质的一个重要方面——能力的专门研究。对人的能力理论这一研究领域的开辟，作者作出了独特的贡献。他提出"能力本位论"曾经引起过讨论，一个新的研究领域引起讨论是正常的，这正表明能力问题的研究是时代发展的需要，是建设中国特色社会主义的需要。作者认为，对当代中国发展来讲，能力、能力建设问题绝不是一个一般性的问题，而是关乎中国社会发展命运的一个根本性、战略性、基础性的新课题，因而需要从历史观、价值观和发展观的角度进行研究。然而，人们往往把能力问题仅仅归结为心理学问题，因而在哲学上如何界定能力和能力建设，以及在实践上如何进行能力建设，国内哲学界还缺乏专门、系统和深入的研究。这一研究更多是一种学术创新。从1992年以来，作者便着重从哲学角度，具体讲是从历史观、价值观和发展观的角度，对能力问题的时代意义、能力概念、能力原则、能力理念、能力主义思维方式、能力建设、能力管理、能力社会和能力发展的一般规律、能力建设与当代中国发展等，进行了系统的研究。尤其注重从工具理性和价值理性的统一，来理解能力，把人们对能力的功能性理解进一步提升到价值性理解上来，提出了一些在学术界和社会上具有较大反响的观点。这些观点一定意义上，在中央提出的"以人为本的科学发展观"、"不断推进人的全面发展"和"加强党的执政能力建设"的理念、思想和决策中得到了体现。

人学是哲学的深化、能力理论又是人学的深化，而这一切都是源于时代的发展，是时代发展的理论回应。正如作者所说，本书学术研究的宗旨与目标，是追寻马克思的哲学道路，反映涌动着的时代精神，关注现实人的生存境遇，研究深层次的中国问题。虽然本书不一定能从哲学上对解决中国社会发展问题提供现成的处方，但我们相信，读者一定能从中得到对解决中国社会发展问题的启发。

《中国改革的哲学解读》* 序言

本书作者对中国改革问题的关注由来已久。早在上世纪 90 年代初，作者在北京大学读博士学位期间，他就从阐发马克思劳动主体性思想的角度透视中国改革，取得了一定成果。该成果出版后获"北京市第五届哲学社会科学成果奖"。此后他一直关注这方面的实践活动和理论研究的进展。今天这本书的出版，是他多年心得的汇集，作为他的老师，我感到很欣慰。

"解读"这个词近年来使用率较高，其用意大抵是指对研究对象某些深层特殊内涵的揭示。本书作者想在哲学层面对中国改革中的一些疑难问题作深入探索，想从马克思主义的历史观、价值观、认识论、辩证法等角度透视中国改革的发展逻辑，其立意是很好的，所做的工作是很有意义的。

中国改革中的实践和理论问题很多，从哲学角度思考一些问题的根底很有必要。作者在本书中从八个专题入手对中国改革中的实践和理论作解读，颇有新意。从八个专题的内容看，作者是想从自己的独

---

* 《中国改革的哲学解读》，李凯林著，高等教育出版社 2006 年 5 月出版。

特理解上把握中国改革的历史发展，把马克思主义的历史辩证法与中国现代化发展的历史进程融为一体，这种史论结合的考察方式，使作者在各个专题的考察中都有自己独特的思考，其中不乏闪光之处，虽然也有很多是需要再探讨的。比如，书中把中国经济体制改革的历程概括为"商品—货币—资本—公有资本"，提出公有资本是与私有资本的市场运行规则相同、但在功能效用上是能对社会经济结构的整体优化和长远可持续发展发挥较大作用的资本，是能依法对社会的整体利益和长远利益负较大责任的资本；公有资本要在企业微观经济层面与各种非公资本平等竞争、优胜劣汰、共生共荣；公有资本的建树是一较长的历史创新过程，是中国特色社会主义的特色之所在；公有资本是中国改革对资本的历史作用重新认识后的否定之否定，是社会经济在所有制结构上维护生态平衡的表现，等等。这些对中国改革中的"中国特色"的特殊解读，与中国国有企业改革的历史进程很切近，也与马克思《资本论》的逻辑相一致，是对马克思唯物史观的应用发挥。其立论自成一体，很有说服力。读者不一定会完全同意本书作者的观点，但他诉诸事实和逻辑并由此提出的理解视角和新理念，则是值得交流和深思的。

本书在表达上也是有特色的。作者力求用比较的方法、用平等交流的语言来表达中国改革发展中的逻辑。作者力求少说或不说人们已经熟悉的话语，但在内容上则是紧紧围绕人们关注的问题，这不仅提高了本书的可读性，而且对一些重要理论观点的阐释有异曲同工之效。如作者在"定位论"中用一系列几何图示来综合说明中国现阶段的国情定位，在"动力论"中对几种改革模式的比较，在"史鉴论"中对中国古今改革成败之道的比较，在"反成论"中对资本主义和社会主义矛盾同一性关系的阐述等，就蕴涵着对中国特色社会主义富有原创性的表达形式，值得赞许。

本书在各专题中的探索是坦率直白的，体现了作者的真诚。本书对许多问题的考察相当深入细致，体现了作者的认真。从学术发展看，有些问题的开掘还可以再展开，学术对话的层面还可以再拓宽。期待作者在今后的研究中取得更大的成果。

《马克思主义哲学应用释义》* 序**

填补空白的创新成果

改革开放以来，我国理论界（包括哲学界）逐渐呈现出欣欣向荣的景象，其中应用哲学的研究和讨论是特别繁荣的领域之一，它不但吸引了众多哲学工作者的关注，而且引起了各门学科研究者的兴趣；不但出现了大量关于哲学应用的论著，而且出现了把哲学应用于各门学科而产生的各式各样的应用哲学，如应用于自然科学而产生的天文哲学、物理哲学、生物哲学等，应用于社会科学而产生的经济哲学、政治哲学、文化哲学等，应用于人的科学而产生的人的哲学、教育哲学、领导哲学、管理哲学等，几乎是有一门科学就有一门相应的应用哲学。这种应用哲学还有另外一种称呼——部门哲学或分支哲学。

这种应用哲学过去也有，如自然哲学、历史哲学、道德哲学、艺术哲学、宗教哲学等，但为数不多，像今天这样风起云涌的景象过去

---

* 《马克思主义哲学应用释义》，郭国勋著，辽宁大学出版社2006年12月出版。
** 以《填补空白的创新成果》为题发表于《辽宁大学学报》（哲学社会科学版）2007年第1期；《理论界》2007年第5期。

不曾有过。也许有人认为今天的应用哲学太滥了，在我看来，这一评论不是没有道理的，但是也不能否定，应用哲学作为哲学与各门学科的中介，对哲学的发展和各门学科的发展都是有益的。应用哲学的繁荣无论如何是一件好事，是应该肯定的。因此，20多年来我虽然没有机会专门研究应用哲学问题，但对它始终抱支持的态度，一贯十分关注应用哲学的发展，偶尔也参加一些应用哲学的活动。

但是，应用哲学的研究虽然很繁荣，把它作为一门学科加以系统的专门的研究的却为数不多，郭国勋教授可以说是从事这种研究的首创者。随着应用哲学研究的发展，在郭国勋教授发起和主持下成立了全国应用哲学研究会，他被选为第一任会长，并先后召开了11次应用哲学学术研讨会，推动了应用哲学的理论与实践的研究。在他的影响下，我国涌现了一批应用哲学的研究人才。郭国勋教授先后主持过两项国家社会科学基金项目来研究应用哲学问题。他除发表过若干论文外，曾出版过《哲学应用的理论与实践研究》、《应用哲学导论》、《时代改革与哲学》等专著，《应用哲学导论》是第一次国家项目的最终成果，本书《普照之光——马克思主义哲学应用释义》是第二次国家项目的最终成果。

我曾为《应用哲学导论》一书作过鉴定工作。我认为《应用哲学导论》是构建作为一门学科的应用哲学的奠基工作，它系统地研究了作为一门学科的应用哲学的定义、内容、在学科中的位置、功能等基本问题，设计了应用哲学的科学体系，而《马克思主义哲学应用释义》（第二次国家项目的最终成果，被国家社科办评为优秀成果）专门研究了马克思主义哲学的应用问题，显然是应用哲学的进一步深化。

马克思有一句脍炙人口的名言："哲学家们只是用不同的方式解释世界，问题在于改变世界。"一语道破了马克思主义理论与传统哲学的本质区别。传统哲学只是解释世界，马克思主义不但要解释世界，还要改变世界，即要把理论应用于实践，或者说，以马克思主义理论的一般原理为指导来改造这个世界。就哲学而言，这就是要用辩证唯物主义与历史唯物主义来研究实际问题和解决实际问题。因此，马克思主义创始人一贯强调，马克思主义不仅是理论，而且是方法，是行动指南。以后在马克思主义的传播、运用、丰富、发展的过程中逐渐形成了认识与实践、世界观与方法论、理论与实际相结合的观点和理论，被视为马克思主义的精髓。中国共产党人的杰出代表毛泽东紧紧抓住了马克思主义这一特点，特别强调马克思主义方法论功能，多次从方法的角度概括了马克思主义哲学观点，这在马克思主义思想发展史上是绝无仅有的。由于中国革命在马克思主义指导下所取得的胜利和毛泽东的重视，中国学者一贯重视马克思主义的应用问题，这表现在各式各样中国出版的马克思主义哲学教科书中。任何一本教科书在讲解每一条哲学原理时都要谈一谈这条原理有什么应用价值和实践意义。但是对马克思主义哲学的应用问题进行专门的系统的研究和阐释的论著却很少见。本书以马克思主义哲学的应用问题为主题，作了专门的系统的研究，填补了马克思主义哲学研究中的一项"空白"。

《马克思主义哲学应用释义》以马克思主义哲学的应用为主题，与以哲学的应用为主题的《应用哲学导论》比较，显然是后者的具体化和进一步深化，这引出了一系列新的课题，形成了一个新的思想体系。本书分为七章，概括为四个部分。第一部分（第一章）是导论，从整体上考察了马克思主义哲学应用研究在马克思主义哲学中的地位和意义；第二部分（第二—四章）是核心部分，分别对马克思主义哲学的应用的基本概念、基本理论和基本方法进行了系统的阐发；第三部分（第五、六章）把马克思主义哲学应用同中国哲学的应用、西方哲学的应用、部门哲学的应用作了比较；第四部分（第七章）展望了马克思主义哲学应用的前景。这是对马克思主义哲学的应用问题的集中、系统而又新颖的探索，特别是第二部分有很强的创新性，例如第二章作者提出马克思主义哲学应用的三个基本规律，过去还没有人提出过。当然，提出规律是不容易的，提出的规律比较完整而又能得到理论界的认可尤其困难。我不敢说，作者提出的三个基本规律——哲学理论与具体实践有机结合律、语言中介转化律和应用系统建构律比较完整地体现了哲学应用的规律性，但无论如何，这些规律的表述是持之有据、言之成理的，是一种有益的探索。

严格讲，只有马克思主义哲学有应用问题，因为只有科学或科学认识才能指导实践获得成功。人们虽然把许多非科学的认识用于自己的实践，甚至也能取得一些"成功"，如算命、看相、看风水等活动有时也颇"有效"，但这种"成功"往往是虚假的、短期的，归根到底仍然是失败。中国共产党近100年的实践经验证明，马克思主义哲学的指导是中国革命和建设取得成功的不可缺少的条件之一，总结和概括马克思主义哲学应用的经验的任务就历史地落在了中国共产党人头上。郭国勋教授在马克思主义哲学应用研究方面树立了很好的榜样，我期盼有更多中青年学者沿着郭国勋教授的足迹前进！

《游戏软规则》* 序

"游戏规则"是今天使用广泛的流行语,被人们称作"游戏规则"的往往是带有一定规律性的现象或原则,而且多以某种具体事物命名,如"大雁法则"、"木桶效应"、"多米诺骨牌现象"、"鲇鱼效应"等,都是人们比较熟悉的。本书作者王克、秦梦竹是有心人,他们搜集和记录了在阅读各种资料中碰到的各式各样的游戏规则300余条,这本书从中挑选了104条,并把它们归纳为16个问题,一一作了介绍,加上导论性章节的四条和总结性章节的七条,共18章111条。

对于这里所谈的游戏规则,我想有三点要说明一下:一、这里的游戏规则是人的游戏规则,不包括自然界的运动变化发展规律;二、所谓"游戏"不是狭义的,而是广义的,即人的活动;三、规则的含义是很广泛的,包括穿衣吃饭作息的生活规律、体育博弈娱乐的游戏规则、经济政治文化社会各种大大小小的制度、风俗习惯、宗教道德的种种规定,等等。本书所介绍的游戏规则包括所有这些规则,它们具有一个共同性,即富于趣味、机巧和智慧,比较生动、具体、广泛,

---

* 《游戏软规则》,王克、秦梦竹编著,中国社会科学出版社2007年1月出版。

因而对于人的活动能够产生易学易用、立竿见影的效果。

对于本书所谈的这些游戏规则，如果加以仔细分析，可以看出，它们并不是一种单纯的东西，至少包含了三个层次：第一层次是客观规律、定律或法则，这些是客观存在的，人们只能发现之，而不能发明之、创立之；第二层次是人以客观规律为基础而制定的理论、规范、计划、方法、战略、规则、章程、制度、组织，这之中包含了对客观规律的认识和运用，是由人所创建的；第三层次是作为规律和规则之体现的现象、效应、效用、情况，这些属于具体的、可以感觉到的现象、状况。

第一层次所说的规律是人的活动的规律，也是客观的，其存在是不以人的意识为转移的，在这一点上，它同自然规律是共通的。例如第 2 条"大雁法则"，虽然是以大雁命名，说的实际是系统论的一个规律：一个系统的能量大于其各个部分的能量之和。一群大雁排成一字形或人字形队列飞翔，其飞行的距离、高度和速度大于大雁分散飞翔所能达到的平均距离、高度和速度。这是因为大雁形成了一个系统，前雁为后雁创造了利于飞翔的条件，而前后雁在飞行当中位置是不断轮换的。这就是我们常说的整体力量大于所有部分力量之和。

第二层次所说的规则、办法虽然是人所提出来的，但不是人随便提出来的，而是根据人对客观规律的认识。例如第 55 条"鲇鱼效应"，说的是渔民所采取的运输沙丁鱼时设法保持其活力的一种办法，即在沙丁鱼水箱中放进少量沙丁鱼的天敌鲇鱼，由于沙丁鱼时刻要奋力逃避鲇鱼的追杀，使得沙丁鱼在运输途中的存活率大大提高。正如《孟子》所说："无敌国外患者国恒亡。"这种办法实际是对于对立统一规律的运用。

第三层次所说的现象、效应是规律的具体体现。例如第 72 条"多米诺骨牌现象"，说的是一种骨牌游戏，即把许多块骨牌以适当距离排列起来，只要轻轻地把第一块骨牌推倒，便可使所有骨牌一个接一个地依次倒下。大家知道，这是一种在自然界和社会中经常出现的现象——只要条件成熟，一次小小的动作就会引起大规模的变动，如雪山上的一声枪响可以引起一次惊天动地的雪崩，洪水泛滥时一个蚁穴的渗漏可以引起大片堤岸的崩溃。这也可以用"星火燎原"来描述：一次小小的起义可以导致一个王朝的覆灭，一次投机活动可以引发一场金融危机，一个政治事件可以导致一个国家的解体……我们把这种现象叫做连锁反应。这种连锁反应是怎么发生的呢？大体说来，这不仅是由于能量的传递，而且是由于在能量传递时还伴随有能量的释放，不但是一传一，而且是一传多，星星之火遂成燎原之势。

本书是一本有道理、有事实，有原理、有应用，有论断、有分析的书，读起来引人入胜。本书可以说是一本哲学书，但不像一般哲学书那样读起来使人感到枯燥、抽象、苍白。

《游戏软规则》实例大多取材自企业的经营与管理的经验，这也可以说是本书的特点之一。

作者希望我为本书作序，我对"游戏规则"完全是外行，过去没有研究过。以上是我阅读本书后的一些印象，写下来就算是一篇序吧。

《人的发展论》* 序一

从上世纪 80 年代算起，把人学作为科学来研究和建设在我国已有 20 年左右的历史，其成果斐然可观：专著以成百种计，文章以成千篇。从众多的科研成果中，我们发现一种现象，即从静止的视角研究人的论著多，从发展的视角研究人的论著少，人的发展研究如果不是人学研究的缺门，也是人学研究的薄弱环节。这种情况的出现应该说是一种正常现象，因为人类认识规律总是从静止到运动，即首先认识一个对象的静止状况，然后才能认识这个对象的运动状态。就人而言，首先认识静态的人，然后才能认识动态的人；首先认识人的存在和本质，然后才能认识人的发展。如果说过去人学研究的重点是人的存在和本质，那么，现在轮到人的发展成为人学研究的重点了。因此，当我看见徐春同志的新作《人的发展论》时，感到由衷的喜悦和欣慰。粗读之余，产生了以下几点想法。

本书探索了关于人的发展的一些基本问题，提出人是真正发展的动物，考察了人的发展的内在机制和外部条件、人的发展的历史形态、人的本质的发展和人的类型的发展，等等。上面谈到，过去对静态的

---

* 《人的发展论》，徐春著，中国人民公安大学出版社 2007 年 2 月出版。

人研究多，对动态的人研究少，具体来说，过去不仅一般地研究了人性和人的本质，而且研究了人的多种生存状态和多种人的属性，如人的主体性、人的个性、人的需要、人的交往、人的价值、人的信仰等，但多半是从静止的视角来研究它们，而较少从运动发展的视角来研究它们。本书从运动的视角研究人的存在、人的本质，这就启发我们，如果从运动发展的视角来研究人，研究人的多个方面，展现在我们面前的将是一个非常广阔的领域。

本书坚持马克思和恩格斯以社会实践作为人的本质的观点，并在这个观点的指导下进一步挖掘、梳理、阐释了他们关于人的发展的思想。作者特别关注他们关于人的自由而全面发展的思想，分析了自由发展与全面发展的关系。作者在这样做时坚持用唯物史观的基本观点作指导，这使作者能够恰当地理解和评价马克思和恩格斯的多个不同时期的言论。其实全书都贯彻了唯物史观的指导，妥善地处理和论述了有关人的发展的现实理论问题，这也是很有启发作用的。如果我们能坚持以唯物史观的基本观点为指导来研究人学问题，我们不仅能避免许多无益的争论，而且能更快更好地获得更多积极的成果。

本书一半讨论理论问题，一半讨论现实问题，这一方面使人的发展观点在我国社会主义现代化实践过程中得到了印证，一方面又凸现了中国社会主义现代化建设和现实生活中的人学蕴涵。我们从中也可以得到一定的启发。过去，由于"左"的影响，理论界形成了一种偏见，似乎马克思主义理论只讲社会，不讲人；只关注社会的发展，不关注人的发展，但是，社会主义实践中实际充满了对人的关怀，对人的生存状态和发展前途的关怀，自从党中央明确提出"以人为本"以后，这种关怀越来越浓烈了。如果我们从理论的殿堂走进生活的现实，将发现马克思主义的理论，包括人学理论，已经同社会主义的现实生活紧密结合，融为一体。把理论与实际密切地结合起来，无论是对理论的研究，还是对实际问题的解决，都将是一种积极的推动力。

我相信这本书的出版将对人的发展问题的研究，进一步对人学的研究和建设起一定的推动作用。

《马克思学说中人的概念》* 序

马克思学说主要是一种人类社会历史理论，他的人学思想一直不为人所重视。自从他的《1844年经济学哲学手稿》于上世纪30年代发表并引起热烈争论以来，人们才逐渐了解他的人学思想是非常丰富的。据统计，他和恩格斯共同写作并提出唯物史观思想体系的《德意志意识形态》第一章中"人"字出现538次，其中"'人'10次，'人'111次，'个人'209次，'人们'70次，'人类'14次"。① 关于马克思的人学思想的争论也多起来，特别是在上世纪80年代以后，在中国争论至今不断。现在呈现给读者的这本书就是一本研究马克思的人的概念，确切点说，是研究马克思学说出发点的现实的人的专著。作者李云峰教授是一位有心人，对这一马克思主义史上最富于争议的问题下了很大的工夫，我不敢说她已经解决了这个问题，我们只要采纳就行了，但读者总可以从中获得一定的启发，使人们对此问题的认识有所深入。我感觉理解和评价此书有一定难度，下面谈谈我对此书

---

* 《马克思学说中人的概念》，李云峰著，人民出版社2007年3月出版。
① 参见《马克思主义与现实》2006年第6期。原文如此。分项之和与总数不符，原作者未作说明。无论如何，足见马克思对"人"的重视。

的初步印象。

　　作者把自己的研究牢牢建立在对资料的搜集和分析上，翔实完备，细致入微，这是本书的一个显著特点。作者不但概括了今人对马克思的人的概念的种种不同看法，而且追溯了西方哲学史从古希腊以来的有关观点；不但重点搜集和研究了马克思创立唯物史观以后关于人的概念的观点，而且追溯了此前的主要著作中的有关观点。甚至可以说，作者对《提纲》以后马克思的人的概念下了"笨工夫"，她把一些重要的有关段落摘录下来，按内容加以梳理排列，这仅仅作为一个材料就很有研究价值。作者提出的观点就是在如此实在、丰富资料的基础上做出的。但这远不是本书的主要理论特色所在，在我看来，此书的主要理论特色在于其所提出的问题的独特性，尤其在其答案的独特性。

　　本书名为《马克思学说中人的概念》，顾名思义，此书很容易被认为是一本人学史著作，它讨论和研究了马克思著作中关于人的概念的思想，看了以后才清楚本书虽然也一般地研究了人的概念问题，但它着重专门研究的却是马克思学说中作为学说出发点的人的概念。马克思多次讲过他的理论的出发点是现实的人，而不是自然人、个体的人，这是十分明确的。那么，何谓出发点？马克思学说是什么学说？作者有时把出发点和基础作为同义词并举，可见出发点就是一个思想体系的逻辑起点，也就是第一个逻辑前提。至于马克思学说，从全文的研究范围来看，作者所指的应该是社会理论，包括社会主义理论，亦即唯物史观和科学社会主义。这样，作者提出的问题就是唯物史观或社会主义理论的最基本的逻辑前提是什么？马克思说是现实的人，于是问题就变成了现实的人是什么？"现实的人"的字义，马克思已经做了回答，那就是"从事活动的，进行物质生产的，因而是在一定的物质的、不受他们任意支配的界限、前提和条件下活动着的。"[①] 一般情况下，人们就不再问下去了，但本书作者还要问下去，现实的人是什么？这确实是比较独特的，然而更独特的是作者的回答："从事社会物质资

[①] 《马克思恩格斯选集》第 2 版第 1 卷，第 72 页。

料生产的主体——社会基本经济单位，这种社会基本经济单位在资本主义社会的主要存在形式就是民法中所说的企业法人。"

作者的回答确实很独特，"现实的人"无论如何还是人，而基本经济单位或企业法人并不等于一群人，而是一个组织，二者是明显不同的。作者说这才是马克思的真实的思想。那么，作者有什么根据呢？首先是文本中的根据。作者认为最有代表性的是这一段话："我绝不用玫瑰色描绘资本家和地主的面貌。不过这里涉及的人，只是经济范畴的人格化，是一定的阶级关系和利益的承担者。我的观点是把经济的社会形态的发展理解为一种自然史的过程。不管个人在主观上怎样超脱各种关系，他在社会意义上总是这些关系的产物。同其他任何观点比较起来，我的观点是更不能要个人对这些关系负责的。"[①] 马克思认为政治经济学涉及的人是经济范畴的人格化，经济范畴所指的是经济关系，由此推出这里的人指经济组织或经济单位，我想是可以的。作者的论证并不限于文本，因为马克思毕竟没有直接说过他的"现实的人"就是经济关系，而不是一个个活生生的人。因此，作者以大量篇幅从理论上详细分析和论证为什么在马克思基本经济单位就是作为学说出发点和基础的现实的人。那么，作者的论证是否可以成立呢？

很难说作者已作了充分论证，因为起码有一个问题难以处理，那就是如何区分马克思在谈到人时，哪些是一般地谈的，哪些是作为学说出发点谈的。但是在我看来作者的基本思想是与马克思学说的整个体系一致的。如果我们把现实的人，即真正的人，理解为以社会和社会关系作为他存在与发展的前提，缺乏这个条件的孤立的个体，哪怕他具有完整人的身体，也只是一个纯粹的自然人，即人的自然基础，不是真正的人，而始终制约着一个人的最根本的是经济关系，那么，作者的观点还是有着极其深刻的意蕴的。

作者对自己观点的理论价值和现实价值，用整整一章加以阐发，阅读以后我感到作者的观点对于澄清目前理论界的一些争论也具有参

---

① 《马克思恩格斯选集》第 2 版第 1 卷，第 101—102 页。

考价值。例如人本主义与马克思主义的关系问题、正确理解和评价"以人为本"原则问题,作者虽然没有直接谈到,我认为本书对这些问题讨论都会有一定的启发作用。

当然,作者对马克思学说的这种解读究竟是否正确,我对本书的解读是否正确,都是可以作进一步讨论的。

《学哲学 用哲学》给我的启发

李瑞环同志是20世纪50年代著名的毛著学习积极分子,通过自学哲学和在工作中运用哲学,对工作作出了卓越贡献,也使自己从一名工人成长为一个党和国家领导人。正如他自己所说:"我这一生对我帮助最大的就是马克思主义哲学。我从二十几岁开始学哲学,一直坚持在工作中学,边干边学,边学边干,几十年从未间断。"

由于李瑞环同志同哲学的这种关系,我的一些同仁与他有较多的接触,我虽然早就知道他的事迹,但同他并不直接接触。17年前我才有过一次同他直接接触的机会,那就是在1988年1月26日"全国马克思主义哲学体系改革研讨会"上,当时我聆听了他的长篇讲话,他对哲学的正确的理解和对哲学观点的深入分析给我留下了深刻的印象。这篇讲话的一些段落,在《学哲学 用哲学》[①]一书中也收录了。这本书系统地介绍了作者一生丰富的学哲学和用哲学的宝贵经验,使我得以系统地了解作者学哲学、用哲学的心得体会。这本书的出版无疑会

---

[*] 本文发表于《感悟哲学的智慧——李瑞环学哲学用哲学学习讨论文集》,中国人民大学出版社2007年3月出版。

[①] 《学哲学 用哲学》,李瑞环著,中国人民大学出版社2005年9月出版。

大大提高广大干部,特别是领导干部学哲学、用哲学的热情,提高他们的工作水平,对于专业哲学工作者来说也会产生许多有益的启发。

我昨天才看到这本书,来不及通读全书,下面只简单地谈谈我作为专业哲学工作者所受到的几点启发。

一、作者坚持辩证唯物主义与历史唯物主义不动摇

现在哲学界对于马克思主义哲学是什么,意见颇为分歧。很多人否定辩证唯物主义和历史唯物主义,特别是否定辩证唯物主义世界观。来势之猛使许多青年人无所适从,陷入严重的思想混乱。《学哲学 用哲学》将对这种混乱起一定的澄清作用。因为它不仅鲜明地肯定了辩证唯物主义和历史唯物主义,主张学习和信仰辩证唯物主义原理,而且以对原理的运用和对实际问题的分析验证了这些原理,证明这些原理是经得起实践检验的,是颠扑不破的真理。它没有很深奥的词句,没有惊世骇俗的事例,它用平实朴素的语言,日常生活的事例,或令人信服地论证了哲学原理,或全面深刻地分析了实际问题。

二、作者主张哲学原理是不断发展的,也是比较稳定的

人类社会的发展越来越快,哲学原理当然要适应时代的发展而不断发展。但是,绝不是人类社会的一切领域、人类知识的一切部门的发展都应该同样的快。在时代快速发展的影响下,哲学界滋长了希望哲学原理也快速发展的急躁情绪,认为原来的哲学原理都过时了,都应该更新了,这引起了一种普遍的怀疑主义倾向,主张否定一切。

作者指出:同政治经济学、科学社会主义比较起来,"马克思主义哲学稳定,因为它具有最大的概括性和普遍性。哲学也是时代的产物,但这个时代的跨度比较大……当然,哲学也要发展。"作者是在强调,哲学当然要发展,但不能盲目否定过去的东西。这一思想值得我们深思。

三、它区分了哲学家的任务和其他专业工作者的任务

作者主张所有专业的人都应该学哲学、用哲学,特别是领导者,

尤其是高级领导者。他认为:"领导干部的任务主要是了解情况,掌握政策,解决问题。""不懂哲学,怎么能处理好矛盾,解决好问题?马克思主义哲学就是告诉人们如何分析矛盾、解决问题。""而哲学工作者则应该研究哲学,为搞实际工作的同志编写一些适合于不同层次的学习资料,为他们能够较快地学懂学好马克思主义哲学的基本观点服务。这就是普及工作。我认为现在哲学家们热衷于钻研那些深奥的问题,忽视哲学普及工作。"《学哲学 用哲学》提醒专业哲学工作者重视普及工作,我认为是很有意义的。

总之,我相信这本书不但对各行各业的读者是一本优秀的普及读物,对专业哲学工作者也会有很多发人深省的启示。

在当代坚持和发展马克思主义哲学的一条可供选择的思路*

——对叶险明著《"知识经济"批判》** 一书的几点想法

马克思主义哲学向来是以科学回答时代发展所提出的重大问题为其发展的根本路径的。但是，由于众所周知的原因，这些年来，我国学术界浮躁之风盛行，故以回答时代重大问题为路径的马克思主义哲学基本理论研究非常薄弱。因为，要在丰富和发展马克思主义哲学基本理论方面有所作为，需要认真、冷静、长期的思考，既不能"跟风"，也不能搞所谓"土教条"或"洋教条"的崇拜。不过，经过叶险明九年的努力，近日由人民出版社出版的《"知识经济"批判》却是令人欣慰的。有些评审专家认为这一成果"把马克思主义历史观向前推进了一步"，"具有开拓创新的意义"。

一、对"知识经济"及其发展作用作了马克思主义哲学的分析

从现实基础看，当下人们所说的"知识经济"只是对现代科学技

---

* 本文发表于《哲学研究》2007年第12期。
** 《"知识经济"批判》，叶险明著，人民出版社2007年9月出版。

术革命的信息功能和属性及其社会作用、影响范围与结果的一种概括。虽然它初见端倪，但其意义不能低估。不过，以实体性的生产资料生产与消费资料生产为基础的"知识经济"并不会为人类造就出完全不同于工业时代的新时代和完全不同于工业文明的新文明，尽管它的确在促使新的工业文明发展阶段的产生方面起着重要作用。从现代科学技术革命的整体、社会生产的各个环节以及整个社会发展等视角看，虽然当代人已从增长方式及社会和人的发展目标等方面认识到了全球问题对人类社会生存和发展的危害，并为限制这种危害作出了不懈的努力，但从世界历史的范围来看，我们这个时代的文明仍属于工业文明，而工业文明也是有其发展的阶段性的。

二、阐释了考察"知识经济"的本体论视角和辩证法视角及其相互关系，科学回答了"知识经济"中的历史观基本问题

一方面，生产力本体论意义上决定作用的逻辑结构以及物质生产力与其发展形态的逻辑关系，是科学理解辩证法意义上的物质生产力和精神生产力相互决定作用，特别是"知识的创造"和人类的一般智慧在整个生产力系统发展中发挥决定作用的逻辑前提。另一方面，科学理解辩证法意义上的物质生产力与精神生产力相互决定作用，特别是"知识的创造"和人类的一般智慧在整个生产力系统发展中的决定作用，又有助于全面把握生产力本体论意义上决定作用的逻辑结构以及物质生产力与其发展形态的逻辑关系，拒斥历史观基本问题上的机械论和宿命论。

三、基于对"知识经济"中历史观基本问题的科学认识，初步构建了生产资料所有制关系的结构变化理论

作者首先提出了"生产资料系统"和"生产资料系统所有制关系"的范畴，提出并阐述了"实体性生产资料"与"知识性生产资料"、"实体性生产资料所有制关系"与"知识性生产资料所有制关系"之间的区别和联系的问题，揭示了在现代科学技术革命条件下的

生产关系的发展规律和趋势。作者认为，从以实体性生产资料所有制关系为主体的生产资料所有制关系到以实体性生产资料所有制关系为基础、以知识性生产资料所有制关系为主导的生产资料系统所有制关系的变化，虽然不会也不可能导致所谓的"劳动雇佣资本"的所有制关系状态的出现，但对当代资本主义和当代社会主义演变发展将会产生深远的影响。

四、从历史观、认识论和价值观等层面系统提出虚拟与现实关系研究的方法论

马克思哲学革命对"哲学现实基础"的科学诠释，在逻辑上蕴含着对虚拟与现实关系研究的方法论。在这方面，作者提出了"广义的现实世界"和"狭义的现实世界"概念。从虚拟与现实关系的历史观层面看，"网络关系"的基础是现实社会，"网络关系"的主体仍然是现实社会中的人，现实社会关系在本源上决定网络关系。"网络关系"是对现实社会各方面关系的一种能动的反映，是现实社会"动能"的一种"释放"，从而必然对现实社会产生巨大的作用：推动其调整，促进其发展。对网络关系和网络关系主体的调整和改造所依据的根本原则就在于：是否有利于现实社会的发展；从虚拟与现实关系的认识论层面看，"数字化虚拟"的出现和发展（由此也出现了由真向假的过渡环节），的确极大地冲击了机械的、形而上学的主客二元式的本体框架和认知结构，打破了传统的真假观，丰富和发展了我们对人的实践的"绝对性"和认识能力的"至上性"的认识，但主观与客观、现实与可能、现实性可能与非现实性可能、可能与不可能、"真"和"假"间的相对界限是不会随之消解的。此外，通过对认识与现实的社会实践联结环节的丰富和扩展，数字化虚拟实现其向现实的社会实践的渗透，这就使现实的社会实践具有虚拟性。然而，社会实践的虚拟性不同于一般的"虚拟现实"。

五、丰富了马克思主义时代观的某些环节

从社会认识的表层上看，"时代"是人们对一定的重大社会历史事

件及其所引起的一系列社会关系变动的度的范围的一种称谓。但从社会认识的深层上看,"时代"是人们认识社会发展的时空坐标系。以下四个方面,即:以"五形态"论为主体,在逻辑上规定和包容对社会历史发展过程的多层面的考察,全面把握时代的性质和特征间的关系,正确昭示时代发展的总脉络,科学揭示较低一级的历史时代向较高一级的历史时代发展的必然性和复杂性,构成了马克思时代观的基本逻辑框架,决定了其特有的方法论功能。就科学技术发展与社会整体发展关系的复杂性而言,马克思的时代观高度重视科学技术及其作用,但不是"唯科学技术"论。说科学技术是推动社会发展的"新生力量"和"革命力量",这是就其作用的最终逻辑结果而言的。如果就其作用的具体过程而言,科学技术发展与社会整体发展间的关系则是复杂的。科学技术对社会整体发展的推动作用是通过一系列重要的社会中介环节而实现的。如果"一系列社会中介环节"不发生重大变化,那么社会总体的质的变化就不可能出现。同时,科学技术的发展对社会各个层面的影响又是复杂的。其发展速度、程度构成了科学技术发展作用的不均衡性。"一系列社会中介环节"的重大变化不仅仅取决于科学技术本身的发展,而且取决于各个社会中介环节之间的相互作用以及它们自身的发展状况。此外,每一个社会中介环节都有其自身相对独立的发展规律,科学技术的发展对这些社会中介环节作用的程度取决于它们之间的相互作用和它们自身发展的程度。

六、提出人的发展与科学技术间关系的复杂性理论

既然科学技术与整个社会发展的关系是一种复杂的结构关系,那么与此相适应,科学技术对人的发展的作用也必然是一种复杂的过程。科学技术对人的发展作用的复杂性既表现在同一个体的发展中,也表现在不同个体的发展中。科学技术对人的发展作用所产生的效应,既取决于这种作用的性质、能量、程度和范围,又取决于人的发展的性质和状态。从其发展趋势上看,科学技术和知识经济的发展只是为人的全面发展创造了一些重要的前提条件,而不能直接带动人的全面发

展。推进人的全面发展还需要其他不可或缺的条件。因此，我们在大力发展科学技术和"知识经济"的同时，也要注重对人的发展与科学技术和"知识经济"间联系的复杂性的研究，对科学技术和"知识经济"对人的作用不能盲目乐观。

七、提出了全球化基本矛盾理论，并进而从经济、政治和文化等视阈上分析了"知识经济"与当代全球化的关系，从而为马克思主义世界历史理论增添了新内容

全球化是一种复杂的世界历史进程，它绝不仅仅是全球一体化的进程，更不是民族和国家日趋削弱的过程，而是一体化与多元化在对立统一的矛盾运动中交织发展的进程。基于对全球化基本矛盾的分析，作者认为，现代科学技术和知识经济的发展在其中起着重要作用的当代"全球化"是全方位的，其中包括"政治全球化"和"文化全球化"。在"政治全球化"方面，作者提出并阐释了"政治全球化"主体的一元化与多元化的辩证关系，国际政治交往中意识形态的"可超越性"与"不超越性"的辩证关系。在"文化全球化"方面，作者提出了关于"文化全球化"发展阶段的观点，并阐述了"文化全球化"与"全球文化"的关系。

八、在科学技术、工业文明和社会主义之间关系的研究方面，深化了马克思主义的社会发展理论

从文明形态及其演变发展的角度上看，作为社会主义本质的"解放和发展生产力"是在继承工业文明一切肯定成果基础上的对其局限性的超越，而绝不是再现工业文明的局限性。作者着重分析了科学技术、工业文明和社会主义之间的关系。从根本上说，发展和完善社会主义制度最终要靠生产力和科学技术的巨大发展，这一点是不能动摇的。而只有不断发展和完善社会主义制度，才能在越来越大的程度上避免或消除发达国家工业化和现代化过程中所出现的普遍异化，这一点也是不能动摇的。

这两点"不能动摇"，是被现代社会主义实践所反复证明了的。大

力发展生产力和科学技术与逐步避免和消除发达国家工业化和现代化过程中所出现的普遍异化，不是时间系列上的关系，而是逻辑上的关系。全面实现了的社会主义现代化本身就包含着基本"避免和消除发达国家工业化和现代化过程中所出现的普遍异化"这一重要规定。大力发展生产力和科学技术，发展和完善社会主义制度，逐步避免和消除发达国家工业化和现代化过程中所出现的普遍异化，是同一过程的三个方面。

九、探讨了当代中国现代化发展的路径，明确了当代马克思主义哲学中国化主题的一些重要内容

马克思关于工业革命产生的世界历史条件的思想给后人的一个重要启示是：导致西方工业革命和生产力跨越式发展的条件和因素是一个系统。其中制度变革是主导条件和因素，而观念变革则是工业革命和生产力跨越式发展的精神动力。中国现代化的过程也是中国社会生产力跨越式发展的过程，而现代科学技术和知识经济的发展在其中起着至关重要的作用。目前中国在现代科学技术和知识经济发展方面所存在的难题，归根结底和全面的制度变革和观念变革滞后直接相关。制度现代化和观念现代化是现代化最本质的方面，实现制度现代化和观念现代化是中国现代化历史进程的逻辑延伸。据此，作者考察了中国全面的制度变革和观念变革的路径问题，并系统探讨了发展现代科学技术和知识经济、走新型工业化道路与中国生产力跨越式发展这三者间关系的复杂性问题，旨在从方法论上进一步搞清楚：在中国发展现代科学技术和知识经济绝不是现代科学技术和知识经济本身所能决定的。

总之，该书作者对马克思主义哲学特别是其历史观的研究具有整体性，故对其丰富和发展的意图也具有整体性。作者在展开"知识经济批判"的过程中，把哲学批判、历史学批判、政治经济学批判和社会主义批判有机地融为一体。不过，其中也存在着值得进一步探讨的问题：对某些范畴（如"知识经济"、"政治全球化"等）的界定应更周全，一些研究环节（如世界历史理论）尚未展开，一些判断和提法

也有需要推敲的地方（如"本体论视角"改称"唯物论视角"为好）。但瑕不掩瑜。

我认为，在我国哲学界，在坚持和发展马克思主义哲学方面，不能仅仅论说"应如何做"，而是要在具体的研究工作中更多地体现出"在如何做"。我相信，叶险明的这部著作会具有这方面的重要启示作用。

《"以人为本"的理论与实践问题研究》*序言

以人为本,无论是在中国还是在西方,都是一个源远流长的重要思想。在现代,它既是一个主要的理论问题,也是一个重大的实践问题。本书追溯了中西方人本思想的起源和发展,比较了它们之间的差别,然后以主要篇幅考察和评论了马克思主义人本思想的形成和发展,重点研究了它在中国民族民主革命和社会主义现代化过程中的发展,分析了它的理论内涵和现实价值,这无疑是很有意义的。

中西方人本思想虽然有其共同之处,但由于历史条件和社会环境等方面的差别,中西方人本思想有着很大的差别。中国古代人本思想重视群体,而西方资产阶级人本思想重视个体;中国古代人本思想重视人际的和谐,而西方资产阶级人本思想重视人际的区分;中国古代人本思想侧重价值的完满,而西方资产阶级人本思想侧重人生目标的实现;中国古代人本思想颂扬集体的力量而重集体利益,西方资产阶级人本思想推崇个人追求而强调个体的权利。中西方人本思想及其实

---

* 《"以人为本"的理论与实践问题研究》,韩斌、孟宪平著,中共中央党校出版社2007年7月出版。

践方式的路径差异，提供了互补的必要性和可能性。中西方人本思想的特点对于我们今天研究马克思主义人本思想和中国马克思主义人本思想及其实践都具有重要的参考价值。

马克思主义人本思想开了无产阶级人学研究的先河，把对人的认识提高到一个新的境界，即科学的人学的高度，这是一个不断开新和创建的过程。他们之所以能够达到这一境界，是由于马克思、恩格斯人本思想是在批判地继承资产阶级人本思想以及空想社会主义人本思想的基础上，结合当时西方国家发展的现实，在他们完成自身两大转变的过程中，以唯物史观为指导形成和发展起来的。从此以后，人本思想和实践开始按照全新的模式来发展。从列宁到毛泽东再到邓小平以及党的第三代领导集体，人本思想在深化，人本实践在深入，国际共产主义运动史上演绎了一幕幕波澜壮阔的历史活剧。但是，在这个历史过程中，人们也遭遇了苏联模式的人本偏差和中国"文革"中的人本错位。

随着我国市场经济体制的确立和完善，民众的利益出现新的分化，人们的价值观也日趋多元，人们的生活方式日益多样，公民的权利意识和民主法治意识逐渐增强。正是基于对这种客观社会现实的理性思考，中共十六届三中全会从国家治理的高度提出了以人为本的科学发展观。这不仅是新一届中央领导集体对发展内涵、发展战略、发展方式及发展道路进一步深化认识和创新思想的结晶，同时也是对"人本"价值观念深刻反思和理性选择的结果。从加强党的执政能力建设的高度，我们党强调："必须坚持立党为公、执政为民，始终保持党同人民群众的血肉联系。人民群众的拥护和支持是我们党的力量源泉和胜利之本。党只有一心为公，立党才能立得牢；只有一心为民，执政才能执得好。"必须"坚持以人为本、全面协调可持续的科学发展观，更好地推动经济社会发展。"① 党的十六届六中全会，把对人本实践的要求再次细化和具体化，对构建社会主义和谐社会提出了切实可行的人本

---

① 《中共中央关于加强党的执政能力建设的决定》，载《人民日报》2004年9月27日。

措施。这些思想是对"以人为本"的新型执政理念的探索和实践,彰显了中国共产党执政理念和发展理念上的新飞跃。

中国的改革开放已走过20多个年头,人们在享受改革开放成果的同时,也表现出对现实社会问题的担忧——经济发展了,问题也增多了;收入增长了,贫富分化加大了;一些人物质生活充裕了,精神生活却滑坡了。整个社会中,利益矛盾开始凸显,社会公正明显失衡,就业问题、教育问题、腐败问题、环境问题、社会保障问题、弱势群体的权益保障问题,等等,都摆在共产党人面前。这些方面破坏社会和谐关系,妨碍社会稳定,影响改革进程,阻碍社会发展。能否解决这些问题,关系到改革开放大局,关系到社会主义和谐社会的全局。然而,解决这些问题的关键,还在于坚持以人为本,用改革和发展的办法解决前进中的问题。

坚持以人为本,不是一句口号,有一个是否正确地坚持了和实践了的问题,关键的一条是坚持群众路线。人民群众的拥护和支持是我们党的力量源泉和胜利之本。因此,要从执政为民的高度认识社会主义建设实践中的以人为本,要以科学发展观统领以人为本,要不断增强坚持以人为本的自觉性;要从大多数人的利益出发,协调人民群众的利益关系;要坚持"一切为了群众,一切依靠群众,从群众中来,到群众中去",解决好"为谁改革"、"靠谁改革"、"怎样改革"的问题。实现好、维护好、发展好最广大人民的根本利益,使人民群众共享改革发展成果,不断把构建社会主义和谐社会的实践加以扩大和引向深入。

本书较为系统论述了古今中外人本理论的发展历史,客观地分析了人本思想的历史继承性,对于从事这方面的研究提供了一些参考资料。本书对我国现实问题所作的探讨,揭示了我国经济建设和社会发展中一些带有规律性的问题,提出了一些对策性的建议,这对于构建社会主义和谐社会,全面落实科学发展观统领作用,既是一种创新,又有着积极作用。我相信有兴趣深入理解中国社会主义现代化道路和中国特色社会主义理论的广大读者一定能从本书中得到许多有益的启发。

科学与哲学的有机结合[*]

——读《钱学森书信》的几点体会

马克思主义哲学是科学的哲学,它是科学大家族中平等的一员,与其他科学形成一个完整的整体。列宁说:"现代物理学正在临产中。它正在生产辩证唯物主义。"这个比喻颇能巧妙而又确切地表达出马克思的哲学与科学的血肉联系。最近,由国防工业出版社出版的《钱学森书信》也充分揭示了这一点。

由涂元季同志主编的这部书信集共 10 卷,收入钱学森院士 1955 年—2000 年个人信件 3000 余封,除第一封自美国写给陈叔通先生的信以外,全部为归国以后所写。绝大部分信件均为钱学森院士的手书影印件。手书大部分为钢笔正楷,小部分为钢笔行书,但无论正楷还是行书,均秩序井然,整齐干净,不但令人赏心悦目,而且使人感到作者有着深厚的文化素养,工作作风严谨,对人态度真挚热情。根据主编涂元季同志在《前言》中的介绍,收信人的职业与岗位甚为广泛,不但有国家领导人,还有普通工人、农民,最多的是科技工作者,其

---

[*] 本文摘登于《人民日报》2007 年 8 月 10 日。

中不但有院士、教授、专家，也有不少中青年、在校大学生。书信集所涉及的内容十分广泛，包括自然科学、社会科学、数学科学、系统科学、思维科学、人体科学、文艺理论、军事科学、行为科学、地理科学、建筑科学等11个门类，还有马克思主义哲学以及作为哲学与上述基础科学之桥梁的自然辩证法、社会科学、数学哲学、系统论、认识论、人天观、美学、军事哲学、社会论、地理哲学、建筑哲学等，还有涉及钱老的科学精神和科学品德思想境界和道德情操等内容，还有技术科学和技术等内容。书信集几乎是"钱学森思想百科全书"。可以说，书信集不仅是一本可以使我们全面了解钱老的基本学术观点的好参考书，而且是一本可以使我们学习钱老的精神品格和道德风貌的好教材。

作为一个哲学专业工作者，我自然特别关注书信集中那些关于哲学的通信。我想特别谈谈我对这些书信的感受。我统计了一下，钱老致专业哲学家的书信共200余封，收信的专业哲学家共20余人，其中收到钱老书信最多的是钱学敏教授，共101封；其次是黄顺基教授，共33封。再次是孙凯飞教授，共28封。我也收到过6封。有些关于哲学的信件是写给非专业哲学家的，我不认识的专业哲学家应该也收到过哲学书信，这些均未计入。如果把这些哲学书信都计算进去，可能有好几百封。如果这200余封每封平均以2页计，至少有400多页，又可以编成一本《钱学森哲学书信集》了。这本实际存在但尚未编辑出来的一位杰出科学家的"书信集"，值得我们哲学专业工作者，特别是马克思主义哲学专业工作者认真学习和研究。我们一定可以从中获得很多教益。下面我就来谈谈我读这些哲学书信的初步体会。

这些哲学书信讨论的哲学问题中最突出的无疑是钱老关于科学技术体系的思想。他把这个体系又称作"大成智慧学"，把构建这个体系的工作叫作"大成智慧工程"。这个体系至今尚未真正完整地建立起来，但其框架轮廓钱老曾为文作过系统的介绍，书信集第7卷第244页和271页均有科学技术体系的图表。在钱老指导下写成的《钱学森关于现代科学技术体系的构想及其"大成智慧学"》比较详细地介绍了这个体系。① 限于篇幅，这里不作介绍。我想谈谈它的几个特点。

它的第一个特点是各个科学门类的区分与联系是以这些科学门类的客观对象为标准来区分和联系的。第二个特点是任何一个科学门类都有一个技术门类与之一一对应。第三个特点是一个科学门类的概括就是该门类的部门哲学。第四，马克思主义哲学的核心——辩证唯物主义，作为各个部门哲学的概括，顺理成章地定位于科学技术体系的顶端。钱老所创立的这个科学技术体系是完全符合人类认识史和科学史的发展的，是完全符合马克思主义哲学的基本精神的，非马克思主义理论家当然提不出这种体系，他们不会承认马克思主义哲学的位置，就是马克思主义理论家也没有提出过这种体系。正当辩证唯物主义在中国遭到围攻，说它不是现代科学的产物，而是近代科学的产物；属于近代哲学的范畴，不属于现代哲学的范畴；是斯大林的哲学，不是马克思的哲学；说它所代表的本体论思维方式早已过时，等等，有一位具有国际影响的科学家站出来，把辩证唯物主义看成马克思主义哲学的核心，高居科学体系的巅峰，其作用之大是不难想象的。正是钱老的思想给了我巨大的鼓舞，大大增强了我坚持和推进辩证唯物主义的决心和信心。这次阅读书信集，重温了近20年前的体验，仍然很为感动。特别是读到钱老的有些话，如1990年钱老在给王东的一封信中所说："我直到现在，以为马克思主义哲学中并没有什么要丢掉的东西，马克思主义哲学并没有什么失去光彩的东西……所以马克思主义哲学需要深化和发展，但不是急于先去改造马克思主义哲学，像所谓'西方马克思主义'那样。"② 十分明确，十分坚定，令人激动不已。钱老对马克思主义哲学的坚决支持成为我后来下决心把马克思主义哲学作为科学来建设的有力的思想动因之一。

在钱老的哲学书信中，处处闪动着创新的火花，值得我们专业哲学工作者对它们作进一步的研究。例如他认为我们一般讲五种社会形态应是政治社会形态，而经济社会形态是第一次产业革命后形成的农

---

① 载《集大成得智慧——钱学森谈教育》，上海交通大学出版社2007年版。
② 《钱学森书信》第5卷，国防工业出版社2007年版，第303页。

奴生产方式、第二次产业革命后形成的小农经济生产方式、第三次产业革命后形成的独立小工厂生产方式、第四次产业革命后形成的国家规模联厂生产方式、第五次产业革命后形成的跨国联厂生产方式、第六次产业革命后形成的国家集团生产方式。意识的社会形态就是马克思伦敦手稿中说的三个。[①] 社会形态理论我国一直在讨论，钱老的观点不失为一家之言。

钱老的新思想主要表现在它的科学技术体系的总体设计和各门学科的内涵以及其联系的规定，例如他认为没有人们所说的"三论"——系统论、信息论、控制论，"只有一论——系统论；系统的概念当然离不开控制与信息，怎么能三论并列呢？系统论是系统科学的哲学，或说是系统科学到马克思主义科学——辩证唯物论的桥梁"[②]。又如他对人学的理解，很有启发性，引起了我很大的兴趣。原来他对人学这一学科是不太赞成的，认为谈人的学科很多，没有必要建立人学。后来他的想法有了改变，并从他的科学技术体系来规定人学的内容以及它在这个体系中的位置。他说："我们前几年就提出过行为科学这一现代科学技术中的大部门，当时对这一部门到马克思主义哲学的桥梁，只暂名为'社会论'。现在看，这架行为科学（包括法学）的哲学概括的（桥梁）就是人学。"[③] 他进一步认为："人学必须从行为科学（包括基础理论、技术学科和实际应用三个层次）的实践，从精神文明的实践，从法制法治的实践总结出来。另一方面人学又必须接受马克思主义的指导，人学又应该丰富和深化马克思主义哲学。"[④] 又说："人学要定位在马克思主义哲学、辩证唯物主义之下，不能代替马克思主义哲学、辩证唯物主义。也要明确'人学'不能代替人体科学的哲学概括、人天观；'人学'也不能代替社会科学的哲学概括、历史唯物主义。"钱老为什么认为人学就是社会论呢？因为他所说的社会论

[①] 《钱学森书信》第5卷，国防工业出版社2007年版，第262—263页。
[②] 《钱学森书信》第2卷，国防工业出版社2007年版，第305页。
[③] 《钱学森书信》第9卷，国防工业出版社2007年版，第267页。
[④] 《钱学森书信》第9卷，国防工业出版社2007年版，第268页。

不是以人类社会整体作为其研究对象,"社会论不同于历史唯物主义,是以个人与社会的相互作用为研究对象的,而历史唯物主义是以社会的系统发展为研究对象的。"① 在我看来,这些学科的内涵名称和这些学科之间的关系究竟如何规定更为合理还可以作进一步研究,但它们在钱老的科学技术体系中的定位是清清楚楚的。无论如何,钱老这些观点应该引起人学研究者深思。

行为科学、人学和哲学(辩证唯物主义)之间的相互作用和有机联系,是一切科学与哲学的相互关系的具体体现。简单说,哲学是指导,科学是基础,这是贯串书信集全书的一根红线,钱老经常语重心长地强调它们之间的这种血肉联系,给人以深刻印象。钱老在谈及哲学与十大部门基础科学联系的中介时说:"科学技术体系的最高概括当然是马克思主义哲学即辩证唯物主义,但每一大部门也有自己的概括,作为每一部门通往马克思主义殿堂的桥梁。这样马克思主义哲学要指导科学技术研究,科学技术发展也会发展和深化马克思主义哲学、辩证唯物主义。"② 又说:"到了今天,既不会有马克思主义哲学以外的科学技术,也不会有马克思主义以外的马克思主义哲学。科学技术要靠马克思主义哲学来指导;而马克思主义哲学是建立在科学技术之上,靠科学技术的发展来深化的。"③

也许有人会说,这是老生常谈。不错,马克思主义从来就这样看马克思主义哲学与科学的关系,钱老就说过他的这种看法的思想来源就是恩格斯的一段话④。他还在给我的一封信中重新抄录了这一段话,建议我设法具体落实恩格斯的这一思想,令我十分感动。我想钱老关于哲学与科学关系的观点不仅是老生常谈,更是至理名言,是一位从事数十年科学研究、获得辉煌成就的科学家发自内心深处的肺腑之言。如果我们的科技工作者,特别是我们的哲学工作者,能够真心接受这

---

① 《钱学森书信》第5卷,国防工业出版社2007年版,第73页。
② 《钱学森书信》第5卷,国防工业出版社2007年版,第341页。
③ 《钱学森书信》第6卷,国防工业出版社2007年版,第330页。
④ 《钱学森书信》第6卷,国防工业出版社2007年版,第330页。

个观点，并加以身体力行，我想，许多混乱思想都会得到澄清，许多思想上和实践上的问题都可以得到解决，哲学和科学都可以加快发展，中国社会主义现代化建设事业将获得快速的健康的发展。

《制度与价值观》* 序

邹吉忠教授的新作《制度与价值观》针对中国社会转型与现代化起飞阶段的价值观问题,在充分吸收国内外相关研究成果的基础上,在历史唯物主义的理论框架下,运用制度分析方法、知识社会学方法、人学解析方法,对制度在解答价值观问题上的作用进行专题性综合研究,形成了观察和探讨新时期价值观问题的新视野。该书以其全新的视角、深入的研究和透彻的分析,从制度的角度探寻价值观问题的解答思路,全面系统地探讨了价值观问题制度解答的必要性、可能性、条件及作用机制,是近年来价值观研究领域不可多得的一部力作。

对制度与价值观问题的研究不仅具有重要的理论和现实意义,而且还是一个目前学术界尚未进行系统研究的课题,因而具有马克思主义哲学原理研究上的创新价值。作者运用历史唯物主义的研究方法,按照专题性综合研究模式,通过对制度在价值观问题解答中的作用及其内在机制的探讨,得出了富有创见性的结论。比如,价值观的多元性或多样化状况,是现代社会,尤其是社会转型时期的客观事实,也

---

* 《制度与价值观》,邹吉忠著,北京出版社 2008 年 1 月出版。

是价值观冲突的主要根源；价值观的多元性与多样化事实并不意味着我们在价值观建设方面只能无所作为，而是为我们提出了如何应对"客观"事实、解决价值观冲突的理论问题；价值观冲突的化解有多条路径，但制度创新在化解现代社会价值观冲突方面具有优先性；从历史角度看，价值观与制度之间存在一个由合一（前现代社会）到分化（现代社会）的演进逻辑，而今天正在形成二者辩证统一的新趋势；面对价值观的多元事实和价值观之间的冲突状况，不同的国家和民族应当有所不同，我们有必要，也有可能创建一种解决价值观问题的中国模式；制度思维方式是制度在解决价值观问题方面发挥作用的重要途径和内在机制；在现代社会科学框架下推动价值观问题的解答，从一定意义上改变了现代知识分子的命运，也为现代社会科学研究提供了新的思路。这些观点对我们思考和探询价值观问题的当代解答，具有多方面的启发意义，对当前和谐社会的构建和社会主义核心价值体系的建设，具有重要的参考价值和现实意义。

我认为，今天党中央提出构建社会主义和谐社会的目标，是非常必要的，也是能够实现的。我国是一个人口众多的、多民族的发展中大国，又正处在社会主义初级阶段，其间地域上、民族上、经济上、政治上、文化上的差异之多，在今天的世界上可以说是独一无二，其不平衡、不协调、不和谐的因素之多可想而知，但全国人民有一个共同的要求，那就是社会主义现代化。在这一基础上，无数复杂、深刻的差异都可以经过协商调整来化解，建立起各个方面的和谐关系，从而构建和谐社会。在这一过程中，多元价值观的协调、主导性价值观的构建以及社会主义核心价值体系的建设，就成为社会主义和谐社会建设的关键。

推而广之，今天构建和谐世界也不是不可能的。世界各国之间的差异当然要比国内的差异多得多、深刻得多、复杂得多，但世界各国和地区也有许多共同之处，全人类的共同利益在科技高度发达、交往日益频繁、联系日益密切的今天并不是空洞的抽象，而是实际的存在。生态平衡的破坏、资源的枯竭、贫富距离的扩大、核战争的危险、艾滋病等疾病的传染都涉及全人类的兴衰成败和生死存亡。在以和平与发展作为主题的今天，在一定程度上解决这些问题不是没有可能的。这就为构建和谐世界提供了共同的基础：我们是同一个地球的居民。除此之外，各个国家和地区之间还存在着许许多多双边的共同之处和多边的共同之处，以此为基础可以构建许许多多双边的和谐关系和多边的和谐关系。由此可以构建全世界的全面的和谐关系，形成在一定程度上的和谐世界。和谐世界的形成，同样需要价值观的和谐与共识，需要在文化与跨文化的交流中、在有效的世界制度构建层面进行积极探索，形成地球人的公共价值观。

因此，价值观问题不仅是当前我国和谐社会建设和社会主义核心价值体系建设的重要理论和现实问题，也是解决世界和平与发展、构建和谐世界的重要问题。在这一方面，中外学术界都做了许多富有意义的探讨，但仍然有待于深入研究。邹吉忠同志独辟蹊径，从制度的视角，对价值观问题的理论内涵、解答思路与理论路径进行了比较系统深入的研究，有助于深化和推进当前的价值观问题研究，无论对马克思主义理论创新，还是对中国社会主义核心价值体系的建设实践，都会发挥积极的推动作用。

黄枬森
2007 年 12 月

开创中国马克思学的创新之作[*]

——读《马克思学新奠基》[**]

北京大学出版社出版了王东同志的著作——《马克思学新奠基:马克思哲学新解读的方法论导言》。这是一部大型研究性专著,汇聚了作者多年来从事马克思哲学教学与研究的学术心得和研究成果。此书既是作者积十年之功写成的一部大成之作,也称得上是近些年来一部高水平的马克思学研究的学术作品。

全书内容分为三部分:第一部分"三大解读模式:历史反思篇",对马克思哲学的三种传统解读模式("以恩解马"、"以苏解马"、"以西解马")的历史背景、来龙去脉、是非得失,做了系统的梳理和反思;第二部分"'以马解马':解读模式创新篇",提出了马克思哲学解读模式的创新问题,说明了"以马解马"新解读模式的十条方法论要求;第三部分"中国特色马克思学:四大基石篇",探讨了"中国特色马克思学"的四大理论基石:新型解释学、新型目录学、新型版

---

[*] 本文发表于《哲学动态》2008年第3期。
[**] 《马克思学新奠基——马克思哲学新解读的方法论导言》,王东著,北京大学出版社2006年10月1日出版。

本学和新型文本学。

首先谈谈我对这本新著的一些肯定性的看法。总的来说，这本书给我的印象是非常强烈的，不仅表现出了足够的理论功力、理论深度，也表现了作者对学术问题的一种执著精神。没有长期的积累和思考，这样的著作是写不出来的。单从研究资料上讲，作者选取的题材（马克思学）需要大量翔实、可靠的资料作为文献学依托，这些资料不仅要全面收集，还要经过整理、分析、思考的复杂思维过程，因此不经过艰苦的努力是不可能完成的。作者对主要问题的选择和考虑，也是非常系统、严谨和周全的。这本书本身就是一个严整的逻辑体系。在该书中，作者从马克思哲学解读模式的历史反思开始，有针对性地提出解读模式的创新问题，进而提出创造中国特色马克思学的目标，最后落实到中国马克思学的四大理论基石的具体探讨，显得一气呵成、顺理成章，也符合读者的一般思维习惯。而作者对问题所做的判断和评价，也是经过深思熟虑的，是严肃认真、力求实事求是的。人们或许不完全同意该书的一些具体观点、具体提法，但作者的严谨学风和科学态度，相信读者还是感受得到的。总之，这是一部相当有分量的学术专著，是一本系统、深入、透彻地探讨中国马克思学问题的学术著作。

关于"马克思学"的概念，我没有做过系统的考证，但我认为这一概念是可以成立的，没有问题的。过去对这一概念多半采取了一种简单否定的做法，现在来看，"马克思学"完全可以成为一门中立的学问，成为一门专门研究马克思及其思想的学问。关于马克思研究，国内学术界已经做了不少工作，发表了不少文章。以前有人提出的"走进马克思"、"走近马克思"、"回到马克思"等，这些都和马克思学有关。但问题是，现在搞马克思学的人，大部分都是在模仿或附和西方学者的观点，他们将西方学者的一些观点、材料搬进来，传播西方的思想和方法。像《马克思学新奠基》这样，将马克思学作为一门严格意义上的科学，进行独立系统的研究，从事脚踏实地的理论建设，这在国内还非常少见。该书不仅吸收了西方的一些观点和材料，还运用马克思主义的观点,对它们作了客观的分析和评价。因此,这是一部独立思考之作,力求创新之作,而非简单搬运之作。虽然这本书就题材来说,在短期内不会引起轰动,但是在马克思主义理论界,我相信时间长一点是会引起好的、大的反响的。

从内容上说,我觉得有特色的是该书的前两部分,特别是第一部分。第一部分的主题是反思,讲的是对马克思主义史上先后流行的三种马克思哲学解读模式进行历史反思的问题。以前我曾听王东同志讲过这方面的一些情况,但像书中这样,对三种解读模式的来龙去脉、历史背景、功过得失作如此系统、深入的梳理和反思,还是第一次。进行这样的梳理和反思工作,是他的独创性贡献。这种梳理和反思也是符合事实的。在马克思主义哲学史上的确有这么几种解读模式的存在。作者对这些解读模式的分析、评价,也是力求客观全面的。比如对西方马克思主义的解读模式,没有作简单机械的肯定或否定,也没有过度吹捧,而是实事求是地作了分析。对于恩格斯所作的马克思哲学解读工作,作者的不少评价也是很合适的,比如没有将恩格斯与马克思简单对立起来,也未将他们看成是完全一致的。值得一提的是,作者对苏联模式哲学教科书体系的历史形成过程,还提供了非常翔实、丰富的材料,这在国内学界中也是比较领先的,称得上是作者的一个突出贡献。

该书第二部分关于"以马解马"新解读模式的说明,对我们全面理解马克思的思想及其实质,也是有启发意义的。作者的基本思想,我是非常赞同的。当然,该书也有一些可商榷之处:一是对恩格斯的历史贡献评价偏低。作者特别强调恩格斯的哲学著作是以通俗性、论战性为特征的,这固然有一定道理,但公允地说,恩格斯的一些重要著作,例如《反杜林论》等,也吸收了不少他研究自然科学的新成果,因此不应该仅仅看成是通俗性、论战性的著作,还应看到其科学性、独创性的一面。况且恩格斯对辩证唯物主义世界观、自然观的阐发,与马克思本人的思想也是一致的。

二是对苏联哲学体系的否定偏多。苏联哲学体系不应看成是俄国本国的理论创造，它更多的还是根据恩格斯的有关思想，当然也吸收了马克思世界观的一些基本观点。在不少方面，这一体系是符合马克思、恩格斯的基本思想的。此外，该书将苏联体系归结为计划经济的产物，将苏联历史唯物主义的核心理念概括为阶级斗争，似乎也缺乏足够的理论根据。

三是未能合理解决马克思哲学的命名问题。作者把马克思哲学命名为新唯物主义，这不能说完全没有文本根据，马克思本人的确使用了这一提法，但这一名称不够明确，特别是没有指明新唯物主义究竟新在何处，因此很难说是一个有效的命名。依我看来，马克思哲学作为一门科学，还是用辩证唯物主义来命名比较合适些。

最后，我想说的是，建设中国马克思学，是一项复杂而艰巨的理论工程，王东同志的这本著作做了一些开创性的尝试，提出了不少创新思想，我们期待更多学者参与到这项工作中来，真正把马克思学变成一门科学、一门学问。

从《义和团抵抗列强瓜分史》看牟安世的史学研究指导思想*

中国社会科学院历史研究所研究员牟安世1942年进入西南联大学习，1943年开始一生专攻中国历史，对近代史研究尤其精深，著述甚丰，涉及近代史的各个领域。牟君亲历了我国20世纪上半叶的两次伟大战争，参加了历次民主学生运动，在大学期间接触并通过实践接受了马克思主义，很早就成为一个坚定的马克思主义的信奉者，终身坚持以马克思主义为指导研究中国近代史，这不仅使他能顺利地写作和发表大量著作，而且使他的研究成果在近代史学界达到了很高的水平。我们二人虽然与他有70年的亲密交往，由于我们对史学是外行，对他的史学观点不敢妄加评论，但在阅读他的史学著作之后，我们对他的治史的指导思想——马克思主义留下了深刻的印象。我们感到他坚持以马克思主义来指导他的研究，使他不仅写出了大量史学论著，而且比较正确、深刻地解答了若干有争议的问题。例如义和团运动的性质和历史作用是一个长期争论不休的问题。牟君除了早年在一些论文中

---

* 本文为黄枬森、李公天合写，发表于《牟安世先生纪念文集》（中华书局2008年7月出版）。

曾提供过一些分析和论述外,1997年出版的《义和团抵抗列强瓜分史》① 更是详尽地论述过这个问题,因此,我们就以此书为例来说明牟君是如何坚持以马克思主义指导他的史学研究并取得实实在在的科研成果的。

关于义和团运动的两种观点

关于发生于我国19世纪末的义和团运动的性质和历史作用,新中国成立以来早有定论,人们极少异议。大致说来,义和团运动尽管具有一定的盲目性,但是基本上是农民武装抵抗外国侵略的革命行动,它虽然最终失败了,对于打击外国侵略者的凶恶气焰,阻止他们瓜分中国的阴谋,的确起了重要的作用。这对于一个有爱国心的中国人或一个有正义感的外国人来说,应该是很清楚的,因为自鸦片战争以来的中国近代史,就是中国在世界列强的不断侵略下沦为半封建、半殖民地的历史,它之所以还没有沦为完全的殖民地,还没有被列强瓜分掉,就是因为中国广大人民不断进行反侵略反瓜分的抵抗运动,而义和团运动是所有这些运动中规模较大、作用较大的一次。但是,近年来历史上出现过的否定义和团运动的观点又出现了。这种观点片面抓住义和团运动中的盲目性,把它说成是敌视现代文明和盲目排斥外国人以及外来文化的愚昧行为,因为义和团毁电线、毁学校、拆铁路、烧洋货、杀洋人和与外国人及外国文化有点关系的中国人,这些都是反文明、反人类的错误,给国家和人民带来莫大的灾难,是中国人不能忘记的国耻。这种观点认为,义和团破坏这些设施完全出于对外来事物的敌视,而不是为了抵抗侵略者不得不采取的应急行动。总之,义和团事件不过是戊戌政变后固守传统反对变革的反动逆流的巅峰。

这种观点对义和团运动的历史作用也作了相反的评价。在他们看来,对内,它是与社会前进方向背道而驰的反动事件。对外,乱杀洋人不但是反人道、反文明的罪行,也是极端愚蠢、危害中国自身利益

---

① 牟安世:《义和团抵抗列强瓜分史》,经济管理出版社1997年版。

的暴行。对于对立的观点,他们反驳说,有个流行多年为义和团事件辩护的论断:义和团避免了中国被瓜分。这是远离历史真实的诡辩。那么,为什么当时中国没有被列强瓜分呢?他们解释说,只是由于帝国主义之间的矛盾,瓜分才没有实行。

这些言论同1997年牟安世的同一问题的言论成了鲜明对比,可以说一黑一白,泾渭分明!

牟安世关于义和团运动的性质和历史作用的分析观点鲜明、证据充分、说理透辟、令人信服!只要把这两种言论摆到一起,就可看出,浊者自浊,清者自清,黑白立见,伪真立分!下面我们就来介绍牟君的观点。

牟安世是如何认识和评价义和团的?

《义和团抵抗列强瓜分史》出版于1997年,是一本分量颇重的关于义和团运动的专著,长达47万字。它对义和团运动的性质和作用是这样说的:义和团运动"是一个以农民为主体的中国人民反对和阻止帝国主义列强瓜分中国沦为他们的殖民地的伟大爱国运动"①。"它之所以成为中国近代史上最重大事件之一,就是因为它在当时曾阻止了帝国主义列强瓜分中国,为中国人民立下了丰功伟绩。"② 这是在"前言"中提出来的,全书都是对这个观点的论证。全书分为三编。上编为"义和团运动爆发前的国际形势和国内现状"。牟安世认为,义和团首次武装起义是1898年10月由赵三多、阎书勤等人领导的山东冠县梨园起义和拳武装起义,上编主要介绍和分析了此前的列强瓜分中国的危机,以及中国人民阻止两次瓜分的斗争,义和团运动正是在中国人民反瓜分斗争中兴起的。中编为"义和团运动的兴起",主要介绍和分析义和团武装起义(1898年10月)至北京被八国联军攻陷(1900年8月14日)前后遭到残酷镇压的两年左右时间内义和团运动主要斗争活动,这些活动都是围绕反对第三次瓜分展开的。下编为"义和团

---

① 牟安世:《义和团抵抗列强瓜分史》,经济管理出版社1997年版,第1页。
② 牟安世:《义和团抵抗列强瓜分史》,经济管理出版社1997年版,第1页。

与爱国官兵阻止了帝国主义列强瓜分中国",专门具体分析义和团怎样反对并阻止了第三次瓜分。牟安世把义和团阻止第三次列强瓜分过程细分为三个阶段,即"三次缓解",一一介绍了瓜分危机缓解的细节。"这三次瓜分危机的缓解是:1900年6月20日联军《大沽宣言》形成的瓜分危机之第一次缓解;7月3日美国《海约翰通牒》形成的瓜分危机之第二次缓解;10月16日《英德协定》所形成的瓜分危机之第三次缓解。"① 因此,虽然北京陷落了,义和团运动最终被镇压下去了,但帝国主义列强在强大的人民战争面前终于暂时放下了瓜分中国的图谋。牟安世以大量的事实材料具体介绍了这三次缓解的过程,从中可以清楚看出义和团运动在阻止帝国主义列强瓜分中国中的主要作用。我们下面以第三次缓解为例作些说明。

第三次缓解的标志是1900年10月16日《英德协定》的制定,两国同意:"不得利用目前的混乱状况,为他们自己在中国的版图上获得任何领土利益,并应使他们的政策以维持中华帝国的领土状况不遭削减为目标。"② 他们把这个协定通知其他有关列强后,先后得到了意大利、奥匈帝国、沙俄、美国、日本、法国的同意。那么,这次瓜分危机缓解的原因是什么呢?牟安世不同意那种把列强内部矛盾看成瓜分危机缓解原因的观点,他说:"例如,约瑟夫在他的著作中说:'自一八九四年以来,中华帝国崩溃的形势在政治范围内曾经是始终存在着的,瓜分不止一次地迫在眉睫;如果瓜分被阻止了的话,那并不是由于主持总理各国事务衙门的人具有任何杰出的政治本领,也不是由于在中国的国家结构中具有任何组织特色。更正确地说,那只能归因于列强之间的竞争、猜忌和利害冲突,阻止了他们去达成瓜分中国的一致意见。'这是有名的列强矛盾阻止瓜分中国说的论点。不过我们在这里需要提醒的是,在这个世界史上最大规模掠夺领土的时代中,列强在瓜分非洲和奥托曼帝国的时候并非不存在竞争、猜忌和利害冲突等等矛盾,然而它们却终究被瓜分了,又是什么缘故呢?这是因为列强

---

① 牟安世:《义和团抵抗列强瓜分史》,经济管理出版社1997年版,第482页。
② 牟安世:《义和团抵抗列强瓜分史》,经济管理出版社1997年版,第435页。

之间因瓜分世界而产生的矛盾，一般可凭协商解决，不可克服的矛盾则是可以用战争手段去解决的。这些矛盾可以加速或推迟某个地区的瓜分过程，但不会影响到瓜分的最终目的。能阻止列强瓜分的基本上只能靠当地人民群众有效的武装斗争。在中国正是因为有了义和团运动的全面爆发和英勇战斗，才使得帝国主义列强的确不可能像他们瓜分非洲那样去瓜分中国。"①

这里我们没有篇幅来详细叙述义和团抵抗侵略者的那些英勇顽强、不怕牺牲的战斗，读者有兴趣可以阅读牟安世在书中所作的客观介绍。我们引证牟安世的一些概括就不难明白瓜分危机缓解的真实原因。牟安世说："在义和团运动中，实际上存在着两个战场，即面向武装到牙齿的侵略军的前线战场和面向拥有武器的外国教会和教民的内地战场。拳民英勇战斗的结果：在前线战场上迫使西摩尔统帅的八国联军在1900年6月16日公开承认，廊房之战使'远征在事实上已经失败'。迫使联军在6月20日发表《大沽宣言》以消除那种'认为北部战事即表明帝国之逼近瓜分的这种疑虑'②。在内地战场上拳民继承了以往数十年来反洋教的战斗精神，在全国城乡各地展开了武装斗争，使那些多年来骑在中国人民头上作威作福、穷凶极恶、民愤极大的外国传教士和一伙为虎作伥的叛国教民蒙受了重大的损失，'利用了一切机会去铲除了这些祸根，使帝国主义列强瓜分中国的基础倒塌了，即便还存在一些也都岌岌可危了。"③ 其实，当时许多帝国主义利益的代言人都承认义和团运动是他们暂时放弃瓜分中国的真实原因，认为在中国人民广泛坚决的抵抗下强行瓜分将得不偿失，自寻烦恼，甚至联军统帅德人瓦德西于1900年9月27日抵达天津后也认为："世人动辄相语谓取此州略彼地，视外人统治其亿万众庶之事若咄嗟可立办者，然实则无论欧美日本各国，皆无此脑力与兵力，可以统治此天下生灵四分之一也。""故瓜分一事，实为下策，如欲实行此下策，则后患又不可不

---

① 牟安世：《义和团抵抗列强瓜分史》，经济管理出版社1997年版，第488—489页。
② 牟安世：《义和团抵抗列强瓜分史》，经济管理出版社1997年版，第484—485页。
③ 牟安世：《义和团抵抗列强瓜分史》，经济管理出版社1997年版，第485页。

防矣，然而似亦非易望者也。"① 义和团运动阻止了列强瓜分中国的事实和道理，从牟安世提供的这些资料来看，是十分明显的。

牟安世认为义和团运动有五大历史功绩，"概括起来说是：阻止了帝国主义列强瓜分中国，保存了中国几千年来的悠久文化，遏制了一场帝国主义战争的可能爆发，促进了中国广大人民群众的觉醒并成为'五十年后中国人民伟大胜利的奠基石之一'"②。限于篇幅，这里就不一一介绍了。

牟安世是如何以马克思主义为指导来研究义和团运动的？

综观牟君此书，他关于义和团运动的性质和历史作用的看法，观点鲜明准确，论据翔实充分，分析透辟，令人信服。他之所以能够达到这样高的水平，除了他的好学深思、长期积累而外，同他自觉运用马克思主义指导他的研究是分不开的。他的书在这一点上给了我们深刻印象，谈谈我们对此的感受是很有意义的。

牟安世明确指出："本书力求以马克思主义为指导。"③ 牟安世具体谈到一些作为本书分析义和团运动的马克思主义理论前提。一是马克思关于"基督教殖民制度"和"历史活动是群众的事业"的观点。牟安世根据这些观点把义和团运动看成是中国人民反对西方在中国推行基督教殖民制度的群众运动。因此，义和团运动以"反洋教运动"来作为它的主要斗争形式，在当时是完全可以理解的，也是必要的。二是列宁关于19世纪末20世纪初的帝国主义时代的观点。列宁认为这个时代是帝国主义列强为分割世界而激烈斗争的金融资本时代，他们在全球各地拼命争夺殖民地，牟安世根据这些观点把19世纪末义和团运动及其前后在中国土地上发生的列强与中国人民之间的斗争看成殖民地化与反殖民地化、瓜分与反瓜分之间的斗争，看成帝国主义时代的世界史的主要组成部分。那种把义和团运动看成简单的中外关系问

---

① 牟安世：《义和团抵抗列强瓜分史》，经济管理出版社1997年版，第487页。
② 牟安世：《义和团抵抗列强瓜分史》，经济管理出版社1997年版，第482页。
③ 牟安世：《义和团抵抗列强瓜分史》，经济管理出版社1997年版，第1页。

题、文化差异问题、教民与非教民的冲突问题或宗教问题的观点显然是非常肤浅的，那种把义和团运动看成野蛮落后的中国进入现代文明时发生的矛盾、摩擦与冲突的观点尤其是错误的可笑的。三是毛泽东关于主要矛盾的观点。毛泽东认为，当帝国主义与中国的矛盾上升为主要矛盾时，国内各阶级的矛盾就会暂时降到次要和服从的地位。牟安世以此为根据来解释为什么义和团先举"扶清灭洋"的旗帜，而一当清政府向帝国主义屈膝投降的时候，义和团就举起了"扫清灭洋"的旗帜。这说明，义和团虽然不懂矛盾理论和阶级斗争理论，他们的策略和行动是自发地符合客观规律的。牟安世是一个坚定的马克思主义史学家，马克思主义的指导贯穿了他一生的史学研究，也贯穿了本书全书的写作，他运用的马克思主义原理当然不限于以上三点。可以说，全书到处都显露出马克思主义的光辉。否则，他对于义和团运动的分析与论断不会如此鞭辟入里，不会如此令人信服。我们不可能一一指出马克思主义对本书的指导，下面再略举数端，以见一斑。

第一，全书充分体现了辩证唯物主义的实事求是精神，做到了观点与材料的辩证统一，以翔实全面的历史材料来支撑鲜明深刻的观点，以观点来统率材料。牟安世指出，关于义和团运动是不是阻止了帝国主义列强瓜分中国，是义和团运动评价问题的关键，但这个问题争论虽多，却缺乏详尽的事实说明和有力的科学论证，有鉴于此，牟安世在长期研究和积累的基础上又花了大量时间和精力，写成了本书，"力图通过历史事实来对这个问题做些力所能及的考察和探索"[①]。我们认为牟安世是出色地完成了这个任务的，在这一过程中，马克思主义起了指导作用。

第二，牟安世关于义和团运动的正义性的论断体现了马克思主义的立场、观点、方法，不仅坚持了马克思主义的严正立场，而且扫除了那些诬蔑与咒骂，显现了义和团运动的正义的本质。牟安世认为义和团运动的正义性表现在三方面："义和团运动的正义性首先表现在它

---

① 牟安世：《义和团抵抗列强瓜分史》，经济管理出版社1997年版，第2页。

的目的和宗旨是爱国的。"① "其次,义和团运动的正义性,还表现在它的手段上的自卫性。"② "其三,义和团运动的正义性,包括它的前身反洋教运动在内,还表现在它具有民族民主革命运动的性质。"③ 正是由于是一场正义的斗争,它才在当时取得了国内外进步舆论和一切有正义感人士的同情与支持。牟安世引证了一些人士的言论来证明,这里没有必要转引国内人士和列宁、德国工人阶级政党的《进步报》的言论,我们只要看一看一些国外公正人士的言论就足以说明问题了。"美国的进步作家马克·吐温于 8 月 12 日说他'同情中国人',11 月 23 日他更公开宣称他'也是一个义和团员','无论何时都站在义和团一边,义和团是爱国者'。"④ 日本进步作家青柳猛于 1901 年 2 月 25 日在《女学杂志》上发表题为《义和团赞论》的文章,说:"'义和团'为了防御手持凶器的强盗而拿起刀枪,绝没有罪,在哪一国的法律上也应属于正当防卫,不能问罪。""只知谴责义和团,而对那些外国传教士和耶稣教徒可鄙的行为保持沉默,这是任性胡说,是极不公平的。""我认为义和团是值得同情的,而应该谴责的恰恰是外国人(包括日本人)和他们卵翼下的耶稣教徒。"⑤ 甚至作为英国利益代表之一的赫德根据亲历也不得不说,"除教徒外,一般人均同情义和团",甚至"每个中国人都将为了把外国人(外国侵略者——引者)赶出去而欢庆呢!"⑥ 对于许多谴责义和团"杀人放火的罪行"的言论,牟安世引用中国资产阶级维新派容闳的话反驳说:"(美国)十三州独立,杀英税吏,焚英货船,其举动何殊义和团?"⑦ 正如青柳猛所说,这是"正当防卫"。

第三,牟安世对于义和团运动的历史作用的肯定与赞扬充分体现

---

① 牟安世:《义和团抵抗列强瓜分史》,经济管理出版社 1997 年版,第 477 页。
② 牟安世:《义和团抵抗列强瓜分史》,经济管理出版社 1997 年版,第 478 页。
③ 牟安世:《义和团抵抗列强瓜分史》,经济管理出版社 1997 年版,第 480 页。
④ 牟安世:《义和团抵抗列强瓜分史》,经济管理出版社 1997 年版,第 483 页。
⑤ 牟安世:《义和团抵抗列强瓜分史》,经济管理出版社 1997 年版,第 483—484 页。
⑥ 牟安世:《义和团抵抗列强瓜分史》,经济管理出版社 1997 年版,第 484 页。
⑦ 牟安世:《义和团抵抗列强瓜分史》,经济管理出版社 1997 年版,第 484 页。

了马克思主义关于人民群众是历史的创造者的观点。本书开头牟安世就提到了马克思的"历史活动是群众的事业"的观点,全书到处洋溢着对群众的积极性和首创精神的赞美和歌颂,最后的结束语又以"从义和团运动看人民群众在中国近代史上的作用"为题。在牟安世看来,中国在1900年面临着瓜分的危机,八国联军攻陷首都北京,中国瓜剖豆分的危险达到了顶峰,但中国终于渡过危机以一个在帝国主义列强欺凌下苟延残喘然而保持了统一局面的大国进入20世纪,其原因何在呢?是列强发善心,还是它们之间的矛盾无法调解?不是。是清政府及其掌权者多谋善断,善于应付?也不是。真正使列强暂时放弃瓜分图谋的是义和团运动。在"义和团运动高潮中,通过拳民与爱国官兵的英勇斗争,曾经使空前严重的瓜分危机得到了三次缓解。由于义和团运动是一次正义的、充满着英勇战斗精神的民族起义运动,所以能通过瓜分危机的三次缓解而最终起到阻止帝国主义列强瓜分中国的巨大作用"[①]。牟安世还从此进一步论述了人民群众在中国近代史上的作用问题以及人民群众在整个人类历史上的作用问题。牟安世最后指出:人民群众的作用"构成历史的真正的最后动力的动力"[②]。这个结论是意味深长的,也是很有现实意义的。

我们认为,这本书不仅可以帮助我们对义和团运动有一个全面而真实的认识,也可以帮助我们学习如何运用马克思主义来指导我们的认识和实践。

[①] 牟安世:《义和团抵抗列强瓜分史》,经济管理出版社1997年版,第512页。
[②] 《义和团抵抗列强瓜分史》,经济管理出版社1997年版,第516页。

《东方基督教探索（乐峰文集）》* 序

乐峰同志是我国为数不多的研究东正教的学者之一。他多年研究东正教的成果《乐峰文集》即将出版，希望我作序。我对宗教学完全是外行，本来没有资格作序，但考虑到我过去的工作曾同乐峰同志的宗教研究发生过一定联系，向读者介绍一下这一背景有利于读者对这本论文集的理解，因此由我来写几句话似乎也是必要的。

在我担任北京大学哲学系主任时期的1981年某天，中国社会科学院世界宗教研究所所长任继愈同志向我提出，鉴于国家迫切需要大量宗教研究和宗教工作专门人才，而我国高等院校都没有培养这类人才的机构，建议我们两个单位合作在北大哲学系建立宗教学专业，由哲学系负责招生、管理和分配工作，由宗教所派出宗教教研室主任、负责课程设计、聘请教师和组织教学工作。北大批准了这个计划，于1982年秋开始招生。首届主任是谢雨春同志，但他没有工作多久便因病离职了。1983年由乐峰同志接任主任，并兼任授课教师。当时教研室只有一个专职教师，教研室基本上是一个空壳子，一切有待从头建

---

* 《东方基督教探索》，乐峰著，宗教文化出版社2008年7月出版。

设。乐峰同志在宗教所和哲学系的支持下兢兢业业、勤勤恳恳，不拿北大一分钱的工资或补贴，担任了六年教研室主任，领导陆续进入教研室的教师们一起把宗教学专业差不多从无到有逐渐建设起来。今天哲学系的宗教学专业已扩大为宗教系，已培养出一批宗教专业人员，成为国内培养宗教学教学研究和宗教工作人才的重要教研机构之一。乐峰同志创办之功不可没，他是名副其实的北大宗教系创办人之一。

在此之前，我已经同乐峰同志有过比较密切的交往。1953年他是北大哲学系苏联专家的四个俄语翻译之一，我是苏联专家培养哲学研究生的专业助手，因此我们在工作上的交往是很密切的。他的专业是俄语，对哲学不熟悉，但通过工作和努力自学，也打下了比较扎实的哲学功底，这为他后来研究宗教准备了较好的条件。他担任北大哲学系宗教学教研室主任并讲授宗教学课程这段时间，也是他集中研究宗教问题并在学术上获得显著进步的时期，这为他后来的学术成就奠定了坚实的基础。这本论文集集中代表了他近30年来的学术成就。

这本论文集的内容涉及宗教研究的广泛领域，包括宗教理论、宗教政策、宗教流派、宗教史等，其重点是东正教，特别是俄国东正教。作为一个普通读者，通读这本书之后，我感到作者是充分贯彻了马克思主义的指导和中国共产党的宗教政策的指导于宗教研究之中，同时作者还运用自己的语言优势，严格以翔实的第一手资料为根据来论述宗教问题和叙述宗教历史，这使读者对各种宗教可以获得正确的认识和树立正确的态度。作者对东正教的介绍和论述具有特殊的意义。东正教是基督教的一个重要分支，是俄罗斯的主要宗教，在东欧和西亚的广大地区有众多信徒，在历史上也产生过重要的影响，但这个宗教对中国人民来说是陌生的。作者对东正教的系统的介绍和论述不仅是宗教学专业工作者有重要的参考价值，也可以使我国一般读者对这个有着国际影响的重要宗教有正确的了解，这对我国读者开阔视野、提高文化政治生活素质无疑是有益的。

忧国忧民的精神凝结[*]

——《大道之行》^{**}再版序

周善甫先生的国学论集《大道之行》将再版，孙炯同志赠我 2003 年初版一本，嘱我作序。阅读之后，我对周先生其书其人既感惊奇，又感敬佩！

国学（中华传统文化）不是周先生的专业。他早年学建筑，后从事中学的数学教育以及其他技术工作或行政工作。1957 年被错划为"右派"之后，停止专业工作 20 余年，其间除劳动以外，业余也从事一些文艺创作和书法的活动。1979 年他才恢复中学教师的工作岗位，讲授高中语文，这时他已 65 岁，在正常情况下早已退休了，真正退休是在六年之后，这时他 71 岁。看来他的《〈老子〉意会》、《〈四书〉选谈》等注释性著作完成于他任语文教师时期，至于论述国学的微言大义的《大道之行》应该是在他退休以后完稿的，此书单行本最初出版于 1994 年，这时他已经 80 岁了。周先生一生虽然谈不上什么惊天动地的丰功伟绩，但从精神领域的角度看，可以说是极富传奇色彩的

---

* 本文发表于《学习时报》2009 年 8 月 24 日，略有修改；《创造》2010 年第 5 期。

** 《大道之行》，周善甫著，中华书局 2010 年 2 月再版。

一生。这本厚达60万字的国学论集出自一个毕生从事现代科技工作而非国学"科班"出身的学者之手，这已是令人惊奇，更令人惊奇的是完成于老年退休之后，这不能不令人敬佩。无疑，这是改革开放大形势所赐，但也不能不令人敬佩其人格之高尚和意志之坚决！这些成果之获得不是追逐名利的结果，也不是为了提升职称的需要，纯粹是忧国忧民精神的凝结，这确实少见。

至于说到《大道之行》的思想内容，可以说是文如其人。我不敢说此书句句是真理，但可以说句句是真情实意的肺腑之言。我没有专门研究过国学，对此书思想内容的是非曲直没有资格评论，只能作为一个门外汉读者谈一点读后感。首先，我为作者的认真刻苦严肃的精神所感动。试想一位古稀之年的老者字斟句酌地对《老子》、《四书》等古代典籍进行解读，又从中领悟中华传统文化的精微奥妙，然后结合自己一生的见闻、感触、坎坷的经历和中国人民遭受的磨难，写成《大道之行》，怎不令人肃然起敬！

其次我为作者弘扬中华传统文化的目的所感动。作者写书的目的何在？作者在前言中写道："希望能重振民族的自信，以传统的价值观，来促进精神文明建设。"因为作者有感于近200年来，由于社会动乱，外国侵略，以致国力衰落，民不聊生，有的论者怀疑这是出于传统文化的劣根，于是100多年来他们异口同声地骂自己的民族、自己的国家，骂得全无是处。什么"丑陋的中国人"，"贫弱脏乱差是中华民族的劣根性"等，以致自惭形秽，自甘落后，"终于连最后一点民族自尊心和自信心都骂没了。在这样的心态下要讲什么爱国主义，那只能是口头禅而已。大家无非一个劲走'全盘西化'的道路。"尽管作者对中华传统文化和西方文化的评论还可以有商榷之处，但他指出自我丑化是全盘西化道路的思想根源之一，确是非常深刻的。有的人不仅看不起中国的过去，也看不起中国的今天，作者的分析令人猛醒。

第三，我为作者对中华文化传统精华的总结所感动。作者说："'大道之行也，天下为公'径直揭示了中华文化的真精神。"这是作者借用古语对五千年中华文明所作的总结，这尤为深刻，而且十分精彩。《礼记·礼运》说："大道之行也，天下为公，讲信修睦。故人不独亲其亲，不独子其子；使老有所终，壮有所用，幼有所长，矜寡孤独废疾者皆有所养。男有分，女有归。货恶其弃于地也，不必藏于己；力恶其不出于身也，不必为己。是故谋闭而不兴，盗窃乱贼而不作，故外户而不闭，是谓大同。"这短短103个字描绘了"大同"世界中的社会面貌，看来这是古代思想家把原始公社时期的社会人际关系理想化的结果。"大道"应说就是共产主义社会的根本原则。大家知道，现代马克思主义的科学共产主义理论的思想来源之一是西方空想共产主义，再往上溯，可以追到古希腊思想家对理想社会的描绘，如"黄金时代"思想、柏拉图"理想国"等。我们没有根据直接说中国的"大同"理想也是西方空想共产主义的思想渊源，但从思想实质上看，它与西方空想共产主义的古代渊源是一致的。可见，"大道"正是古今中外的共同理想，是放之四海而皆准的思想。中国历代都有思想家弘扬大同思想，北宋的张载甚至把人间平等互助关系推广到自然界与人的关系中。近代的康有为、孙中山也盛赞大同世界的思想。中国特色社会主义理论的主要思想来源当然是科学共产主义理论，但大同世界以及小康社会的思想也是其思想的来源，甚至可以说是中国特色社会主义理论的传统文化根基。由此可见，周善甫先生在中华传统文化极其丰富复杂的内容中挑出这条贯穿中华民族几千年历史的红线，作为重振中华民族自信心的根据，实在是独具慧眼，令人敬佩！中国的许多方面，在发达程度上已有长足进步，但还没有赶上发达国家，然而它的"大道之行"（全世界共有的"大同"世界理想的实现）的步伐却居世界前列，这难道不足以自豪吗？

几点读后感，就算是"序"吧！

《张伯苓年谱长编》* 读后感言**

　　《张伯苓年谱长编》的出版在我国现代教育史研究方面是一件大事，这部著作在我国现代教育史研究方面是一部重要的著作，我相信它的出版对我国现代教育史的研究，特别是现代史早期的研究起积极的推动作用。

　　我于1948年毕业于北京大学哲学系，可以说是旧大学培养出来的知识分子。新中国成立以后，社会上、教育界形成一种看法：旧大学是资产阶级大学，过去的教育是资产阶级教育。所以旧大学要改造成社会主义大学，过去的教育要改造成社会主义教育。从学校的阶级属性来看，这种看法并不错。但后来这种看法被片面夸大，被极端化，"文革"中旧大学和过去的教育被完全否定。在这种氛围中，张伯苓的教育思想和教育实践，他的教育事业和教育贡献就被掩埋进了历史的故纸堆中，无人问津，更无人肯定。就连像我这样两度受益于张伯苓的教育事业的人也从不言及张伯苓其人及其教育事业。我本人同张伯

＊《张伯苓年谱长编》，梁吉生编著，人民教育出版社2009年8月出版。

＊＊ 本文发表于《教育学研究》2010年第5期，为"《张伯苓年谱长编》出版座谈会"（2009年9月8日）发言稿。

苓先生虽然没有亲身接触，但我1939年考上的蜀光中学却是张伯苓先生及其同事喻传鉴、韩叔信等先生刚接管不久的南开系列的新蜀光，1942年考入的西南联大也是由南开、清华和北大组成的，张伯苓先生是校委会的三委员之一，后来也听过不少南开教授讲授的课程（如冯文潜先生讲的西洋哲学史）。这些教育是我新中国成立后从事专业工作的基础，但当时俱已成了尘封往事，不值一提。改革开放后，历史才又进入我们的视野之中。

最近的30年是改革开放、不断前进的年代，也是反思过去、重评历史的年代。蜀光中学校友会的活动、西南联大校友会的活动都推动我时时回顾过去的学习生活，推动我反思过去的教育和培育我成长的学校。它们和许许多多旧学校不是为新中国培养过成千上万的革命者和建设者吗？它们同新社会的学校难道真的毫无共同之处吗？我不是教育学家，但我是一个教师，通过教育实践我也形成了一些素朴的看法，我认为旧学校和新社会的学校固然有阶级属性上的区别，但在教育内容上基本上属于同一类型，它们都是现代学校，从事的都是现代教育，在我看来，都是德智体并重的、分科教育与综合教育相统一的教育，都力图吸收全世界全人类的优秀历史传统，都反对故步自封和停滞僵化。这种教育的若干因素固然在封建社会的教育制度中已经存在，但作为一种类型是从19世纪末20世纪初从西方传入的，张伯苓先生正是在我国试图建立这种现代教育的最早开拓者之一，他把一生献给了现代教育事业，从初创时的筚路蓝缕、因陋就简，到渐具规模、终成大业，不但培养了成千上万的现代化人才，而且对形成中国现代教育制度作出了巨大贡献，他本人也成为中国现代化道路上的大教育家。他的名字虽然曾受到政治上的一时迷误所玷污，在中国现代教育史上仍然熠熠生辉。

张伯苓先生开创中国现代教育的实践是自觉的，是由其教育思想以及社会思想、人生观、世界观指导的，这些都是我国现代教育史中十分宝贵的精神财富，今天对我们建设有中国特色的社会主义教育有着重要的参考、借鉴和启迪作用，应该加以继承和发扬光大。改革开放以来，我们也是这样做的。我个人虽然不是教育思想的研究者，由于我得以成长的中学、大学与张伯苓先生的历史渊源，我也写过一两篇短文章来阐发张伯苓先生的思想，如关于"公能"教育的思想。但张伯苓先生不是一个教育理论的研究者，极少有他本人执笔写作的文字，所以我在写作有关张伯苓先生的教育实践和思想的文章时遇到了不少的困难。梁吉生先生的《张伯苓年谱长编》的出版，显然会大大便利对张伯苓先生的教育实践和思想的研究。

来不及仔细阅读，只匆匆翻阅了一下，我感到此书不仅是一部学习张伯苓先生如何为人、做事、思想的好教材，也是一部研究张伯苓先生的实践和思想的好引导。它是张伯苓先生一生75年的编年的活动史和思想史，长达126万字，材料极其详尽和翔实，叙述极其全面和客观，读之能窥见一个真实的活生生的张伯苓。我当年上西南联大时几乎没有见过张校长，这给我形成一种印象，似乎他从不过问西南联大。读了《长编》，我才知道他多次为西南联大的正常运转而奔忙，纠正了我原来的印象。我写作有关"公能"校训的文章，费了大劲才弄清"公能"校训的起源，《长编》对此有明确的叙述，查一下就清楚了。我相信这本皇皇巨著的出版定能帮助广大读者深刻理解张伯苓先生的历史和思想，推动我国理论界和教育界进一步深入挖掘和继承这笔教育史上的宝贵的精神财富，推动我国现代教育事业的发展。

自然辩证法的自我超越[*]

——读刘猷桓的《走进恩格斯——〈自然辩证法〉探索》[**]

近读刘猷桓教授所著《走进恩格斯——〈自然辩证法〉探索》，颇受启发。他在《导言》中一开头就指出恩格斯研究自然辩证法的两个目标："创建马克思主义哲学"[①]和"创立自然辩证法学科"[②]。他在《导言》中主要从西方哲学史中唯物主义和唯心主义、辩证法和形而上学的分合关系的演变论证了马克思主义哲学——辩证唯物主义在《自然辩证法》中的最终创建。他说："正是在辩证法'唯物主义的自然观'和'辩证法唯物主义的历史观'所表现出来的辩证法与唯物主义

---

[*] 本文发表于《哲学研究》2010年第3期。

[**]《走进恩格斯——〈自然辩证法〉探索》，刘猷桓著，吉林大学出版社2005年7月出版。

[①] 刘猷桓：《走进恩格斯——〈自然辩证法〉探索》，吉林大学出版社2005年版，第1页。

[②] 刘猷桓：《走进恩格斯——〈自然辩证法〉探索》，吉林大学出版社2005年版，第7页。

统一的意义上，可以把马克思主义哲学称作辩证唯物主义。"① 又说："在马克思主义哲学两个基本理论支柱中，如果说马克思主要创立了唯物史观，那么辩证自然观主要由恩格斯在《自然辩证法》中创立的，并在生前出版的《反杜林论》中第一次公开提出。"②《导言》之后，作者一一论述了自然辩证法学科的四个组成部分：一、自然科学对象：辩证法，即关于自然界及其一般规律的科学，也就是马克思主义自然观或自然哲学；二、自然科学思维辩证法，即自然辩证法的研究方法；三、自然科学内容的辩证法，即自然辩证法的部门哲学或分支学科，过去常称自然科学哲学问题，如物理哲学、生物哲学、数学哲学等；四、自然科学自身的辩证法，即（自然）科学观或科学学。作者根据恩格斯的论述对自然辩证法学科的这几个部分作了详细的介绍和阐明，有说服力地论证了恩格斯创立自然辩证法学科的巨大贡献。

本书作者刘猷桓教授把创建马克思主义哲学——辩证唯物主义看成恩格斯研究自然辩证法的第一个目标，使我深受启发。我认为作者这一观点是非常正确和深刻的。

我对《自然辩证法》缺乏专门的深入研究，也不熟悉我国理论界的研究情况。一般说来，我国学者们都认为这是自然界的辩证法和自然科学的辩证法的奠基工作，很少谈到它对于创建马克思主义哲学的意义。我过去一贯认为这种评价是不够的。我在研究马克思主义哲学体系的发展轨迹时常常感觉到应该对《自然辩证法》的历史意义和历史作用作更高的评价。读了刘猷桓教授的著作，感到他的基本观点是完全符合《自然辩证法》的具体内容的，也是符合马克思主义哲学本身的发展历程的。这在国际理论界肆意攻击辩证唯物主义和贬低恩格斯的思潮下是难能可贵的。下面我想对他的观点作几点补充或发挥。

第一，《自然辩证法》基本完成了马克思主义哲学的理论体系的创

---

① 刘猷桓：《走进恩格斯——〈自然辩证法〉探索》，吉林大学出版社2005年版，第7页。

② 刘猷桓：《走进恩格斯——〈自然辩证法〉探索》，吉林大学出版社2005年版，第7页。

建。这一点刘猷桓教授已经明确提出,不过他主要是就整个西方哲学的发展过程来论证的,我认为就马克思主义哲学本身的发展来看也是如此。

过去通行的说法是马克思主义哲学是辩证唯物主义和历史唯物主义,历史唯物主义是把辩证唯物主义推广和运用于人类社会的结果。又说,马克思主义哲学是马克思和恩格斯于19世纪40年代创立的。按照这种说法,辩证唯物主义出现在前,然后把它推广和运用于人类社会。事实如何呢?在他们共同撰写于1845—1846年的《德意志意识形态》中出现了历史唯物主义的理论体系,但此书中以及此书前后写成的论著中都没有辩证唯物主义的理论体系。这种情况改革开放以来在我国理论界引起了不同的看法。有的认为他们运用于人类社会的是实践唯物主义,不是辩证唯物主义;有的认为马克思只有历史唯物主义,没有辩证唯物主义,有的甚至说,马克思只有历史观,没有世界观;有的认为辩证唯物主义是恩格斯提出的,与马克思无关,甚至说是后来列宁提出来的,斯大林和苏联人提出来的。所有这些意见并不符合历史事实。那么,实际情况如何呢?

马克思主义哲学创立和发展的历史告诉我们,马克思和恩格斯研究人类社会及其历史时绝不是没有世界观指导的,其指导世界观就是唯物主义,因为他们当时明确批评费尔巴哈虽然是一个唯物主义者,却不用唯物主义探讨历史,明确指出他们自己的历史观与唯心主义历史观不同,"不是从观念出发来解释实践,而是从物质实践出发来解释观念的形成"①,即用唯物主义世界观来指导自己的历史研究。问题在于他们当时的唯物主义是怎样的唯物主义。

马克思和恩格斯心目中的唯物主义是什么,当时有几种可供他们选择:一、旧唯物主义。他们当时已批判了旧唯物主义,不会选择它。二、"实践唯物主义"。他们并没有这个概念,它是从"实践唯物主义者"中由后人引申出来的,这种引申即使可以成立,"实践唯物主义"

---

① 《马克思恩格斯选集》第2版第1卷,第92页。

实际指的是实践的历史唯物主义,但我们这里研究的是世界观前提,历史唯物主义不是世界观;如把"实践唯物主义"理解为世界观,它就不是唯物主义,而是唯实践主义,即西方马克思主义所说的实践本体论,或实践一元论,就是说,成了唯心主义了。三、一般唯物主义。这也是不会出现的,因为一般唯物主义只是一种对各种唯物主义的抽象,并不是实际的存在。我认为马克思和恩格斯当时的唯物主义只能是辩证唯物主义,因为他们虽然离开了黑格尔主义,却并不否定黑格尔的辩证法,以后一贯坚持辩证法,而且一再明确声明自己的辩证法是唯物主义的,是对黑格尔的唯心主义辩证法之唯物主义地改造。马克思19世纪50年代起研究政治经济学时的世界观前提是辩证的唯物主义的,而研究的成功又反过来检验了辩证唯物主义世界观。恩格斯在70年代起研究自然辩证法,其世界观前提也是辩证的唯物主义的,而研究的成功也反过来检验了辩证唯物主义世界观。既然已经有了辩证唯物主义历史观,又有了辩证唯物主义自然观,辩证唯物主义世界观的理论体系的出现,就如瓜熟蒂落,水到渠成,不可避免了。实际上,恩格斯在《反杜林论》中,由于批判杜林的世界观的需要,已初步运用自然辩证法研究的成果,勾画出了辩证唯物主义世界观的轮廓,后来的研究及其论著的写作继续完善着这个体系。

我认为可以这样来概括马克思主义哲学在马克思和恩格斯在世时的发展过程:马克思主义是辩证唯物主义和历史唯物主义,但当它最初创立的时候,只有历史唯物主义的理论体系,辩证唯物主义只是作为历史唯物主义的世界观前提逻辑地蕴涵于历史唯物主义的理论体系之中;辩证唯物主义的理论体系主要是由恩格斯在马克思的支持与赞同下,在自然辩证法研究中完成的。

第二,自然观具有世界观的意义。恩格斯会在自然观研究中完成世界观的理论体系的构建是不足为奇的,因为自古以来自然观与世界观往往作为同义词使用,现代分科研究发达,自然观与世界观的区别日益明朗起来,但由于人类社会虽然与自然界区别开来,却并未脱离自然界,实际上仍然是自然界的一部分,因而自然观往往把人类社会包括了进去，成了世界观。可以这样说，自然观在一定意义下是世界观，或者说，具有世界观的意义。就恩格斯的自然辩证法研究而言，有两种情况使他的自然观超越了自己的界限：

一、自然界的整体图景实际上是宇宙整体图景。在《自然辩证法》中有一篇论文，名"导言"，描绘了自然界的历史和自然科学的历史。恩格斯根据当时自然科学的发展成就，认为自然界是一个无始无终的反复循环的过程。它从星云或气团转变成无数的天体，出现银河系、太阳系等大大小小的星系，其中的地球上由于条件合适发生了从无机物到有机物到人类社会的过程，人类社会最终虽然也难逃毁灭的命运，但在茫茫的宇宙中总会有星球具有地球曾经有过的那些条件，甚至会出现从无机物到有机物到人类社会的发展过程。如此周而复始，永无尽期，恩格斯把这种运动称作"永恒的循环"，并说："不论这个循环在时间和空间如何经常地和如何无情地完成着……我们还是确信物质在其一切变化中仍永远是物质，它的任何一个属性任何时候都不会丧失，因此，物质虽然必将以铁的必然性在地球再次毁灭物质的最高的精华——思维着的精神，但在另外的地方和另一个时候又一定会以同样的铁的必然性把它重新产生出来。"① 显然，这个自然界的永恒的循环就不能不把人类社会包括进去而成为宇宙永恒的循环。

跨越自然观而进入世界观的关键是跨越动物界而进入人类社会，在《自然辩证法》中恩格斯有一篇专门解决这个问题的论文，那就是"劳动在从猿到人的转变中的作用"，他根据当时的科学资料指出："我们在某种意义上不得不说，劳动创造了人本身。"②"手不仅是劳动的器官，它还是劳动的产物。"③ 自古以来，学者们都把理性，即思维能力或认识能力，看成人的本质，人类社会的一切都是由于人有理性，人之所以能改造自然，就是由于人有理性。马克思和恩格斯在19世纪中期创立马克思主义时正是由于他们颠倒这种传统的观点，提出了实

---

① 《马克思恩格斯选集》第 2 版第 4 卷，第 279 页。
② 《马克思恩格斯选集》第 2 版第 4 卷，第 374 页。
③ 《马克思恩格斯选集》第 2 版第 4 卷，第 375 页。

践是人的本质，实践固然离不开理性的指导，但实践是理性的基础和根源。实践中最根本的首要的就是劳动。恩格斯在涉猎有关科学资料之后提出的关于人的起源的观点：劳动是从猿到人的转变的基础和根源，正是对他们30年前的实践观点的引申和发展。恩格斯如此总结劳动使猿转变为人并从动物界中分离出来的过程说："动物仅仅利用外部自然界，简单地通过自身的存在在自然界中引起变化，而人则通过他所做出的改变来使自然界为自己的目的服务，来支配自然界，这便是人同其他动物的最终的本质的差别，而造成这一差别的又是劳动。"然而，劳动并没有使人完全脱离自然界母体，人仍然牢牢地依存于自然界，因而对自然界的伤害必然反过来伤害自己。因此，恩格斯紧接着说："我们不要过分陶醉于我们人类对自然界的胜利，对于每一次这样的胜利，自然界都对我们进行报复。"[①]这就说明，自然界与人类社会之间是血肉相连的，它们之间的差别仍然是相对的，跨越自然观的范围而进入历史观和世界观是必然的。

二、自然界的一般规律实际是世界的一般规律。自然观研究有两个主要任务，一是研究自然界的整体图景，一是研究自然界的一般规律，既然自然界的整体图景不能不成为世界的整体图景，自然界的一般规律就不能不成为世界的一般规律。恩格斯在《反杜林论》中表现出了这种倾向，在《自然辩证法》中这一倾向就更加明显了。

恩格斯在《反杜林论》中曾谈到"辩证法不过是关于自然、人类社会和思维的运动和发展的普遍规律的科学"[②]。这里明确指出辩证法规律是客观世界的共同规律，那么，是否还分别有自然界的一般规律、人类社会的一般规律和思维的一般规律呢？按理是有的，实际上马克思和恩格斯的历史唯物主义理论体系中是有只适用于人类社会的具有社会性的一般规律，但恩格斯则似乎不分自然界的一般规律和整个世界的一般规律，他的自然辩证法研究要探索的自然界的一般规律也就是整个世界的一般规律。这种规律他在《反杜林论》中提出了两个，

---

① 《马克思恩格斯选集》第2版第4卷，第383页。
② 《马克思恩格斯选集》第2版第3卷，第484页。

即"量和质"和"否定的否定",但他以"量和质"这章的前半章篇幅首先谈了"矛盾辩证法",可以说他在1876年已有了辩证法的三个主要规律的思想,虽然他是在1878年在研究自然辩证法时才明确提出三个"主要规律"的概念。他说:"辩证法是关于普遍联系的科学,主要规律:量和质的转化——两极对立的相互渗透和它们达到极端时的相互转化——由矛盾引起的发展或否定的否定——发展的螺旋形式。"① 这里好像是四个规律,但第二年他就明确讲"它们实质上可归结为下面三个规律"②,实际上否定的否定与螺旋式发展是一个规律。这三个主要规律是他在自然辩证法研究中提出来的,但他均明确指出是世界的普遍规律,而不仅仅是自然界的规律。这些规律的思想实际来自黑格尔辩证法,他的自然辩证法研究用自然科学的最新成就检验和改造了黑格尔辩证法,使他提出了三个主要规律的思想。

辩证法既然有主要规律,一定还有非主要规律。非主要规律是什么呢?恩格斯没有提出和回答这个问题,但他论述了不少后来的教科书称之为辩证法范畴的成对的哲学概念,如正和负、单一的和复合的、同一和差异、必然性和偶然性、原因和结果,等等,这些范畴恩格斯在书中有时也称为规律,看来这些范畴也是辩证法规律,即三个主要规律之外的一般的辩证法规律,亦即辩证法的非主要规律。这些规律的情况同三个主要规律情况一样,实际上都来自黑格尔辩证法,恩格斯在《自然辩证法》中用最新自然科学资料加以验证,其普遍性是最高的,不限于自然界。

1885年恩格斯在《反杜林论》第二版序言中说:"马克思和我,可以说是把自觉的辩证法从德国唯心主义哲学中拯救出来并用于唯物主义自然观和历史观的唯一的人。可是要确立辩证的同时又是唯物主义的自然观,需要具备数学和自然科学的知识。"③ 可见,他们关注的重点是作为哲学、世界观的辩证法。他们在创立马克思主义之后的理

---

① 《马克思恩格斯选集》第2版第4卷,第259页。
② 《马克思恩格斯选集》第2版第4卷,第310页。
③ 《马克思恩格斯选集》第2版第3卷,第349页。

论和实践活动可以说都是在人类社会领域中对辩证法的运用和验证，特别是马克思在撰写《资本论》过程中使辩证法得到了非常充分的运用和验证，辩证唯物主义的历史观是牢固地确立了。但他们一直没有时间来搜集和研究自然科学知识，而这是确立辩证的唯物主义的自然观所必需的。这一任务是由恩格斯来承担的。他自述他从1873年起用了八年时间来研究自然科学，使自己终于像小鸟成长的过程那样达到了"脱毛"（换毛）的水平，虽然没有完成他自定的研究计划，但亦足以使辩证的唯物主义的自然观确立起来，从而使辩证的唯物主义的世界观的理论体系得以初步形成，为辩证唯物主义理论体系的出现准备了充分的条件。恩格斯在马克思主义世界观的创建中的贡献，功不可没。

我过去一贯认为恩格斯对于马克思主义世界观辩证唯物主义理论体系的创建有着独特的贡献，但我的理解比较抽象、笼统，由于刘猷桓教授的启发，才比较具体地考察了恩格斯的有关著作，写成以上文字。由于我对《自然辩证法》缺乏专门的研究，不敢自以为是，希望得到刘猷桓教授和广大读者指正。

《马克思恩格斯哲学基本思想探讨与解析》*序

宗占林同志原为黑龙江大学马克思主义哲学课的教师，后以工作需要，调任大学纪委副书记。他的工作岗位改变了，但他学习和研究马克思主义哲学的兴趣没有变，陆续写成不少哲学论文。呈现在读者眼前的这本书，就是他几十年来研究马克思主义哲学成果的汇集。其中业余成果占了相当大的比重。当他要我作序把部分作品交给我时，我对他这种坚持理论研究的精神感到由衷的敬佩。在阅读了这些论文后，我感到不仅作者精神可嘉，而且这些论文提出了不少关于马克思主义哲学的问题，并对这些问题作了认真的剖析和中肯的回答，使我获益匪浅。

他提出的问题可分为两大类，一类是理论界的热点问题，一类是对马克思主义哲学基本观点的理解问题。下面就这些问题谈谈我的感受。

马克思和恩格斯把实践观点引入哲学，实现了哲学史上的革命变

---

*《马克思恩格斯哲学基本思想探讨与解析》，宗占林著，黑龙江大学出版社 2010 年 12 月出版。

视野宏大　体系完备　观点创新[*]

——《全球化与当代中国文化发展研究丛书》[**] 评介

全球化作为当今世界发展的一种重要特征，涉及经济、政治、文化、生活等人类社会的一切领域，是当今覆盖面最广、影响最大、渗透最深的社会现象。作为经济全球化的伴生物，文化全球化不仅意味着文化的全球整合，也意味着文化的冲突。这对中国特色社会主义文化建设既产生了积极影响，又带来了负面效应；既提供了良好机遇，又提出了严峻挑战。如何利用全球化提供的有利因素而又消除其消极影响，如何回应全球化的挑战，而又不丧失机遇，从而进一步搞好中国特色社会主义文化建设？现实提出了严峻的挑战。由山东大学周向军、傅永军两位教授担任总主编的《全球化与当代中国文化发展研究丛书》（山东大学出版社 2009 年 4 月出版完毕，以下简称《丛书》），对此作出了积极的和探索性的回答，在理论和实践上对指导当代中国文化建设都具有很重要的现实意义。

《丛书》是教育部人文社会科学重点研究基地重大项目《经济全球

---

[*] 本文写作于 2010 年 3 月 25 日。
[**]《全球化与当代中国文化发展研究丛书》，山东大学出版社 2007 年开始出版。

化与中国特色社会主义文化建设》（项目编号：02JAZJD710003）的研究成果，包括六本独立著作。整套丛书主要呈现出以下三大特色：一是丛书立足于全球化这一宏大背景，全面系统地对当代中国文化建设进行了深刻的研究，并提出了切实可行的思路和主张；二是丛书中的每本著作都自成体系，独具特色，在全球化背景下分别提出了许多富有创新意义的观点和主张；三是丛书坚持马克思主义立场、观点和方法为指导，运用历史的比较的方法和实证分析的方法对研究的问题作了较有深度的阐述。

《丛书》立足于全球化这一宏大背景，全面系统地对当代中国文化建设进行了深刻的研究，并提出了切实可行的思路和主张。目前学界对当代中国文化建设的相关研究不少，但站在全球化背景下对当代中国文化建设进行全面系统研究并提出切实思路和主张的研究成果还不多见。《全球化与当代中国文化发展研究丛书》则弥补了学界研究的不足。丛书包括《全球化与当代中国政治文化发展》、《全球化与当代中国跨文化交流》、《全球化与当代中国文化形态》、《全球化与国家文化安全》、《全球化与中国传统文化的现代转换》、《全球化与当代中国文化产业发展》六本独立著作，分别从不同的角度和侧面探讨了全球化背景下的当代中国政治文化发展、当代中国跨文化交流、当代中国文化形态、国家文化安全、中国传统文化的现代转换和当代中国文化产业发展等当代中国文化发展的若干问题。整套丛书把全球化视野作为研究、探析当代中国文化发展的基本视角，坚持用世界的、全球的宏观视阈来审视当代中国文化的发展方向和路径，对经济全球化的实质、作用在全面总结以往研究成果的基础上，作出了更加符合客观实际的、令人信服的科学说明；对经济全球化对文化的影响，特别是对类似是否存在"文化全球化"这样一些争议较大的问题，在深入调查研究的基础上，作出了新的有深度的说明；对经济全球化对中国特色社会主义文化建设提供的机遇与挑战，在以往研究成果的基础上，作出了更为全面、系统和深刻的说明；在中国特色社会主义文化建设回应经济全球化挑战的对策方面，在总结以往经验教训的基础上，进一步从我国国情出发，就若干突出的问题提出了切实可行的思路和主张。

《丛书》中的每本著作都自成体系，独具特色，在全球化背景下分别提出了许多富有创新意义的观点和主张。《全球化与当代中国政治文化发展》一书启发人们对社会发展的有关政治理论及有关政治现象进行比较全面的理论分析和思考，研究对经济全球化给当代中国政治文化发展带来的积极影响和消极影响进行了比较全面的分析，并提出了在全球化背景下我国的政治文化发展所应该坚持的独立自主的价值立场，提出了当代中国政治文化所应该持有的正确的发展观。《全球化与当代中国跨文化交流》一书沿着"全球化—当代中西跨文化交流—中国文化建设"这一线索，从学术概念、战略意义、全球化背景起航，围绕着中西跨文化交流，从历史到现实，从理论到实践，从机遇挑战到对策建议，最终落脚点在如何促使中西跨文化交流向着有利于中国文化建设的方向发展，如何趋利避害在欧风美雨中立于不败之地。《全球化与当代中国文化形态》一书对当下中国的主要文化形态样式、全球化对中国文化形态的影响、全球化进程中中国文化形态的应然状态（涉及中国文化形态批判等），进行了深入系统的研究。《全球化与国家文化安全》一书从文化与全球化进程、国家文化安全的基本理论、全球化进程对国家文化安全的影响起航，深入探讨了全球化进程与中国国家文化安全的基本问题，以及文化产业发展、技术创新、高等教育国际化、文化整合与当代中国国家文化安全等问题。《全球化与中国传统文化的现代转换》一书通过全球化与现代化的视角，对中国传统文化的现代转换进行历史的省察和整体构思，分析传统文化对于现代化及文化建设的机遇和挑战，提出中国传统文化的现代转换路径，并对其未来走向作了概略性阐述。《全球化与当代中国文化产业发展》一书在全球化视野下关照和审视我国文化产业发展中已经存在和即将出现的问题，对文化产业理论、文化产业背景、西方发达国家文化产业发展概况，以及我国文化产业发展的现实图景、战略选择、策略设计等系列问题进行了全面系统的论析。

每本著作都立足于全球化这一宏大的视野全面系统地探讨其所研

究领域的若干问题,这本身就是一个很大的创新。关于书中提出的富有创新意义的观点和主张,更是比比皆是。如,《全球化与当代中国政治文化发展》一书提出的当代中国政治文化发展的三个具体的价值目标中,"生产力型政治文化"首次提出,民主型政治文化和法治型政治文化的内容、任务、发展原则等方面的研究,与现有的同类研究,要显得内容丰富、论证也比较深刻;提出的当代中国政治文化发展的两个着力点,其中明确提出主流意识形态自身的合法性建设问题,这是目前学术界注意较少的地方;对当代中国政治文化发展的成本与代价问题进行的探讨,是目前政治文化研究领域尚没有注意到的问题。《全球化与当代中国跨文化交流》一书则充分利用现有资料和成果,通过中西跨文化交流的内涵、战略意义、背景探讨、历史回顾、现状分析、几种中西跨文化交流观的探析与典型案例分析,探究跨文化交流的一般规律;在此基础上,结合当代中国的具体国情,研究在社会主义文化作为主流文化的中国,如何正确对待中西跨文化交流,使其向着促进中国文化建设方向发展的特殊规律。文化形态的研究是文化研究的逻辑继续和理论深化,是详细解读中国文化在全球化背景下存在形态的一个重要方面。《全球化与当代中国文化形态》一书沿着中国社会主义现代化和改革开放的进程,把那些在全球化背景下地位突出、作用显著的文化形态作为研究对象,进行了初步的理论探索。全球化背景下,作为发展中国家的我国文化安全问题已日渐突出地摆到我们面前,如何回应全球化给我国文化安全带来的挑战和机遇,《全球化与国家文化安全》一书对此进行了研究和探索,对当代中国国家文化安全工作有着很重要的现实指导意义。如何在全球化背景下推进中国传统文化的现代化?《全球化与中国传统文化的现代转换》一书认为,当下的社会生活和实践永远是传统文化现代转换的根本出发点和落脚点,应当让传统文化从典籍理论走向社会认知,从形而上走向形而下,从学术研究走向大众生活,推行文化的生活化。学界对文化产业的研究是多方位、多角度的,有从文化学角度研究的,有从经济学角度研究的,有从社会学角度研究的,等等,《全球化与当代中国文化产业发展》一书则选取全球化这一视角来研究文化产业发展中的若干问题,旨在全球化视野下关照和审视我国文化产业发展中已经存在和即将出现的问题。

总之,《丛书》从全球化的视角切入,视野宏大,体系完备。其中的每本著作,自成体系而又相辅相成,独具特色而又遥相呼应,分别从不同角度和侧面全方位系统探讨了全球化与当代中国文化发展的若干问题。当然,作为研究性的成果,《丛书》不可避免地会存在某些不尽如人意的地方,比如有些问题有待深化和拓展;个别提法的科学性也有商榷的必要。这些问题,相信作者会在今后的研究中予以注意和解决。

当今政治哲学研究领域的一部力作*
——《公共领域论》** 评介

近年来,伴随着我国社会主义市场经济的深入发展和社会政治文明的显著进步,作为政治哲学研究的一个前沿性问题,"公共领域"逐渐从市民社会的话语中凸显出来,成为学术界探讨的一个热点问题。然而,由于学术界对公共领域问题的研究大多局限在市民社会的话语内,而不是自觉地把它从中独立出来进行专题研究,因而遮蔽了它的学术价值和实践意义。正是基于这种现状,天津师范大学杨仁忠教授撰著的《公共领域论》一书,把公共领域从市民社会话语中独立出来,进行了政治哲学的专题探讨,完成了这项具有开拓意义的理论成果,推进了对公共领域问题的理论研究。这一学术成果至少有如下几方面的创新意义。

第一,该书是一本把"公共领域"从市民社会理论话语中独立出来进行政治哲学研究的学术专著。现代公共领域是伴随着市民社会、市场经济以及民主政治的产生和发展而逐渐形成并壮大起来的。西方思想界对这一问题的关注可以追溯到洛克、卢梭、孟德斯鸠等人,但

---

* 本文发表于《河南师范大学学报》(哲学社会科学版)2010年第5期。
** 《公共领域论》,杨仁忠著,人民出版社2009年3月出版。

他们都是仅仅探讨了这部分社会空间的某些部分，而没有把它作为一个独立问题进行综合研究。最早从哲学上关注这一问题的是康德，他在对启蒙问题的思考过程中探讨了公共性问题，但并没有明确地提出"公共领域"概念。阿伦特最早明确提出了"公共领域"，但她仅是在复兴古典共和主义意义上对"公共领域"进行了政治学的研究。哈贝马斯是系统研究公共领域问题的第一人，但他的研究或者局限于某个层面、某个领域，或者局限于市民社会的话语之内，而没有把它作为一个独立的理论话语进行研究。可以说，学术界的相关研究成果基本上都是在市民社会的话语中探讨公共领域问题的，公共领域只是依附于"市民社会"的一个子概念、子问题，没有形成自己独立的学术论域和理论话语。这不仅影响了对公共领域问题的深入研究，同时也减损了它的学术价值，致使对这一问题的探讨总是停留在不同学科各取所需的简单应用层面，而缺乏通约性的哲学定位。《公共领域论》一书的作者运用马克思主义的立场、观点和方法，从公共领域的古典传统、近现代生成、现代理论发展、理论特征、运行机制、宪政民主功能以及中国意义等方面进行了系统的梳理和研究。该书对公共领域进行了社会史的考察，对公共领域理论进行了学术史的梳理，对公共领域进行了机制分析，对公共领域概念进行了政治哲学界定，同时还在东西方不同社会文化背景下研究了公共领域及其理论的宪政民主功能和时代价值。这种研究形成了一个比较完整的公共领域理论体系，其全面性和系统性在学术界处于领先地位，是目前国内学术界一项具有开拓性的理论成果。

第二，该书对公共领域问题进行了社会史与观念史的系统梳理和研究。作者探讨了公共领域的古典传统、中世纪演变和近现代历史生成，全面分析了公共领域的不同历史形态及其形成机制，并在此基础上研究了现代公共领域的社会基础。作者认为，公共领域虽然是一个现代话题，但其历史源头却在古希腊罗马社会。古希腊罗马社会的公共空间构成了古典公共领域的实体性形态，城邦制度及公民行为构成了古典公共领域的社会性形态，以宪政理性为基本内容的城邦精神构成了古典公共领域的观念性形态，这三者的有机统一形成了公共领域的古典传统。中世纪的西欧社会，没有形成像古代希腊罗马社会那样的古典公共领域，也不存在像后来以市场经济、市民社会和民主政治为社会基础的现代资产阶级公共领域；但中世纪的封建庄园制度、政教二元结构和多元文明形态的社会特征却孕育了一种具有展示性特征的公共领域，并成为古典公共领域与现代公共领域的联结桥梁。现代公共领域是市场经济和民主政治的产物，它与古典公共领域和中世纪公共领域既有着历史继承关系，又有着原则的不同，它是一个从市民社会中产生、处于国家和社会之间并对二者进行调节的社会文化交往领域，按照哈贝马斯的说法就是"资产阶级公共领域"。这种公共领域孕育于西欧中世纪后期，并伴随着资本主义生产方式和现代民主政治的发展，经历了一个自身的形成、发展和演变过程。可以说，市场经济是公共领域及其观念生成的经济基础，市民社会是公共领域的社会组织基础，而现代民主政治则是公共领域及其观念生成与发展的政治前提。该书对公共领域这种专门史的研究，大大拓展了公共领域理论的学科范围，深化了其理论内容。

第三，该书对公共领域概念进行了描述性意蕴、分析性意蕴和价值性意蕴的探讨，确定了一个能够自圆其说并具有哲学通约性的"公共领域"定义。作者认为，"公共领域指的是在市场经济和现代民主政治条件下，依托市民社会又独立于政治国家、介于国家权力和市民社会之间并联结沟通二者的社会中间地带；是由享有独立人格和自由平等权利的私人组成并向所有社会公众自由开放，通过对话商谈、公众舆论、社会压力的形式对国家权力和其他社会势力进行监督制约，并能够推进国家与社会实现良性互动的民间自治领域；它是以参与者、沟通媒介和（达成）社会共识为内在结构，以能够形成公共伦理和公共理性的公共场所、公共传媒、社团组织和社会运动等公共空间为外在形式的社会交往和文化批判领域"①。这表明，公共领域是介于国家

---

① 杨仁忠：《公共领域论》，人民出版社2009年版，第243页。

政治权力领域与市民社会私人领域之间并独立于政治国家又依托于现代市民社会的社会文化交往领域。它既不同于国家政治权力领域，也不同于经济交往领域，同时也与市民社会不同，而是有其特定本质的社会存在和理念形态。它占据的是一个在政治国家和市民社会之间的理论空间。这种政治哲学的界定，祛除了繁多的"领域壁垒"和复杂的历史演变对公共领域概念的遮蔽而还其以普适性的本质，因而具有突出的学术价值。

第四，该书提供了一种关于马克思主义公共领域理论的解释范式，并通过公共领域理论与马克思主义政治哲学的关联性研究，不仅拓宽了公共领域理论的研究空间，而且深化了马克思主义哲学的理论探讨。国内学术界大多是在西方社会话语下研究公共领域问题的，对公共领域话语的中国适应性研究不够，对从马克思主义经典文本出发研究这一问题也很欠缺。该书没有回避这一问题，而是从当今中国社会的现实出发，把公共领域问题的理论研究与时下中国的社会主义建设实际结合起来，探讨了公共领域理论对于当代中国的重要理论价值和实践意义。

作者认为，公共领域虽然是一个西方社会的话语，但它对于已经走上社会主义市场经济轨道、正在培育市民社会的当代中国来说，也具有越来越重要的现实意义。这是因为，一方面，改革开放以来，我国的经济、政治、文化等各方面都发生了重大变革，国家与社会的相互分离倾向开始出现，社会生活日趋多样化，一个既独立于政府部门又跨越私人领域藩篱的社会公共空间正在逐渐形成，并开始发挥其重要的社会作用；另一方面，我国的改革开放和现代化建设事业面临着全面的制度、体制和观念创新的多重任务，而要完成这些任务和解决这些问题，仅仅依靠国家权力机关和正式的制度性力量显然是不够的，那样要付出的社会成本和政治成本也将是巨大的。因而，需要在国家的制度性安排之外，引入和加强非制度性的社会力量。这个既不同于国家行政权力系统，又不同于个人和经济系统的非制度性和非强制性的中间结构，就是公共领域。因此，公共领域话语对于当今中国社会也具有一定的普适意义。作者这种从历史唯物主义出发，对当今中国社会结构性变迁过程中公共领域的形成、发展及其重要意义的关注和探讨，既为社会主义现代化建设的理论研究开辟了新的视野，也为探讨当今中国社会政治哲学问题拓展了新的理论空间。

总之，杨仁忠教授的《公共领域论》一书把公共领域问题的研究向前大大推进了一步，具有较高的学术水平、理论价值和现实意义，是一部质量较高的学术著作。当然，对于公共领域这个当今社会政治哲学研究领域的前沿性重大理论问题，一本专著是不可能穷尽其中所有问题的。在有些方面，如关于马克思主义公共领域理论的文本研究还不够全面和深入，可以说尚属破题之见，许多问题有待进一步深入。例如，以公共领域论来考察中国社会就显得不够。中国古代和近代社会及其社会思想中究竟有无公共领域因素及其概念因素的存在呢？中国改革开放以前的计划经济条件下，社会关系中就毫无公共性可言吗？改革开放以后中国公共领域形成的具体表现怎样？公共领域概念在中国特色社会主义理论体系中居于怎样的地位？特别是，在比较充分地考察了中国社会之后，公共领域概念的界定是否会有所改变呢？我没有研究过公共领域问题，在读了《公共领域论》一书后深受启发，我想除了该书所作出的几项积极理论贡献之外，该书的主要价值正在于为今后这方面的研究指明了路向，提供了一个重要的研究基础和研究方法，希望作者能够在这方面的研究有所进展，为学界贡献出更多新的研究成果。

《回眸——从西南联大走来的60年》* 序

杨祖陶教授新著《回眸》即将出版,邀我作序,我不但答应了,而且感到很高兴、很愉快。我们虽然是60多年前的先后同学,又在一起做过哲学教师,但他的专业是西方哲学史,我的专业是马克思主义哲学,而且50年来又不在一地工作,接触不多,可他邀我作序,我怎么会感到高兴和愉快呢?我想这同我们几十年来的交往有关吧。

当1945年秋他进入西南联大哲学系学习时,我在三年级学习。1948年我在北京大学毕业后作研究生,1950年改为助教,他这时毕业后留作助教。这段时间,我们彼此虽然认识,但交往不多。1952年冬天我在人民大学进修时被调回北大作苏联专家助手,在新建的马列主义基础教研室工作,这是承担全校性理论课《马列主义基础》(实即《联共党史》课)的教学工作的机构,除任顾问的苏联专家鲍罗廷而外,郑昕教授任主任,成员有熊伟教授、张季谦、杨祖陶和我。我们四人谁也没有系统讲过这门课程,只有我从人大带回一些资料和我的课堂记录。于是我们四人就采取集体备课的方式,各人准备好了自己

---

* 《回眸——从西南联大走来的60年》,杨祖陶著,人民出版社2010年11月出版。

的讲稿，经过讨论和修改，分头给全校各系开设了这门大家都很生疏的课程。祖陶是我们中间年龄最小的，但他特别认真，下工夫最大，效果颇佳。这次合作使我们有了更加密切的接触，使我对他有更深的了解，在我心目中形成了一个实实在在的青年学者的形象。一年以后，我被调回哲学系作苏联专家萨坡什尼可夫的助手，离开马列主义基础教研室，但我们从此建立了比较亲密的友谊。他同肖静宁结婚后，我们两家都成了好朋友。

祖陶后来虽然被调去了武汉，但空间上的距离并未使我们的友谊疏远。我始终敬重这个少言寡语、踏踏实实的青年学者，我的孩子十分亲近她们的活泼开朗的肖阿姨。特别是在改革开放之后，不仅学术环境宽松了，人们的交往也频繁了。他们来北京时一定会来我家里坐坐，我们去武汉时也一定要去拜访他们，有一次我和刘苏去庐山开会，中间还在他们家里住了几天，受到他们的热情照顾与款待。但是，由于他不喜欢抛头露面，不善于表现自己，难以"实现自己的价值"，一直默默无闻，他在西方哲学史上的造诣达到了多高的水平，我也没有了解。

2001年我收到了他与人合作编译的《康德三大批判精粹》一书，使我眼前一亮，过去深藏不露的真工夫开始显露了。我对康德哲学虽然没有研究，但我过去曾一度崇尚过康德哲学，读研究生时选它为研究方向，"啃"过三大批判的原文和英译，深知其晦涩艰深的难度，现在摆在我眼前的《精粹》已是全文的一半，而且第一次全部从德文译出，我认为这是我国西方哲学史研究中的一次重大学术成就。同时我还想，既然一半已经出来，全译的出现不会太远了。果然，仅仅三年，"三大批判"的全译就开始先后出齐了。不过，当2004年我看到"三大批判"全译本齐崭崭摆在我眼前时，我一面惊叹于这个工程的艰巨和成就的巨大，一面又感到疑惑不解：《精粹》的第一编译者杨祖陶怎么在"三大批判"中变成了校者？对此，校者在《纯粹理性批判》中译本序中作了解释，其过程是：译者写出初译稿，校者对初译稿进行大量非常细致的修改，"在初稿上用极小的字体校改得密密麻麻，几乎要把原文都淹没不见了",然后译者再作最后的订正和定稿。但这种解释看似有理,我仍然认为难以理解。我不是翻译家,不熟谙翻译界的规矩,但我总觉得这个过程说明,这明明是两个译者的合作,哪里像一般译者与校者的关系呢?最近看了《回眸》中的一些文字,我对这个问题才有了比较明确的认识。

看了《纯粹理性批判》中译本序后,我了解了《精粹》和"三大批判"的具体翻译过程,我认为《精粹》的署名是完全准确的,祖陶不仅是译者之一,而且是第一译者。"三大批判"原封不动地包括了《精粹》,也就是在《精粹》的基础上用完全相同的方法补上了《精粹》原来没有选译的一半,完成了"三大批判"的全译。两种书的翻译过程既然完全一样,为什么署名截然不同呢?如果《精粹》的署名是正确的,"三大批判"的署名应该与之相同;如果《精粹》的署名错了,"三大批判"的署名才正确,为什么不说明改动的理由呢?我认为改动毫无道理。

按照一般的理解,一本译作是译者完成翻译后交校者校正,不能说译者和校者合作翻译。而"三大批判"的"译者"和"校者"的关系自始至终是一个合译的过程。"三大批判"中译本是合作翻译的成果。不仅如此,从翻译过程、工作分量、作用大小来看,"校者"杨祖陶显然起了主要的作用。因此,我认为"三大批判"的署名未能反映翻译的真实过程。我还认为署名不仅是一种权利,而且是一种责任,是不能马虎从事的。最近我看到《回眸》后记中有"在合作翻译'三大批判'的艰巨的主导工作中"的词句,我感到这个说法与我的想法不谋而合。

以上我谈了我在同祖陶的几十年交往过程中的一些想法,下面想谈几点我对《回眸》一书的几点认识。

首先,我认为此书足以说明祖陶能作为主要译者完成"三大批判"的翻译不是偶然的。完成三书的翻译虽然不是轰轰烈烈的、震古烁今的事业,但以其在西方哲学史的重要地位、分量和难度而言,堪称哲学翻译中的不朽贡献。经过百余年的努力,西方哲学史中的重要著作差不多都有了从原文译出的比较令人满意的中文译本，只有从德文译出的比较令人满意的"三大批判"的中文译本迟迟不能出现。这一憾事终于伴随着新世纪的到来在珞珈山上被完成了，这不但是译者的光荣，也是武汉大学的光荣。从祖陶的学术经历来看，正是他具备了完成这一重任的必要的充分的条件。一个是对西方哲学史，特别是德国古典哲学的思想内容的深刻理解，一个是对中文和外语，特别是德语的熟练掌握，再一个是超出名利网、甘坐冷板凳的"为真理而真理的理论精神"，这些条件是长达一个甲子的岁月里从西南联大开始，到北京大学，再到武汉大学阅读、讲解和钻研西方哲学史的过程中积累起来的和在风风雨雨、坡坡坎坎的艰苦生活中磨炼出来的。在我看来，没有这种真工夫、真本领、真品格，是很难完成这个艰巨事业的。

其次，《回眸》不仅是祖陶一生求学为学的生动写照，而且是我国大学教育中学术传统形成、传承、发扬的一面镜子。《回眸》分为六部分，其中"一、求学为学，二、译事回眸，四、论著举要"，这三部分直接回忆了祖陶从1945年进入西南联大60多年以来在西南联大、北大和武大求学为学的过程及其成果。其内容主要涉及翻译和研究两方面。他具体地叙述了他在这两方面如何受到了哪些名师们的耳提面命的教导和耳濡目染的浸润，如何在风云变幻莫测、道路坎坷曲折的复杂环境中坚持自己的科学翻译和科学研究，而卓有成就。合译"三大批判"是他的翻译成果的代表，而一系列关于西方哲学史，特别是关于康德、黑格尔哲学思想的研究成果则是他的科研成果的代表。他为什么、怎样获得这些优异的成果，《回眸》都有令人信服的解说。不仅如此，通过他在学术上的成长与成熟，我们还可以看出，中国大学的学术传统是如何形成、传承、发扬的。

我在阅读《回眸》时注意到有两个提法多次出现，一个是"务求其新，必得其真"；一个是"为学术而学术的理论精神和为自由而自由的实践精神"，前者可以说是他从事学术活动的"求新务真"的根本方法，后者可以说是他从事学术活动所追求的"理论与实践相结合"的根本精神。在我看来，这正是中国自有现代大学100多年来在风风雨雨中逐渐形成的学术传统，这两个提法正好作了极好的概括。

在我看来，所谓大学，就是对关于世界（自然、社会和精神）的基本学科进行科学的学习、研究和发展的场所，大学的教研活动必须求新务真，新与真结合，缺一不可。这对于今天学术界不管真伪、一味求新的虚夸浮躁风气是一剂良药。这也是教师们倡导的为真理而真理的理论精神在学术工作中的运用。

为真理而真理、为科学而科学、为艺术而艺术等说法在过去是受到严厉批判的观点，曾被戴上资产阶级"白专道路"的帽子。改革开放以来有人提了，但像祖陶这样把它作为科学研究的根本精神提出来，确实少见。这足见祖陶的坚持真理的精神和敢说真话的勇气。在我看来，从根本上讲，除本能活动而外，人的活动总是有目的的，不存在为××而××的活动，但在一定条件下或从一定意义上说，人的活动常常出现这种迷恋的情况，特别是在一种创造性的活动中，很需要这种精神。一个人如果随时随处都在考虑自己的科学活动对自己有什么好处、能赚多少钱，碰到困难时就会考虑坚持下去值不值，更不会为之付出自己的鲜血和生命，许多伟大的创造都不会产生了。历史上成就大创造、大事业者莫不具有这种执著、迷恋，甚至"疯狂"的精神。科学史、哲学史、共产主义运动史上处处闪烁着这种精神。

为自由而自由的实践精神对我是一个新观点。我认为不能把为自由而自由理解成追求绝对自由，人世间从来也没有过绝对自由这种东西。真正的自由不是无条件地"心想事成"，而是实践的成功，伟大实践的成功必须有科学观点的指导和百折不回的奋斗，这就是为自由而自由。显然它是同为真理而真理的理论精神完全一致的，可以说这种实践精神是这种理论精神在实践活动中的体现，也可以说这种理论精神是这种实践精神在理论活动中的体现。理论与实践相结合，我想这正是中国现代大学百多年来逐渐形成的宝贵的教育传统。

科学与民主是五四运动前后在中国兴起的新文化运动的两面旗帜，这两面旗帜后来牢牢地树立在我国大学教育中，成为中国大学教育的共同传统。这两个口号最初是科学与人权，如果称之为科学与自由、科学与革命，我想其意义都是一致的。科学与民主的口号在新民主主义革命中起过引导作用。新中国成立后中国大学教育的性质有所变化，但这两面旗帜并没有消解，而是改变了性质，并有了新的表现形式，如对学生教育要求又红又专、德才兼备、德智体美全面发展，等等。祖陶沐浴在此学术传统的阳光雨露中几十年，传承了这种传统，有所表达，有所发扬，是顺理成章的，尽管他关于这两种精神的思想直接来自他的西方哲学史的长期而深入的研究，对此，我下面再谈一点想法。

第三，此书表明作者关于理论精神与实践精神相结合的思想直接来自作者对西方传统哲学，特别是德国古典哲学的研究和包括马克思主义在内的西方现代哲学的研究，这种精神是与马克思主义一致的。

在改革开放初期，他曾"首次大声疾呼要倡导得自古希腊哲学，在德国古典哲学得到典型发展，被马克思、恩格斯高度评价的'为真理而真理的理论精神'和'为自由而自由的实践精神'"。后来，他又进一步主张"要求从西方哲学引进中国传统哲学所缺乏而为中国现实所必需的两种精神：肇始于古希腊哲学而发扬于德国古典哲学的'为真理而真理的理论精神'和贯穿于近现代西方哲学中以个体的独立性、主体性、能动性、自由意志为标志的'为自由而自由的实践精神'"。中国五四新文化运动显然是这两种精神在中国传播的开始。由于俄国革命的影响和马克思主义在中国的传播，这两种精神的性质不能不带有马克思主义的因素。祖陶的学术风格主要成长于新中国成立以后，马克思主义的影响自然是很明显的。他自述从1952年至1956年在北大马列主义基础教研室工作"给我提供了一个学习、钻研马克思主义哲学的机会，从而树立了没有黑格尔就没有马克思，没有马克思就不能深入理解黑格尔真谛的信念"。尽管祖陶的研究方向是德国古典哲学中康德黑格尔哲学，但他不像有些西方哲学史专家那样把自己锁在一个狭小的范围之内，不愿意涉及马克思主义哲学，相反，他也十分关注中国哲学，包括马克思主义哲学的现状与将来，他在《21世纪中国哲学前景展望》中说："21世纪我国哲学的发展前景将是一个百家争鸣的时代。中国哲学和西方哲学将在传统的基础上和百家争鸣的过程中，产生出适应中国现实发展趋势的新形态和新成果，而马克思主义哲学也将在自觉反映时代变革精神和百家争鸣的过程中实现自身内容和形式的革新，向着既超越中国哲学，又超越西方哲学的崭新的马克思主义哲学前进。"他还进一步认为："只有在鼓励最大限度的百家学术争鸣和在同百家的学术的争鸣过程中才能实现其对百家的'指导作用'和在百家中的'主体地位'，而当它在这样的过程中实现自身的辩证发展时，它也就真正实现了它应有的'指导作用'和'主体地位'。"这些语重心长的言辞包含了对过去哲学状况的许多看法和对将来哲学的深切希望，对于这些没有充分地表述出来的思想，值得我们深入琢磨和推敲的思想，我想就用不着我来饶舌了。

革,这可以说是理论界的共识,但实现了怎样的变革,大家的意见是颇为分歧的,改革开放以来,这一直是一个理论热点。讨论的焦点是实践观点对马克思主义本体论的影响。最流行的观点认为马克思主义本体论不再是传统唯物主义,而是实践唯物主义,彻底一点的认为就是实践本体论。本书作者明确指出,马克思和恩格斯"把实践引入本体论,创立了辩证唯物主义的本体论,实现了本体论的变革"。作者认为他们并未抛弃费尔巴哈唯物主义中的一般唯物主义观点,并承认"自然界的优先地位",但强调了实践对自然界的反作用,这就是辩证唯物主义本体论,它既不同于旧唯物主义本体论,又根本区别于实践本体论——一种唯心主义本体论。我认为作者的这一观点是正确的,事实上是对实践本体论的反驳。作者比较全面地论证了实践观点的引进在其他哲学领域所引起的革命变革和若干辩证唯物主义部门哲学的形成,如辩证唯物主义自然观、辩证唯物主义历史观、辩证唯物主义认识论、辩证唯物主义真理论的形成,这些都是很有启发作用的。

关于马克思和恩格斯的关系问题也是国际国内的理论热点之一,时髦的倾向是否定他们在理论上的一致,寻找他们在理论上的"对立",认为辩证唯物主义属于恩格斯,与之对立的实践唯物主义属于马克思。本书作者是反对这种观点的。他论证马克思和恩格斯在哲学理论上的一致所采用的方法颇发人深省。他不是停留在一般的论述上,而是具体考察马克思和恩格斯的著作,分析其思想联系,从而有力地证明了他们哲学思想上的一致。本书中的《〈费尔巴哈〉继承和发展了〈提纲〉所提出的新世界观》和《〈自然辩证法〉与〈资本论〉的关系》两文就是典型的例子,它们用事实说明他们的工作、成果或者是不同阶段的前后相继,或者是不同方面的互相补充,形成浑然一体的有机整体,使马克思恩格斯对立论不攻自破。

本书作者对马克思主义哲学基本观点的理解表现出非常认真和严谨的态度,力求准确,一字不苟。他往往在人们习以为常之处看出问题,经过分析,使人们的理解前进一步。例如恩格斯所说"世界的统一性在于它的物质性",人们把这个观点表述为"世界统一于物质"。

一般把这两种看成是同义的,忽略了二者之间的差别,这导致对这一原理的误解和歪曲。"世界统一于物质"很容易使人认为一切存在的都是物质,精神也是物质,大家知道,这是一种庸俗唯物主义观点。又如辩证法与辩证方法,一般是不区分的,作者认为二者不能混为一谈。我也有这种看法。辩证法的英文是"dialectis",在实际使用中有三个不同的含义:一是辩证律,指客观存在的辩证规律,如"客观辩证法"的"辩证法";二是辩证论,指关于辩证规律的理论,如"唯物主义辩证法"中的"辩证法";三是辩证方法,指辩证规律的运用,如"思维辩证法"中的"辩证法"。正如作者所指出的,有的人把黑格尔的辩证法看成黑格尔哲学的合理内核,就是由于不区分辩证法与辩证方法的结果,黑格尔哲学的合理内核不是黑格尔辩证法(辩证哲学或辩证论),而是包含在其中的辩证方法。又如如何理解物质、运动、时空的关系,绝对真理与相对真理的关系,实事求是的确切含义以及其他问题,作者都有细致深入的分析,就不一一列举了。许多问题的正误之间往往是一字之差,在一字之差上做文章多被人看作毫无意义的咬文嚼字。看来,本书的咬文嚼字就不能一概而论。

当然,本书的观点,同任何学术著作一样,不可能无懈可击,在我看来,有的观点或论断还是可以进一步商榷的。例如作者认为"在马克思主义哲学那里,所说的本体并不是原始自然界,而是经过人们的实践活动改造过的人化自然界"。我认为这话就还可以商榷。人化自然界诚然不再是原始自然界,但原始自然界并非就没有了,其实它还是依然存在,被人化了的部分只是它的很小部分,人类的生存环境不仅是人化自然界,也包括广漠无垠的原始自然界,人类文明的发展就是不断向非人化部分进军,扩大人化自然界,否则人类的历史就终止了。但不管我们是否同意作者的观点,作者提出的问题及其分析和回答总能引起我们深入思考和理解马克思主义哲学基本观点,这对于读者学习和研究马克思主义哲学思想无疑是有益的。

图书在版编目（CIP）数据

黄枬森文集．第八卷／黄枬森著．—北京：中央编译出版社，2016.12
ISBN 978-7-5117-3186-9

Ⅰ．①黄…
Ⅱ．①黄…
Ⅲ．①黄枬森－文集 ②马克思主义哲学－文集
Ⅳ．①C53

中国版本图书馆 CIP 数据核字（2016）第 276464 号

黄枬森文集．第八卷

出 版 人：	葛海彦
出版统筹：	贾宇琰
责任编辑：	杜永明
美术编辑：	霍霜霜　王洪广　吴成英
责任印制：	尹　珺
出版发行：	中央编译出版社
地　　址：	北京西城区车公庄大街乙 5 号鸿儒大厦 B 座（100044）
电　　话：	（010）52612345（总编室）　（010）52612342（编辑室）
	（010）52612316（发行部）　（010）52612317（网络销售）
	（010）52612346（馆配部）　（010）55626985（读者服务部）
传　　真：	（010）66515838
经　　销：	全国新华书店
印　　刷：	北京印刷一厂
开　　本：	787 毫米×1092 毫米　1/16
字　　数：	320 千字
印　　张：	23
版　　次：	2016 年 12 月第 1 版第 1 次印刷
定　　价：	138.00 元

网　　址：	www.cctphome.com　　邮　箱：cctp@cctphome.com
新浪微博：	@中央编译出版社　　微　信：中央编译出版社（ID: cctphome）
淘宝店铺：	中央编译出版社直销店（http://shop108367160.taobao.com）　（010）52612349

本社常年法律顾问：北京嘉润律师事务所律师　李敬伟　问小牛
凡有印装质量问题，本社负责调换，电话：（010）55626985